LA

PIÉTÉ DANS L'ÉCOLE

LA

PIÉTÉ DANS L'ÉCOLE

PAR L'ABBÉ X... PRÊTRE
CHEF D'INSTITUTION SECONDAIRE

Sinite parvulos venire ad me.
MARC. C. IV. V. 14.

Adolescens juxta viam suam, etiam cum senuerit, non recedet ab ea.
PROV. C. XXII. V. 6.

Scribo vobis, juvenes, quia fortes estis et vicistis malignum.
I. JOAN. C. II. V. 14.

Et nunc, intelligite, erudimini qui judicatis terram. PS. II.
Luceat lux vestra coram hominibus.
MATTH. C. V. V. 16.

PARIS
IMPRIMERIE SALÉSIENNE (Œuvre de Don Bosco)
29, Rue du Retrait. (Ménilmontant)
1895

PROLOGUE

C'était dans une petite ville de province : on faisait une distribution de prix. L'établissement secondaire passait des mains d'un laïque aux mains d'un jeune prêtre. Le directeur laïque avait été chrétien; le directeur prêtre voulait être apôtre. Dans son discours il appela l'éducation une œuvre *sainte, la plus sainte des œuvres*. L'expression parut nouvelle, hardie et quelque peu exagérée. Elle n'était qu'exacte.

L'éducation n'est-elle pas une œuvre sainte? N'a-t-elle pas pour but d'élever, d'ennoblir, de perfectionner et de sanctifier les âmes ?

Allons plus loin et disons qu'on peut appeler l'éducation une œuvre *divine*.

Nous voyons en effet dans l'histoire sacrée que Dieu se fait pendant 40 ans le véritable éducateur de son peuple : il le conduit, l'instruit et le corrige comme un maître instruit ses élèves, un père, ses enfants. Il lui donne le décalogue, il lui impose les mille prescriptions de ses lois civiles et religieuses qui doivent le former à la perfection de la vie sociale. « Comme l'aigle, en voltigeant au-dessus de son nid, excite ses petits à voler et les entraine après lui dans l'espace ; ainsi, dit Moïse, Dieu a dirigé son peuple, avec une tendresse paternelle à travers l'immensité du désert. « *Sicut aquila provocans ad volandum pullos suos, et super eos volitans, expandit alas suas et assumpsit eum, atque portavit in humeris suis. Deut. c. XXII. v. 11.*

Mais c'est surtout en Jésus-Christ que le grand Dieu du ciel s'est fait littéralement éducateur. Le but de la venue du Fils de Dieu sur la terre n'a été autre chose que l'éducation de l'humanité. Aussi a-t-il soin de nous déclarer en termes formels qu'il est notre véritable Maître, notre seul et unique Maitre : « *Magister vester unus est, Christus* » Matth. c. XXIII v. 10.

Et l'on peut dire que ce maître divin passa tout le temps de sa vie publique à faire l'école. Jésus-Christ avait des élèves, des disciples; eux-mêmes nous ont dit jusqu'à quel point ils exercèrent la patience et la longanimité de leur bon maître!

L'Évangile a conservé quelques unes des leçons de ce maître adorable.

« Vous aimerez Dieu de tout votre cœur et vous
« ne servirez que Lui seul. Le premier commande-
« ment, c'est d'aimer Dieu ; le second qui est sem-
« blable au premier, c'est d'aimer son prochain. Ne
« faites jamais aux autres ce que vous ne voudriez
« pas qu'on vous fit à vous-mêmes. Bienheureux
« ceux qui ont le cœur pur ; bienheureux ceux
« qui sont détachés des biens de la terre et
« donnnent volontiers à leurs frères : *Beati mundo
« corde ; beati pauperes spiritu ; beati misericordes.*
« Aimez vos ennemis et faites leur du bien ; imi-

« tez en cela votre Père céleste, car, il faut que vous
« soyez parfaits comme Dieu même est parfait. Que
« servirait à l'homme de gagner l'univers s'il per-
« dait son âme ? Les bons auront en partage la vie
« éternelle et les méchants iront dans un feu qui
ne s'éteindra jamais. (*Évangile, passim*)

C'est par ces enseignements que Jésus élevait
les âmes, qu'il en faisait l'éducation morale et surnaturelle.

En quittant la terre le divin Maître confia sa mission éducatrice à son Église. « Allez, dit-il aux
Apôtres, enseignez les nations jusqu'à la fin des
siècles.... Pierre, sois le pasteur de mes agneaux ;
sois le pasteur de mes brebis ». Et ce legs solennel,
fidèlement recueilli, a été soigneusement exécuté.
Depuis 18 siècles, le vicaire de Jésus-Christ répète
au monde les leçons du Maître ; les évêques joignent leurs voix à celle du successeur de Pierre ;
les prêtres et les fidèles répercutent la parole infaillible de leurs chefs et la grande école du Christ
continue son œuvre à travers le monde.

Est-ce à dire pour cela que depuis son Ascension
Jésus-Christ n'enseigne plus par lui-même, qu'Il
a cessé son action éducatrice ?... Il la continue par
son Esprit ; « car, dit saint Bernard, les hommes
parlent à l'oreille du corps, Jésus se fait entendre à
l'oreille du cœur ; nous agitons l'air, Jésus éclaire
les âmes ; *Nos loquimur foris ; ipse movet, ipse
illuminat.* »

Au commencement, l'Esprit de Dieu planait sur
le chaos et il en tira l'admirable variété des êtres de
la création. Il jeta les astres à travers le firmament
et les fit rouler dans l'espace ; sous l'influence de

sa vertu divine des plantes de toutes sortes jailli-
rent du sein de la terre, les générations pullulèrent
dans les airs et les eaux, les innombrables espèces
d'animaux apparurent.

Aujourd'hui l'Esprit de Dieu plane encore sur le
monde des âmes, pour y opérer une création nouvelle, toute surnaturelle et divine. L'âme
du petit enfant qui vient de naître est un monde
qui l'emporte sur le monde physique en étendue
et en excellence; l'Esprit de Dieu la féconde au
baptême pour y faire germer et éclore les belles
fleurs des vertus chrétiennes; il attache à ce ciel
spirituel les diamants de ses dons qui doivent l'embellir, comme les astres embellissent le firmament.

Ainsi Notre-Seigneur Jésus-Christ, le Fils de
Dieu fait homme, continue l'éducation des âmes
par son Esprit : il les éclaire, les échauffe, les dirige, les élève vers les hauteurs surnaturelles par
l'influence incessante de sa grâce. Qui sur la terre
n'a pas entendu les leçons de cet invisible Maître?
C'est Lui qui éclaire, reprend, encourage et sans
cesse exhorte au bien, à la vertu, à la perfection.

Tantôt l'époux divin appelle l'âme fidèle sur les
collines, tantôt il la retient dans les vallées ; tantôt
il la garde dans la solitude du désert pour lui parler au cœur, tantôt il la pousse au milieu de la
foule qu'elle doit instruire et édifier. Parfois il se
dérobe à ses regards pour éprouver sa générosité ;
d'autres fois il la comble de ses caresses divines
pour enflammer son amour. Qui dira les opérations
de l'Esprit divin dans les âmes, depuis leurs premiers pas sur le chemin du ciel jusqu'à leur entrée
dans la gloire? Saint Basile, saint Augustin, saint

Jean Climaque, saint Bernard, sainte Thérèse, saint Jean de la Croix, saint François de Sales et tant d'autres auteurs ascétiques ont écrit des milliers de volumes sur ce sujet sans l'épuiser, car il est vaste comme le monde, infini comme Dieu.

Que conclure de là ? Puisque l'éducation est une œuvre divine ; puisque Dieu en est le principe et la fin ; puisque les éducateurs humains ne sont que ses auxiliaires pour former Jésus dans les âmes (1), la conclusion s'impose :

Impossible de faire de l'éducation sans Dieu ; en d'autres termes : il faut absolument à l'école de la religion et de la piété.

______

(1) Gal. c. IV. v. 19.

DÉDICACE

Époux fortuné de la Reine des Anges, bienheureux Joseph, vous avez abrité sous votre toit le plus illustre pupille, **Jésus**, Fils éternel de Dieu, devenu le vôtre dans le temps ; je consacre et dédie ce petit livre à votre cœur paternel, et je vous conjure humblement de le prendre sous votre protection ; il s'adresse à tous ceux qui, participant à votre glorieux privilège, sont, à un titre quelconque, les pères, mères, pasteurs, instituteurs ou institutrices des enfants chrétiens, des frères bien-aimés de Jésus, notre doux Sauveur et Maître béni dans les siècles des siècles.

En la fête du Patronage de Saint Joseph de l'an de grâce 1895.

L'Auteur.

CHAPITRE PREMIER

La piété dans les écoles libres

C'est assurément une œuvre bien belle et bien méritoire que de fonder une école chrétienne : c'est une œuvre apostolique au premier chef, puisque dans les pays christianisés, la foi s'entretient et se propage surtout par l'éducation. Néanmoins il est une chose encore plus méritoire que de fonder une école, c'est de faire porter à l'école fondée son fruit naturel de moralisation et de sanctification ; or, ce but ne peut être atteint qu'en y développant l'esprit de piété.

La piété seule, j'entends la piété solide et éclairée, la piété vraiment catholique, est l'unique moyen de faire de nos écoles libres des pépinières de vaillants chrétiens et de généreux citoyens qui soient un jour la consolation de l'Église et l'honneur de la patrie.

Cette proposition, qui ne parait pas avoir besoin de preuves, demande peut-être quelque explication.

Quel est en effet le but de nos écoles chrétiennes? Elles ont pour but, sans doute, de donner l'instruction à ceux qui les fréquentent, comme toute espèce d'écoles; mais elles en ont un autre, et celui-là est le principal, car, l'instruction que nos enfants trouvent à l'école chrétienne, ils la trouveraient également à l'école neutre, sans aucun frais pour nous: notre but en fondant une école chrétienne est donc principalement de faire des chrétiens.

Or telle est la nature de l'enfant et du jeune homme, qu'ils ne peuvent être chrétiens sans être pieux, pour cette raison que l'enfant et le jeune homme aiment ardemment tout ce qu'ils aiment : le bien comme le mal. D'où il suit que former des chrétiens dans une école et faire des enfants pieux, c'est une seule et même chose.

Mais que faut-il entendre par la piété dans nos écoles chrétiennes ?

En analysant la piété on y trouve trois éléments principaux: l'instruction religieuse, la prière et la fréquentation des sacrements. Si la piété est une fleur, l'instruction religieuse est sa racine, la prière, sa rosée et la communion, son soleil.

Cultive-t-on la piété dans nos établissements d'éducation chrétienne, dans nos écoles primaires surtout? Je crois que l'on peut répondre sans calomnie que cela se fait d'une manière insuffisante.

il faudrait d'abord faire donner partout, autant que possible, une petite retraite au début de l'année scolaire ; dans les écoles primaires comme dans les écoles secondaires. Une bonne retraite, composée d'instructions spéciales sur les grandes vérités de la foi et les devoirs de l'enfant chrétien, fait un bien immense dans une école.

Les consciences se purifient, la vigueur morale se développe, l'amour de la prière et du travail s'enflamme; c'est un élan vers le bien qui aura son effet sur l'année tout entière. Ces pieux exercices seraient donnés à nos enfants le plus tôt possible, dès qu'ils sont tous rentrés, au plus tard à la Toussaint ou à Noël.

Après la retraite, ou pour suppléer à la retraite là où elle n'a pas eu lieu, il faut faire prier les enfants. La loi de la prière regarde les enfants comme les grandes personnes, elle est pour eux une nécessité de salut: « *Petite et accipietis. (1) Non habetis eo quod non postulatis. (2)* » Demandez et vous recevrez. Vous n'avez pas la grâce, parce que vous ne la demandez pas. » C'est la parole de Dieu même.

Il faut développer dans nos écoles la dévotion à la Sainte Vierge, si naturelle à l'enfant baptisé, car l'enfant chrétien aime la médaille, le chapelet, les statues de Marie, le scapulaire, les cantiques à la Sainte Vierge: ce sont autant de pratiques extérieures appropriées à son âge, qui inclinent son cœur vers la douce Reine de la pureté. C'est la

____

(1) Joan. ch. xvi. v. 24. (2) Jac. ch. iv. v. 2.

piété extérieure de l'enfant chrétien. Dit-on quelquefois le Rosaire? Chante-t-on quelques cantiques dans nos écoles de garçons? Combien d'écoles primaires ont la messe tous les jours ou au moins le jeudi? Et cependant sans prière point de vie chrétienne. Nous savons d'ailleurs que, si nos enfants ne prient pas à l'école, la plupart ne prieront pas dans leurs familles, prieront très peu à l'église paroissiale; par conséquent ne prieront nulle part.

Si Marie est la douce étoile du matin, Jésus est le divin soleil des âmes; il est la lumière qui doit éclairer tout homme venant en ce monde; il faut que Jésus resplendisse de toute sa clarté dans une école chrétienne, car il est le seul maître donné au monde par le Divin Père, le seul nom en qui nous puissions trouver le salut. Il faut qu'il soit l'alpha et l'oméga de notre enseignement.

Loin donc de nos écoles tout livre hostile à Jésus et à son Église; mais qu'au contraire tout ce que voient, entendent et lisent nos enfants, les porte à l'amour de Dieu et de la religion. C'est assez dire que les ouvrages d'une neutralité insidieuse, d'un esprit suspect doivent être partout exclus de nos écoles chrétiennes: ou ils cachent la lumière, ou ils instillent l'esprit révolutionnaire et païen.

Que les livres d'histoire surtout soient franchement catholiques. Les meilleurs livres de lecture sont les poétiques récits de la Bible et les admirables paraboles de l'Évangile. Si nous sortons de là, que ce soit pour prendre des ouvrages uniquement inspirés par l'esprit chrétien; ce qui veut dire que l'on ne doit pas se contenter d'y trouver une morale rationaliste, comme c'est la mode depuis longtemps déjà dans nos écoles françaises.

Les élèves de nos écoles libres doivent tous suivre le catéchisme de la paroisse, depuis le petit catéchisme des enfants de sept ans, jusqu'au catéchisme de persévérance, s'il y en a un. Le curé est le père, le pasteur de nos élèves ; il doit en être le maître et le docteur. A nous donc de lui préparer les voies, en faisant apprendre le catéchisme, l'histoire sainte dans nos classes et en donnant toujours à ces leçons la place d'honneur.

Bienheureuses les écoles qui ont un aumônier ! Que ce soit le curé de la paroisse lui-même, ou un vicaire désigné par lui, ou un prêtre délégué par l'autorité diocésaine. A une condition cependant, c'est que ce prêtre s'en occupe d'une manière spéciale : qu'il dirige, avec zèle et sans obstacle de notre part, la formation religieuse dont il est chargé. Il faut un professeur de religion dans nos écoles chrétiennes. *Fide purificans corda eorum, et fides ex auditu* (1). « C'est par la foi que Jésus purifie les cœurs, et la foi vient par l'ouïe, » dit saint Paul. Comment nos enfants connaîtront-ils les grandes vérités qui doivent être le phare et la règle de leur vie ; Dieu, sa justice qui punit et récompense ; leur âme et ses destinées immortelles ; le ciel, l'enfer, le mystère ineffable de la grâce qui nous déifie, si personne n'enseigne ces choses ? Comment connaîtront-ils les salutaires préceptes du décalogue sans un maître qui les explique, qui

---

(1) Act. ch. xv. v. 9, et Rom. ch. x. v. 17.

leur fasse un cours de morale approprié à leur âge et accessible à leur intelligence ? Comment se formeront-ils à la sainteté, si personne, en leur épelant les sublimes leçons de l'Évangile, ne leur ouvre les horizons de la sainteté ?

L'enseignement catéchistique se continue et se développe au confessionnal. Les enfants de nos écoles chrétiennes doivent se confesser au moins une fois tous les mois; c'était le règlement des collèges royaux ou impériaux d'il y a cinquante ans ; c'est une nécessité. Et quand on dit : « Au moins, » cela veut dire que la confession mensuelle régulière n'exclut pas la confession bimensuelle ou hebdomadaire facultative. Le concile de Trente attribue à la confession sacramentelle tout ce qu'il y a de sainteté dans l'Église de Dieu. Il faut donc confesser très souvent les enfants des écoles ; il faut le faire dès qu'ils peuvent pécher, c'est-à-dire, dès l'âge de six, sept ou huit ans.

Mais voici que le divin soleil va s'approcher plus près de l'âme de nos enfants : le jour de la première communion approche. La communion eucharistique est pour le chrétien un moyen ordinaire et indispensable de sanctification. Pourquoi cela? Parce que Dieu l'a voulu ainsi ; parce que dans le plan divin de la régénération de l'humanité, le baptême donne la vie, la confirmation augmente la vie, et la communion alimente la vie. « Prenez et mangez, ceci est mon corps. Mon corps est véritablement viande et mon sang véritablement breuvage. En vérité, en vérité, je vous le dis, si vous ne mangez pas ma chair, et si vous ne buvez pas mon sang. vous n'aurez pas la vie en vous. Celui qui mange ma chair et boit mon sang aura la vie éternelle et je le ressusciterai au dernier jour. » C'est le Divin Maître qui parle (Saint Jean, ch. VI.)

Il faut préparer au plus tôt possible les enfants à la première communion et l'on ne doit épargner aucun soin, aucune sollicitude pour qu'ils fassent une bonne première communion.

L'âge de la première communion varie en France suivant les diocèses : les enfants communient généralement entre dix et douze ans. Il n'y a, croyons-nous, que deux diocèses où l'on donne la confirmation avant la première communion : ce sont le diocèses de Marseille et de Nice. Et, pour prouver une fois de plus que les extrêmes se touchent, on nous assure que dans l'archidiocèse de Cambrai, les statuts synodaux permettent aussi de confirmer les enfants avant la première communion. Nos enfants de France n'ont donc pas, comme dans les autres pays catholiques, l'avantage d'une culture précoce qui les prépare à la confirmation dès l'âge de sept, huit ou neuf ans ; ils sont privés de la force que leur donnerait ce sacrement pour combattre les ennemis de leur salut, lesquels certainement les attaquent dès l'âge le plus tendre. Ainsi le veut un usage vénérable qui probablement durera longtemps encore.

Quoi qu'il en soit, voici que l'enfant de nos écoles a onze ou douze ans ; il fait sa première communion. Dans quelle mesure va-t-on désormais le faire participer au banquet eucharistique ?... Il peut manger la nourriture qui doit entretenir la vie surnaturelle dans son âme, combien fréquemment la divine table sera-t-elle dorénavant servie pour lui ?

Ici nous sommes en présence de pratiques et d'opinions variées.

Examinons-les à la lumière de la foi et de la raison.

Premièrement ; faut-il après la première Communion laisser l'enfant un an sans communier, sous prétexte d'un renouvellement solennel ? Cette pratique que ne saurait approuver une saine théologie est aujourd'hui, Dieu merci, généralement abandonnée et, il faut l'espérer, enterrée pour jamais.

Secondement ; certains curés pensent qu'après la première Communion, il faut mettre nos enfants à un régime eucharistique tel, disent-ils, qu'ils puissent le suivre toute leur vie ; et, la deuxième communion faite, ils convoquent leurs ieunes paroissiens aux grandes solennités de l'année. Cette pratique, bonne pour les personnes d'un âge mûr, est-elle vraiment bonne pour des jeunes garçons et des jeunes filles de douze, treize, quinze ans ? Il est permis d'en douter.

Cinq ou six communions, et par conséquent cinq ou six confessions par an, à l'âge de l'effervescence des passions, au milieu du monde et de ses entraînements, c'est évidemment trop peu. Si nous avons confessé nos enfants tous les mois avant la première Communion, pourquoi ne pas continuer après ? Voudrions-nous aussitôt après la première Communion, leur donner l'exemple d'un relâchement auquel le monde et leurs passions ne les convient déjà que trop ?... Est-ce au fort de la lutte qu'il convient de désarmer ? La vie bouillonne dans ces jeunes âmes, la chair combat fortement contre l'esprit : alimentons l'esprit si nous voulons qu'il domine et tienne les rênes.

Étant donc donnée la pratique de la confession mensuelle que tout le monde accepte comme excellente et nécessaire avant la première Communion, il faut la continuer dans nos écoles après la première Communion ; il faut confesser nos enfants tous les mois et par conséquent les engager à communier tous les mois.

Doit-on et peut-on faire davantage? D'abord doit-on faire davantage? Cela dépend de mille considérations dont le directeur de la conscience est seul juge. Évidemment, si dans nos écoles nous rencontrions un saint Louis de Gonzague, un saint Jean Berchmans, une sainte Catherine de Sienne ou une sainte Thérèse, qui nous demandassent à communier tous les huit jours, ou même tous les jours nous devrions le leur permettre toutes les fois qu'ils le désireraient, et, disons-le bien haut, la race des saints n'est pas éteinte dans l'Église, et nous avons plus d'un saint en germe sur les bancs de nos écoles. Heureux si nous savons découvrir et cultiver ces plantes du ciel !

D'un autre côté, si nous trouvions un pauvre enfant pécheur, victime précoce des passions humaines, qui vînt deux ou trois fois la semaine nous confier ses misères, nous devrions encore, comme saint Philippe de Néri, l'absoudre et le faire communier chaque fois.

Assurément et incontestablement, il y a des enfants que l'on doit pousser à communier plus d'une fois par mois, soit parce qu'ils le méritent, soit parce qu'ils en ont besoin, et le nombre en est plus considérable qu'on ne pense généralement.

Mais la question du *devoir* étant écartée, reste la question du *pouvoir*.

Peut-on faire communier les enfants de nos écoles chrétiennes plus d'une fois le mois? A cette question, je demande quel est le prêtre catholique qui oserait répondre négativement?

L'enfant de dix, onze, douze ou quinze ans, peut donc certainement communier plus d'une fois le mois, et son confesseur peut sans aucun doute le faire communier plus d'une fois le mois.

Ici revient tout ce qui a été dit et écrit en ces derniers temps sur les avantages de la communion fréquente, et Mgr de Ségur, dans ses excellents opuscules, semble avoir épuisé la matière. Nous y renvoyons le lecteur (1). Mais il faut observer, avec saint Alphonse-Marie de Liguori et le commun des théologiens, que la communion hebdomadaire n'est pas la communion fréquente proprement dite. Par conséquent les dispositions spéciales qui sont requises pour la communion fréquente ne sont pas applicables à la communion hebdomadaire. L'enfant de dix, ou de quinze ans, peut donc parfaitement communier tous les huit jours avec les dispositions communes : c'est-à-dire pouvu qu'il soit exempt de péché mortel et d'affection au péché mortel ; quels que soient d'ailleurs sa légèreté et les autres défauts de son âge. Le concile de Trente ne dit-il pas que la communion préserve du péché mortel et purifie des péchés

---

(1) Aux enfants : La Communion.

véniels, comme la nourriture éloigne la mort et ranime la vie en réparant les forces?

« Pourquoi donc ne communiez-vous pas plus souvent, demandait un directeur de Patronage à un jeune patroné de treize ans, d'une physionomie franche et pure? — Maman ne veut pas, parce que je ne suis pas assez sage. » Pauvre mère qui usurpait un droit qu'elle n'a pas, et qui aurait dû comprendre que c'était précisément en communiant plus souvent, que son charmant dissipé serait devenu plus sage.

Quoi donc? les enfants de nos écoles chrétiennes pourraient communier tous les huit jours! Ça ne se voit nulle part. Peut-être est-ce un peu rare en France pour les écoles; c'est moins rare pour les patronages, où les meilleurs enfants communient tous les huit jours et assurent ainsi, d'une manière presque infaillible, leur persévérance.

« J'ai dirigé bien des jeunes gens depuis quarante ans, disait M. l'abbé Timon David, directeur du patronage de la jeunesse ouvrière à Marseille, je n'ai vu persévérer aucun de ceux qui communient rarement ; tandis que j'en ai fait persévérer des milliers en les faisant communier tous les huit jours.

Allons plus loin. Serait-il possible de faire communier des écoliers plus souvent que tous les huit jours. »

Des externes? ce serait peut-être difficile ; mais cela est possible, cela est facile et extrêmement profitable pour bon nombre d'écoliers pensionnaires. — « Est-ce que vos enfants communient souvent? demandait un prêtre français à Don

Bosco. — Sur 900 qu'ils sont à la maison, 90 environ communient tous les jours, répondit le saint Vincent de Paul de l'Italie ; d'autres le font trois ou quatre fois la semaine ; d'autres tous les dimanches. Soit dans nos classes, soit dans nos ateliers, il est rare qu'un enfant passe trois semaines sans se confesser. »

Les *Annales de la Propagation de la foi* nous ont appris que les RR. PP. Jésuites ont un collège dans l'île de Ceylan : il compte 700 élèves ; or, sur 700 élèves, 100 environ communient tous les jours.

Les fils de Don Bosco ont ouvert récemment une maison en Belgique, dans une ville ouvrière et notablement socialiste ; ils ont appliqué immédiatement la méthode de leur vénérable fondateur, c'est-à-dire, que les enfants, traités paternellement, ont la facilité de se confesser et de communier aussi souvent qu'ils le désirent. Bientôt, les communions devinrent fréquentes, hebdomadaires, quotidiennes pour un certain nombre. La transformation opérée aussitôt sur ces enfants du peuple fut telle, que le saint et vaillant évêque fondateur de la maison salésienne en fut émerveillé. Aussi voulant faire bénéficier les nombreuses écoles de son diocèse d'une méthode qui produisait de si admirables fruits de sanctification, il écrivit une lettre à tous les directeurs et directrices des pensionnats pour les engager à entrer dans cette voie. Déjà, dans ces établissements, on laissait les enfants s'approcher de la table sainte tous les dimanhes, toutes les fêtes et le premier vendredi de chaque mois. L'évêque veut que, dorénavant, les écoliers puissent communier toutes les fois qu'ils le désireront, même un jour ordinaire de la semaine.

Et cette méthode de Don Bosco s'en va à travers le monde, portant les mêmes fruits de salut, en Italie, en Espagne, en Amérique ; pourquoi ne serait-elle pas applicable à nos écoles de France ?

Il est donc bien certain que l'on peut faire communier les enfants de nos écoles chrétiennes plus d'une fois le mois, même plus d'une fois par semaine. C'est l'enseignement de Mgr de Ségur, c'est la pratique Don Bosco et de ses fils ; c'est une pratique d'une orthodoxie inattaquable.

N'y aurait-il pas en tout cela un peu d'exagération ? Non, répondent silmultanément la foi et la raison. Saint Bernard a dit que la mesure, dans l'amour de Dieu, c'est de l'amour sans mesure, et par ce jeu de mots il ne fait que traduire le précepte divin répété si souvent dans l'Ancien et le Nouveau Testament : « Vous aimerez le Seigneur votre Dieu de tout votre cœur, de toute votre âme et de toutes vos forces. » D'ailleurs Jésus a dit : « La tiédeur me soulève le cœur, et je suis prêt à la rejeter loin de Moi. » Or le divin Maître n'agrée pas plus une école tiède qu'une âme tiède. Moins encore : car l'adolescent qui n'aime pas Dieu avec ferveur aime le plaisir avec passion ; il est toujours chaud ou froid, il est pieux ou il est libertin.

Bienheureuses donc les écoles où la piété fleurit, c'est-à-dire où l'instruction religieuse est largement distribuée, où la prière est en honneur, où la communion est fréquemment reçue, en un mot où les âmes des baptisés sont abondamment nourries du Christ Jésus, leur force et leur vie ; celles-là seules

atteindront le but de moralisation et de sanctification pour lequel elles ont été fondées : elles seront,
ici-bas et là-haut, la couronne des chrétiens généreux et intelligents qui font tant de sacrifices pour
les fonder et les entretenir.

CHAPITRE II

La piété dans le livre

Pour bien comprendre ce que nous entendons par la piété dans le livre de classe, nous dirons d'abord ce qu'il ne doit pas être, ensuite, ce qu'il doit être.

I

CE QUE LE LIVRE NE DOIT PAS ÊTRE

Dans une école chrétienne, destinée à former des chrétiens, à élever des enfants de Dieu et de l'Église catholique, le livre ne doit être, ni païen, ni mahométan, ni juif, ni protestant, ni matérialiste ; il doit être *catholique,* c'est-à-dire, irréprochable au point de vue de la doctrine.

Tous les maîtres chrétiens, me dira-t-on, admettent cette vérité, qui est presque banale. Il est évident qu'on ne nourrit pas des enfants avec du poison; or, l'erreur est le poison des âmes : la moindre goutte suffit parfois pour les infecter, les corrompre, les tuer.

C'est donc une chose convenue que dans nos livres classiques, il ne doit pas y avoir la moindre erreur doctrinale ; mais prend-on toutes les précautions voulues pour cela, pour y éviter le malheur de l'empoisonnement par le livre ?

L'Église a fait des lois sur cette matière. Les gardiens de la pure doctrine et les juges de la foi sont, en première instance, les évêques. Ils sont délégués pour la censure des livres par l'autorité infaillible du souverain pontife. Je voudrais que pas un livre ne pénétrât dans nos écoles catholiques sans l'*Imprimatur* canonique. Si ce n'est pas une obligation rigoureuse, c'est au moins un acte de haute prudence. N'y aurait-il pas une obligation réelle ? Je pose la question aux canonistes français.

Les livres empoisonnés courent le monde, les livres de classe sont infectés comme les autres; or, le juge de l'orthodoxie d'un livre de classe, quel est-il, le plus souvent ? Un directeur d'école, religieux peut-être et pieux ; mais a-t-il toujours l'œil exercé du thélogien et du prêtre ? A-t-il la perspicacité jalouse du gardien de la foi ? Et nos directrices d'écoles de filles, si nombreuses en France, ont-elles, toutes, une capacité de docteur en théologie pour choisir leurs livres de classe ? Verront-elles facilement une hérésie dans cette proposition d'un manuel classique : « Il est *vraisemblable*

que l'humanité tout entière sort d'un seul couple.»
Seront-elles suffisamment indignées quand elles
liront, dans un recueil de sujets pour le certificat
d'études, que « le plus grand crime commis au
nom de la religion a été la guerre contre les Albi-
geois » ? Et pourtant on sait que cette guerre fut
une croisade prêchée par le grand pape Innocent III
contre les anarchistes de l'époque, ni plus ni moins.

Chose singulière vraiment ! L'autorité académi-
que a sa censure, son catalogue des livres auto-
risés pour les écoles publiques, en un mot, son
index. Elle a ses inspecteurs chargés spécialement
de voir si, même dans les écoles libres, il n'y a
pas d'ouvrages suspects d'hérésie politique, qui
contiennent des propositions contraires à la constitution et aux lois ; elle va même jusqu'à proscrire certains catéchismes diocésains ; et, dans nos
écoles catholiques, nous négligerions l'*imprimatur*,
nous laisserions le choix et la censure des livres à
l'arbitraire de chacun ! Est-ce que, par hasard, les
constitutions de l'an 10, ou de l'an 100, sont plus
respectables que la divine et immuable constitution
de l'Église ? Est-ce que les lois de l'État sont plus
sacrées que celles de Dieu ?

Toutes les écoles catholiques libres, même celles
tenues par des religieux, relèvent de l'autorité des
évêques. Ce sont les évêques qui en ont la haute
direction et la responsabilité doctrinale. A eux d'en
écarter la nourriture empoisonnée ; à nous de leur
soumettre les livres que nous voulons y introduire.

En second lieu, le livre ne doit pas être neutre ;
nous ne sommes, ni ne pouvons être neutres ;

c'est-à-dire indifférents entre le bien et le mal, la vérité et l'erreur, la foi et l'athéisme, le catholicisme et le bouddhisme.

D'ailleurs y a-t il des livres neutres ? Qu'appelle-t-on livre neutre ?

Le livre neutre sera celui où l'on ne parle ni de Jésus-Christ, ni du Pape, ni de l'Église ; ni des sacrements, ni des fêtes chrétiennes ; ni des anges, ni des saints, ni surtout de la reine des saints, l'auguste Vierge Marie ; ni de l'âme, ni du salut éternel. Tel est le livre neutre, en circulation clandestine dans nos écoles depuis près d'un siècle.

Le livre neutre, aujourd'hui, est celui dans lequel, non seulement Jésus et le symbole catholique n'ont pas droit de cité, mais d'où le nom même de Dieu est soigneusement expurgé ; où l'on ne dit plus :

> Petit poisson deviendra grand
> Pourvu que Dieu lui prête vie.

mais,

> Petit poisson deviendra grand
> Pourvu que l'on lui prête vie.

Et l'on appelle cela un livre neutre, c'est-à-dire inoffensif, ni bon, ni mauvais ! N'est-ce pas au contraire un livre sectaire au premier chef, maître d'athéisme et d'irréligion, sapant la foi avec fureur par la conspiration ténébreuse du silence ?

Et quand on incrimine un livre de cette espèce devant un bon frère, devant une excellente religieuse, ils vous répondent doucereusement : « Mais, voyez donc, Monsieur, dans ce livre, il n'y a rien de mal ! » Quoi ! mon cher Frère, il n'y a rien de mal ! Mais l'absence de lumière, n'est-ce pas la nuit ? l'absence de chaleur, n'est-ce pas le froid ? l'absence de bien, n'est-ce pas le mal ? Et vous, ma bonne sœur, ne savez-vous donc pas qu'en ce siècle, le diable a ôté ses cornes ? Il est devenu un élégant commis voyageur en librairie avec frac, cravate blanche et gants beurre frais. Chaque fois que vous achetez un livre neutre, c'est de sa main que vous le recevez. Sous ce volume bien relié, nettement imprimé aux gravures chatoyantes, il y a du chloroforme destiné à faire insensiblement passer vos enfants de vie à trépas. Ne vous fiez pas aux courbettes de cet élégant et exécrez son grimaçant sourire.

En troisième lieu, les livres adoptés dans nos écoles catholiques ne doivent être l'ouvrage ni d'un juif, ni d'un protestant, ni d'un impie, ni d'un indifférent, si l'indifférence en cette matière est possible.

Il y a un proverbe qui dit : « La caque sent toujours le hareng. » Voilà pourquoi le livre d'un juif sent le juif, le livre d'un protestant sent le protestant, le livre de l'impie sent l'impie, le livre de l'indifférent ne sent rien du tout : il est insipide.

Et en effet, étant donné que les livres de lecture, d'histoire, d'exercices grammaticaux composés par un juif, un protestant, un rationaliste, un indifférent, soient parfaitement irréprochables sous le rapport doctrinal, ce qui est rare ; seront-ils irréprochables sous le rapport de la tendance ? Est-il possible d'écrire sans amour ? Assurément non. Or, l'amour de l'auteur passera dans l'âme du lecteur, surtout si le lecteur est un enfant. Le jeune écolier juge comme son manuel, aime comme son manuel. Félix Ansart, dans son *Histoire de France,* lui fera aimer saint Louis et détester le Pape. Mme de Saint-Ouen l'exaspérera contre l'Église en lui serinant son piétisme protestant. Tous les manuels d'histoire de France adoptés dans les écoles de la troisième république font haïr la royauté et chérir la révolution. Tous les livres soi-disant neutres, mais en réalité rationalistes, si nombreux jusque dans nos écoles de filles, on pourrait dire, surtout dans nos écoles de filles, font de nos fillettes de treize ans de petits philosophes en jupon, dont le cœur ne sera jamais à Jésus et à son Église.

Il y a encore une raison d'exclure de nos écoles tout livre composé par une plume ennemie : c'est la raison financière.

En achetant nos livres chez les juifs et les francs-maçons nous enrichissons nos adversaires. Est-ce que par hasard les catholiques ont trop d'argent pour le porter ainsi dans les caisses de leurs ennemis ? La contribution forcée qu'on nous impose chaque année au budget pour des écoles dont nous ne voulons pas, n'est-elle pas déjà suffisante ? Voulons-nous encore y ajouter une contribution volontaire de librairie ?

Point d'argent aux auteurs juifs, francs-maçons, universitaires : telle devrait être notre devise et le mot d'ordre de toute l'armée catholique.

La prévision divine ne nous impose aucune nécessité ; elle laisse notre liberté intacte. La prophétie peut être l'histoire anticipée de nos misères et de nos défaillances, mais ne diminue en rien notre responsabilité. Or, il y a dans l'Évangile une parole qui a dû coûter cher à Notre-Seigneur Jésus-Christ ;

c'est celle qui termine la parabole du serviteur infidèle. Quoi ! nous forçons la souveraine justice de nous proposer pour modèle un vulgaire fripon, et nous arrachons du Cœur de notre divin chef ce poignant aveu : « Les enfants du siècles ont, dans leurs affaires, plus de prudence que les fils de lumière. » Il n'y a pas un seul livre catholique dans les écoles universitaires ! entendons bien, pas un seul ! Les trois quarts de nos livres classiques sont universitaires, ont une provenance juive ou maçonnique !!! N'y a t-il pas là matière à un sérieux examen de conscience ?

Pour nous excuser, nous disons : Les livres classiques catholiques nous manquent. Erreur. Pour l'enseignement primaire nous avons les ouvrages des congrégations vouées à ce but. Pour l'enseignement secondaire, nous avons les ouvrages de l'Alliance des maisons d'éducation chrétienne. Pourquoi ne pas prendre ces livres, aider ainsi à leur multiplication, à leur perfectionnement et à leur diffusion ?

II

CE QUE DOIT ETRE LE LIVRE

Dans les écoles catholiques, la nature du livre est déterminée par le but que poursuivent ces écoles. Or, nous avons dit que nos écoles libres ont pour but principal de conserver la foi et de faire des chrétiens. Le livre sera donc chrétien, en vertu de cette sagesse tout élémentaire qui veut que l'on proportionne les moyens à la fin, qu'on prenne le chemin qui mène au but.

Il faut que nous développions en nos élèves la vie intellectuelle, la vie morale et la vie surnaturelle. Mais cette triple vie est indivisible dans l'âme de l'écolier. Devenu par le baptême, chrétien, enfant de Dieu et de l'Eglise, citoyen du ciel, il est partout et toujours l'enfant de Dieu. On ne peut en faire un petit croyant au catéchisme et un petit athée à la leçon de grammaire. Voilà pourquoi le cardinal Newman disait: « On veut neutraliser l'école en nous donnant une heure par jour pour l'enseignement religieux. Ce n'est pas une heure qu'il nous faut, c'est la journée entière. » Et la prétention de l'éminent cardinal, loin d'être exagérée, était conforme à la nature des choses; c'était une revendication de bon sens. Sur les bancs de l'école l'enfant ne se partage point : il est un et indivisible. Combien de chrétiens, combien de religieux et de prêtres même semblent n'être pas assez convaincus de cette vérité !

Il faut donc que nous donnions simultanément à nos écoliers la culture du cœur et la culture de l'âme, et comme le livre est l'auxiliaire du maître, son principal instrument, il ne devra jamais perdre de vue ces trois choses: il devra être clair, moral et pieux.

Alors, me dira-t-on, vous allez mettre de la piété et de la morale dans les livres d'arithmétique et d'algèbre?

« Faites-vous de la morale en classe, demandait un jour un instituteur à l'un de ses confrères? — Moi, reprit celui-ci, je fais de la morale partout.

même dans un problème. — Comment cela ?
— C'est bien simple. Je dis à mes élèves : Un ouvrier gagne 15 francs par semaine ; le dimanche il en dépense 20 au cabaret. Combien a-t-il de reste ? »

Le brave homme aurait pu ajouter : « Pensez-vous que cet ouvrier n'eût pas été plus riche à la fin de l'année, si, au lieu d'aller au cabaret, il avait assisté aux offices, chaque dimanche, c'est-à-dire, s'il avait été un chrétien pieux ? »

Nous reconnaissons cependant très volontiers que les livres de mathématiques s'adressent surtout à l'esprit, et qu'une page d'ascétisme pourrait être mieux placée que dans un traité de trigonométrie ou d'algèbre.

C'est surtout dans le livre de lecture, le manuel d'histoire et l'exercice de grammaire que peut et doit se faire la culture morale et surnaturelle de l'enfant. C'est là le champ de bataille où les adversaires se disputent le cœur et l'âme des écoliers. C'est là que les francs-maçons ont dressé leurs batteries et tendu leurs filets. C'est là que nous devons exercer notre zèle, déployer toutes nos industries pour maintenir et développer la foi de nos élèves.

§ 1. — *Le livre de lecture*

Le livre de lecture est d'une importance capitale pour la formation morale et religieuse de l'enfant. Pourquoi cela ? Parce que l'enfant le lit et le relit mille fois, parce que les sentences qu'il y trouve resteront gravées dans sa mémoire jusqu'à sa mort. Comparez à ce point de vue le premier livre de lecture des frères avec la « Mère Justine, protectrice des animaux », que l'on rencontre encore dans certaines écoles chrétiennes.

Dans le premier se trouvent les principales prières du chrétien; on y parle de Dieu, de Jésus, de la Très Sainte Vierge, dans un langage approprié à l'enfance, sans oublier les notions premières de la vie civile, et les devoirs des enfants envers leurs père et mère.

Dans l'autre se trouvent les histoires de petits oiseaux que les enfants aiment beaucoup, et dont il ne faut pas les priver. Mais les oiseaux de la mère Justine ne gazouillent pas les louanges de Dieu, et voilà pourquoi le livre des Frères exercera un action éducatrice que la mère Justine n'aura jamais.

Comparons le *Francinet* si répandu dans nos classes, avec le second livre de lecture des Frères. Dans l'un et l'autre il y a quelques connaissances usuelles et scientifiques. *Francinet* est plus savant, trop savant peut-être pour des enfants. Le livre des Frères est clair, varié, intéressant. Mais quelle différence surtout entre la morale de l'un et la morale de l'autre! *Francinet* parle de Dieu, mais d'un Dieu tout philosophique, qui n'a ni vie ni amour. Quant aux dogmes et aux sentiments chrétiens, il n'y en a pas trace, pas le moindre vestige. Et la censure maçonnique donc! Car ces messieurs ont leur *Imprimatur* et un seul mot chrétien serait une hérésie.

Dans le livre des Frères, au contraire, la nature et la foi se donnent fraternellement la main: elles y forment un ensemble varié qui nourrit l'âme et l'enflamme d'amour surnaturel. Non seulement les champs, les bois, les fleurs de la prairie et les étoiles du firmament chantent la gloire du vrai Dieu, mais les produits industriels même tournent à la louange et à l'amour du Créateur.

On voit le curé prêchant les chrétiens réunis dans l'église paroissiale et leur disant le mot de la vraie sagesse : « L'homme est créé pour aimer, servir Dieu et sauver son âme; travailler à notre salut est l'affaire capitale; tout doit être subordonné à ce dernier but de notre existence ici-bas. »

§ II. — *Le manuel d'histoire.*

Quant au manuel d'histoire, il devra faire aimer la vertu, la religion, l'Eglise et la France.

Je ne parle pas ici de l'Histoire Sainte, toute remplie de Dieu et de sa Providence, toute pleine de Jésus et de son amour. Je ne parle pas davantage de l'histoire ecclésiastique qui n'est que l'histoire de Notre-Seigneur Jésus-Christ vivant dans l'Eglise, son corps mystique, et surtout dans les saints qui en sont les membres d'honneur. Je parle uniquement de l'histoire de France qui est le principal manuel d'histoire des écoles primaires.

Or je demande ce que sont nos manuels d'histoire de France, comme livres d'éducation, et dans quelle mesure ils sont propres à développer l'amour de la vertu, de la religion et de la patrie.

D'abord on y fait beaucoup plus d'histoire du crime que de la vertu. Tous nos enfants connaissent Frédégonde et Brunehaut, combien savent le nom de sainte Geneviève et de sainte Bathilde ?

Et de fait, si nous consultons nos souvenirs, qu'avons-nous appris, à l'école primaire, sur la première race de nos rois ?

Que les chefs mérovingiens portaient une longue chevelure; que Clovis se fit baptiser pour plaire à sa femme, mais qu'il n'en devint pas meilleur, au contraire; que Frédégonde et Brunehaut furent deux scélérates, qui profitèrent de leur titre de reine pour ensanglanter le pays durant quarante ans; qu'à partir de Dagobert, les successeurs de Clovis furent des rois fainéants, c'est-à-dire ineptes et paresseux, et qu'enfin une nouvelle famille s'empara du pouvoir avec la connivence du pape saint Étienne... Comme épisodes : Nous avons retenu l'histoire du vase de Soissons: la révolte de Chram contre son père Clotaire 1ᵉ : le massacre des fils de Clodomir par ses oncles, y compris le saint roi Gontran, et presque de l'aveu de sainte Clothilde, leur grand-mère. Et c'est tout. Quel sujet d'édification vraiment pour nos jeunes chrétiens et nos jeunes chrétiennes de 8 à 15 ans !

Des premiers apôtres de la Gaule, des héros qui ont planté la foi et la civilisation chrétiennes dans notre pays au prix de leurs sueurs et de leur sang, on ne dit pas un mot. On ne parle ni de saint Trophime d'Arles, ni de saint Denys de Paris, ni de saint Lazare, le ressuscité, premier évêque de Marseille, ni de saint Sernin de Toulouse, ni de saint Ferréol de Besançon. On daigne parfois citer saint Pothin, sainte Blandine et saint Irénée, martyrs de Lyon. Les meilleurs manuels consacrent deux lignes à saint Hilaire de Poitiers et à saint Martin de Tours. De sorte que nous passons des autels druidiques aux monastères et aux cathédrales sans savoir comment la chose se fit. Est-ce donc que la conquête de la Gaule par Jésus-Christ est moins importante que la conquête de la Gaule par Jules César ?

Quant à l'immense pléiade des saints évêques des ve et vi^e siècles qui ont fait de la France, dit le protestant Gebbon, comme les abeillles bâtissent leurs ruches, qui ont formé le peuple français et l'ont préparé à être, dès l'an 732, à Poitiers, le boulevard de l'Europe et le soldat de Dieu, avec l'héroïque Charles Martel, personne n'en dit un mot. Il semble cependant qu'on devrait en donner au moins une nomenclature, afin que chaque professeur étudiât la vie de ceux de son pays, et pût la raconter à ses élèves. N'est-ce pas une des gloires de la France qu'une pareille couronne de saints illustres, qui furent de véritables grands hommes, à la fois bienfaiteurs et éducateurs du peuple chrétien ?

Et dire que toute notre histoire de France, si belle, si chrétienne est traitée suivant cette méthode : des noms, des dates, des guerres, des crimes et c'est tout (1).

M. Lavisse a inauguré, il y a quelque vingt ans, un type du manuel élémentaire de l'histoire de France. Alors le vent était a la restauration chré-

---

(1) Déjà commencent à poindre de bonnes histoires élémentaires, c'est un progrès, citons celles des abbés Le Bailleux et Victor Martin, de Mélin, des frères Maristes,

tienne, et la petite histoire de M. Lavisseétait presque irréprochable, pieuse même dans ses citations; elle pouvait entrer dans toutes nos écoles primaires. En tête de chaque page, l'éminent historien donnait la suite des évènements, quelques noms et dates célèbres; puis, le reste de la page était consacré à des épisodes intéressants et vraiment instructifs, à de charmantes biographies. Cette petite histoire de France, aux gravures nombreuses et soignées, aux récits simples et dramatiques, éclairait l'enfant et lui laissait une impression salutaire.

A mon avis, si l'on nous fait, pour nos écoles libres, de nouveaux manuels élémentaires d'histoire de France, il n'y a pas d'autre marche à suivre, sauf à accentuer la note chrétienne et patriotique, à parler moins des illustres scélérats et davantage des personnages illustres par leurs vertus et leur sainteté, à taire ce que l'enfant ne doit pas connaître; et enfin à expliquer les passages difficiles, comme les guerres de religion, la Ligue, la Saint-Barthélemy, la révocation de l'édit de Nantes pour mettre en garde nos jeunes élèves contre les interprétations erronées et les objections de l'avenir. Mais, de grâce, mettons de la foi et de l'amour dans nos histoires. Ainsi nos manuels, à tous degrés, atteindront leur but éducateur; notre belle histoire de France éclairera l'esprit, touchera le cœur, fera aimer la religion et la patrie; elle déposera dans les âmes tendres et aimantes de nos jeunes écoliers et écolières des germes puissants de vertus civiques et chrétiennes.

§ III. — *Le livre d'exercices*

Restent les exercices de grammaire, indispensables pour l'enseignement de la langue française et des autres langues mortes ou vivantes. Que seront ces exercices ? Ils seront conçus et rédigés dans un esprit chrétien, dans un but d'éducation ; c'est-à-dire qu'ils devront éclairer l'intelligence, enrichir la mémoire, former le cœur et promouvoir la piété, en un mot élever jusqu'à Dieu, jusqu'au cœur de Jésus, jusqu'à l'Immaculée Vierge Marie.

N'est-il pas évident que nous ferons une tout autre impression sur l'âme de nos élèves, suivant que nous leur dirons : « Respectez l'auteur de la nature » ou, « aimez Dieu de tout votre cœur » ; « évitez le mal », ou « imitez la Vierge sans tache » ; « l'homme doit à son semblable justice et affection », ou, « Jésus a dit : « aimez-vous les uns les autres, comme je vous ai aimés ».

Aussi quelle différence à ce point de vue entre les exercices de Larive et Fleury, par exemple, et ceux des frères. Là, c'est le naturalisme, le rationalisme, l'athéisme ; ici, c'est le christianisme. Dans les exercices des frères, comme dans ceux de nos adversaires, nous trouverons toutes les connaissances usuelles, toutes les données de la raison et de l'expérience, mais avec de fréquentes échappées sur le ciel et le monde surnaturel. Dans des ouvrages maçonniques, (c'est le mot d'ordre), on ne sort jamais des choses matérielles et des bornes étroites de la vie présente.

Autrefois, Noël et Chapsal, dans leurs fameux exercices sur toutes les règles de la grammaire, donnaient au milieu de beaucoup d'autres cette phrase à la Jean-Jacques : Boire, manger, dormir, c'ést le partage de la brute ; penser avec liberté, agir avec courage, c'est le partage de l'homme. Pourquoi ne remplacerions-nous pas des sentences de ce genre par les admirables proverbes de nos livres saints? La contre-partie de la phrase ci-dessus serait le mot de l'*Ecclésiaste* : « Crains Dieu et observe ses commandements, car c'est là tout. l'homme. » C'est un peu moins ronflant, mais comme c'est plus chrétien et plus pratique.

Pour l'enseignement secondaire, les savants professeurs du petit séminaire de Séez ont inauguré avec succès le genre chrétien dans leurs exercices de grammaire ; et j'avoue avoir été touché jusqu'aux larmes, quand j'ai rencontré dans les thèmes grecs de M. Maunoury, une phrase comme celle-ci : « Dis-moi, excellent enfant, qu'est-ce qui est meilleur qu'une sainte vie ? — Une mort sainte répond, l'enfant. » — Et le maître reprend: «Très bien! »

M. Jean-Baptiste Blanchin, dans son *Petit Elève de Lhomond,* si justement apprécié, a suivi la même voie et semble avoir atteint la perfection. Dans ce modeste ouvrage le savant professeur fait preuve d'une érudition immense. L'histoire sainte, l'histoire de l'Eglise, l'histoire profane, les auteurs chrétiens, les auteurs païens, la doctrine des philosophes, la doctrine catholique, l'Evangile, la vie des Saints, sont tour à tour mis à contribution et forment l'ensemble le plus nourrissant pour l'esprit et le cœur ; c'est un parterre émaillé des fleurs les plus variées de la nature et de la grâce.

A chaque pas on y trouve des phrases comme celle-ci : « Rien n'est plus doux que d'aimer Dieu. Marie est plus vénérable que les anges. Dieu nous connaît mieux que nous ne nous connaissons. Le péché est plus haïssable que la peste. Rien n'est plus dur que de servir le démon. Le Seigneur est libéral envers le riche qui donne au pauvre. L'Eglise subsistera jusqu'à la fin du monde : Jésus l'a promis. Le laboureur sème afin de recueillir; semons à présent, afin de moissonner un jour dans le ciel. Châtions notre corps afin qu'il devienne semblable au corps de Jésus-Christ. L'honneur et la gloire que nous espérons seront éternels. »

De bonne foi et en toute sincérité, devant Dieu, j'en appelle aux maîtres chrétiens, religieux, prêtres ou laïcs, si dévoués et si nombreux encore dans nos écoles de France. Croit-on que des phrases de ce genre ne laisseront pas dans l'âme des enfants une tout autre impression que celles-ci, par exemple, et tant d'autres qui leur ressemblent : « Avec qui avez-vous dansé, hier, au bal ? Irez-vous au théâtre ce soir? Mademoiselle N... danse avec grâce. J'aime beaucoup jouer aux quilles. Ma femme étant malade, je ne pourai aller au bal ce soir. »

D'ailleurs ne devrons-nous pas saisir toutes les occasions de combattre le naturalisme, la grande hérésie du xix° siècle, que l'illustre Pape Pie IX nous a signalée avec tant d'insistance, qu'il a combattue durant tout le cours de son long et glorieux pontificat et, qui a été solennellement condamnée au concile du Vatican?

Nous ne devons pas exclure le naturel, mais nous ne devons pas nous borner au naturel. Nos livres de classe doivent ressembler à l'échelle de Jacob qui reposait sur la terre et dont le sommet touchait le ciel. Ou, si l'on veut une autre comparaison qui résume toute notre pensée, nous dirons : Nos livres de classe doivent ressembler aux anges gardiens de nos enfants qui d'une main les dirigent dans les sentiers de la vie, et de l'autre leur montrent le ciel.

Mais ne craignez-vous pas d'effaroucher les parents en mettant des vérités et des sentences religieuses dans les livres que vous donnez à leurs enfants? Je réponds: Les parents envoient leurs enfants aux écoles chrétiennes à bon escient; ils tiennent à leur éducation morale et ils savent qu'elle ne peut se faire sans la religion; ils n'ont pas toujours beaucoup de piété, mais ils veulent qu'on en donne à leurs enfants. N'est-il pas au contraire à craindre de les scandaliser en ressemblant trop à des écoles dont ils ne veulent pas ; tandis que nous pourrions les édifier en réveillant des sentiments de foi qui ne font que sommeiller dans les cœurs. Nous avons peur de parler de Jésus-Christ à des baptisés; en cela nous errons. Nous devon craindre de détruire au lieu d'édifier, d'être une pierre d'achoppement, quand nous devrions être des apôtres. Certaines distributions de prix, dans des écoles chrétiennes, sont un véritable scandale. Vous n'y entendez pas un mot de foi, de piété, ni même de religion. Craignons de donner à nos élèves des livres scandaleux, pour ne les avoir pas faits édifiants en les faisant chrétiens.

§ IV. — *Le livre de prix.*

Le livre de prix est, lui aussi, un livre de classe, et l'on peut dire qu'il est devenu également un champ de bataille et un champ de zèle pour les catholiques. Son importance n'est pas médiocre. Le livre de prix est lu par l'enfant qui le reçoit : c'est la première occupation de ses vacances; s'il est intéressant, il sera relu plusieurs fois, on le gardera précieusement; ce sera le commencement de la petite bibliothèque du jeune débutant dans la vie.

Le livre de prix est lu par les parents de l'enfant, par les frères et sœurs, par les grands-pères et les grand'mères, par les oncles et les tantes, même par les voisins et les voisines; il sera un propagateur, un apôtre du bien, s'il est bon, ou du mal, s'il est mauvais; il sera un semeur de l'éternité si, à une forme attrayante et vraiment littéraire, il joint le fond solidement chrétien.

Ici encore, allons nous instruire auprès de nos ennemis. Tous les livres chrétiens, sans exception, sont rayés du catalogue des livres de prix destinés aux écoles publiques. Jusqu'en ces derniers temps, on avait fait grâce à quelques chefs-d'œuvre de littérature, comme la *Sainte Élisabeth de Hongrie* de M. de Montalembert. Aujourd'hui, l'insipide, l'idiot plutôt que le chrétien : c'est le mot d'ordre. L'Évangile, l'Église, les Saints, arrière ! Ainsi le veut le principe intangible de la neutralité.

Nouveau motif pour nous de donner des livres de prix chrétiens dans nos écoles chrétiennes. Et, Dieu merci, nous avons ici, sur nos adversaires, un avantage immense. Combien, en effet, nos récits moraux, nos livres chrétiens sont plus intéressants que tous le fatras naturaliste donné en prix dans les écoles publiques, dans les écoles communales surtout !

Au lieu de ces indigestes traités d'histoire naturelle, de chimie, de physique, qui moisissent infailliblement dans toutes les bibliothèques populaires, nous avons les biographies des grands hommes dont s'honorent la patrie et l'Église : saint Louis, Charlemagne, Bayard, Duguesclin, Christophe Colomb et mille autres. Au lieu de l'histoire d'un âne ou d'une poupée, nous avons le délicieux roman chrétien, genre Fabiola, sans compter nos innombrables vies de saints, si poétiques, si dramatiques et si sympathiques, quoi qu'on en dise, aux petits baptisés des champs ou de l'atelier.

En l'an de grâce 1848, un jeune écolier de neuf ans recevait en prix, à l'école communale, la vie de saint Louis de Gonzague et de saint Stanislas de Koska. Ces deux charmantes vies, toutes parfumées de pureté et d'innocence, il les lut et les relut cent fois. Or, en 1870, le petit écolier, devenu prêtre, célébrait la sainte messe à Rome, dans la chambre où mourut saint Louis de Gonzague. Ce livre de prix avait produit sur sa jeune âme une impression profonde, décisive peut-être pour sa vocation. L'intéressant et pieux volume avait été un apôtre, car le père du jeune écolier, qui n'était rien moins que dévot, lisait néanmoins avec amour le livre de prix de son fils, et en le lisant de grosses larmes humectaient sa paupière. Croit-on que l'histoire de Cendrillon ou de Gulliver eût produit les mêmes fruits de grâce et de salut ?

Que nos livres de prix soient donc d'une doctrine et d'une littérature irréprochables ; qu'ils soient chrétiens et pieux. Ne craignons ni la Bible illustrée, petite ou grosse — il y en a de si belles aujourd'hui — ni l'histoire de l'Église, ni la vie des saints. La France catholique se meurt d'inanition ; saisissons toutes les occasions de la nourrir du pain substantiel de la parole de Dieu et de la sublime morale de l'Évangile de Jésus-Christ.

Nos écoles libres sont en ce moment le principal espoir de la France. Aussi, dans notre patriotisme ardent et éclairé, nous souhaitons vivement qu'elles se perfectionnent, se développent et se multiplient ; nous voulons qu'elles deviennent florissantes et puissantes. Eh bien ! rappelons-nous la parole évangélique. Elle est tombée de lèvres divines et articulée par une bouche qui ne trompe pas : « Cherchez d'abord le royaume de Dieu et sa justice ; et tout le reste vous sera donné par surcroît. »

Cherchons le royaume de Dieu dans nos livres et avec nos livres, et n'allons pas les prendre chez nos ennemis. Soyons saintement jaloux de leur orthodoxie. Qu'ils contribuent à étendre le règne de Jésus-Christ dans les âmes, en les nourrissant de sa pure doctrine et en les enflammant de son amour. En un mot, qu'ils soient chrétiens, puisqu'ils doivent nous aider à former des chrétiens. La raison et la foi, l'Église et la patrie demandent cela de nous.

CHAPITRE III

La piété dans le Maître.

La piété nécessaire au maître d'une école chrétienne comprend trois éléments indispensables : la foi, la bonne conduite et l'amour surnaturel de son état.

I

LA FOI

Le maître d'une école chrétienne doit être chrétien ; par conséquent il doit avoir la foi, car le chrétien a la foi.

Il croit en Dieu, créateur du ciel et de la terre, première cause et auteur de tout ce qui existe. Il croit que ce grand Dieu du ciel a foulé notre sol, qu'il a pris notre nature, qu'il s'est incarné dans le sein d'une vierge, et que Jésus-Christ, vrai fils de Marie, est aussi le vrai Dieu.

Il révère dans l'Évangile la parole divine. Il croit fermement que la sainte Église catholique et romaine a été constituée et sera, jusqu'à la fin des siècles, la bouche de Dieu au milieu du monde.

Il confesse le Père, le Fils et le Saint-Esprit, Dieu unique en trois personnes distinctes. Il marque son front du signe de la croix et donne à tout requérant ce symbole vénérable de la foi du Christ.

Le maître d'une école chrétienne doit être chrétien ; il doit avoir la foi entière, simple et droite du chrétien ; rien de plus évident.

Or, une première condition indispensable pour cela, c'est qu'il soit nommé et investi de ses fonctions par qui de droit. Henri IV disait : « Les curés nommeront des maîtres pour leurs écoles paroissiales, et ces maîtres seront payés sur les caisses publiques. » Voilà la tradition chrétienne et l'orthodoxie en pareille matière : la nomination des maîtres chrétiens par l'autorité chrétienne, seule compétente.

Depuis un siècle, les maîtres à tout degré sont nommés en France et investis de la charge d'enseigner par un préfet, qui souvent est juif, ou par un recteur d'Académie, qui peut être protestant ; c'est dire que, depuis un siècle, les écoles françaises ne pouvaient plus êtres appelées des écoles chrétiennes, puisque le maître pouvait n'être plus chrétien et, de fait, était souvent toute autre chose que chrétien.

Est-il étonnant, après cela, que la foi ait baissé

dans la génération présente ? Et, si les nations croyantes ont toujours été des nations fortes, comme le disait M. Thiers lui-même, il faut avouer que cet élément de puissance a considérablement diminué dans notre chère patrie.

Avant donc d'introduire un professeur dans nos écoles libres, avant de nommer un maître, nous devons le faire examiner par qui de droit ; et la première condition à lui imposer, c'est la profession sincère de la foi catholique, apostolique et romaine.

Mais la foi du maître chrétien doit avoir certaines qualités spéciales: elle doit être *actuelle, éclairée, communicative.*

Que faut-il entendre par une foi actuelle? Ce mot, pour être compris, a besoin d'un commentaire. Le voici.

Dans les professions de foi que l'église compose et impose, il y a deux parties: une partie générale et une partie spéciale. Ainsi, l'évêque au jour de sa consécration, dira : « Je crois en Dieu et à tout ce qu'il a révélé. Je crois que la sainte Bible renferme sa parole. Je crois tout ce que l'Eglise, ma mère, croit et enseigne. » Voilà une profession de foi générale. Il ajoute : « Je crois en particulier à la divinité de Jésus-Christ, à sa présence réelle dans l'Eucharistie ; je crois à l'infaillibilité du pontife romain. »

Pourquoi cela? Parce que chaque siècle, chaque époque a son erreur dominante qu'il faut exclure par la profession explicite d'une vérité contraire. Au temps d'Arius, au iv' siècle, la foi actuelle était celle qui confessait, avec saint Athanase et le concile de Nicée, la divinité de Jésus-Christ, *consubstantiel* au Père. A l'époque de Luther, la foi actuelle était la foi à la présence réelle de Notre-Seigneur Jésus-Christ dans l'Eucharistie ; aujourd'hui, c'est la croyance à l'infaillibilité du pape, telle que l'a défini le concile du Vatican, le 18 juillet 1870.

Au xviie siècle, durant la période janséniste, le maître chrétien, à la foi sincère et actuelle, n'eût pas fait ses délices des *Provinciales* de Pascal ; en 1830, il aurait fermé sa porte au journal lamnaisien, *l'Avenir* ; aujourd'hui il ne fera pas sa nourriture quotidienne de journaux qu'on dit inoffensifs, mais qui sont en réalité des empoisonneurs à petite dose, parce qu'ils sont des organes réguliers de l'athéisme d'État, du césarisme païen, de la neutralité scolaire ; en un mot, de ces deux hérsésies modernes, aussi séduisantes que monstrueuses, dont le nom est : libéralisme et naturalisme.

Le maître chrétien doit avoir une foi éclairée.

Le maître chrétien est professeur de religion : la religion chrétienne entre dans son programme d'enseignement : il doit donc savoir sa religion.

Depuis longtemps déjà en France, il était admis que les instituteurs primaires devaient se contenter de faire réciter la lettre du catéchisme, sans donner aucune explication ; on trouvait cela tout naturel. Rien cependant de plus anormal. Et en effet, si le maître ne connaît pas la religion chrétienne, pourquoi fait-il la classe à des enfants chrétiens ? S'il la connaît, pourquoi ne l'expliquerait-il pas ? Pourquoi sur ce point comme sur les autres, n'éclairerait-il pas l'intelligence de l'enfant qui attend de lui sa lumière? Puisque nous le supposons chrétien, il n'est pas hérétique : il n'enseignera donc pas l'erreur. Si au contraire, nous soupçonnons sa foi ou sa compétence, s'il peut être maître d'hérésie, c'est que le système est déjà vicié. On le voit, il y avait là un principe de neutralité dont les conséquences se sont développées avec le temps, et s'étalent aujourd'hui dans leur monstrueuse laideur.

La foi du maître doit être éclairée : dans qu'elle mesure ? cela dépend évidemment du rang que le maître occupe dans la hiérarchie scolaire. La science religieuse doit être plus étendue dans un maître de l'enseignement secondaire que dans un instituteur primaire ; plus profonde chez un recteur d'université que chez un professeur de sixième ou même de réthorique. On voit par là combien il est nécessaire que le cours de théologie dogmatique, morale et apologétique, soient suivis par les maîtres de l'enseignement supérieur, pour leur donner une science religieuse en rapport avec leur haute fonction !

Quant à l'instituteur et à l'institutrice de nos écoles primaires libres, je voudrais les voir tous pourvus d'un certificat d'instruction religieuse. Ce certificat existe à Paris et dans plusieurs autres diocèses ; il faudrait le généraliser. Nos maîtres et nos maîtresses tâcheraient d'avoir le certificat supérieur. Quel en serait le programme ? Voici celui de l'archidiocèse de Paris : 1° la lettre du catéchisme diocésain ; 2° une intelligence au moins littérale de ce texte ; 3° l'histoire abrégée de l'Ancien Testament et de la vie de Notre-Seigneur Jésus-

Christ ; 4° les principaux évangiles des dimanches ; 5° les grands évènements de l'histoire ecclésiastique; 6° des notions sommaires de liturgie. Ce programme, comme on le voit, est complet. L'histoire ecclésiastique et la liturgie, qui s'ajoutent au reste pour le certificat supérieur, me paraissent d'une importance capitale; car rien n'est plus ignoré en France que la belle, très belle et divine histoire de l'Eglise. D'un autre côté, combien de chrétiens et même de maîtres chrétiens, qui ne connaissent ni les choses, ni les personnes liturgiques, ni le sens des cérémonies de l'Eglise, et qui peut-être confondraient un diacre avec un prêtre, une chasuble avec un manipule, une patène avec un ostensoir!

Le maître chrétien doit aussi connaître les réponses aux objections les plus répandues contre la religion; il doit avoir sa petite apologétique locale et de circonstance. Le maître et la maîtresse primaires devront pouvoir expliquer à leurs élèves l'histoire du prophète Jonas, celle de Josué arrêtant le soleil. Il faudra qu'ils puissent dire à leurs aspirants au certificat d'études qu'il n'y a pas de gouvernement possible sans inquisition, et que la Saint-Barthélemy ne fut pas un crime imputable à l'Eglise. Il sera bon aussi qu'ils sachent à peu près la vie de Voltaire et de J.-J. Rousseau, pour faire la lumière sur ces prétendus amis du peuple, sur ces intègres émancipateurs de la pensée humaine!

La foi du maître doit être communicative.

« On ne met pas la lumière sous le boisseau, a dit Notre-Seigneur ; on la met sur un chandelier afin qu'elle éclaire tous ceux qui sont dans la maison. » Or la foi est une lumière. « Que votre lumière

brille devant les hommes ! » ajoute le divin Maître.
« Que votre foi brille devant vos élèves, maîtres
chrétiens ! Vous portez en votre poitrine le Verbe
de Dieu, ne l'y retenez pas captif. Vous pouvez
me lier de chaînes, s'écriait saint Paul, vous ne
parviendrez pas à enchaîner la parole de Dieu. »
« J'ai cru, voilà pourquoi j'ai parlé, » dit de son
côté le psalmiste. Nous aussi, si nous croyons,
nous devons parler.

Hélas ! combien de chrétiens aujourd'hui retiennent la vérité captive, non pas toujours dans
l'injustice, comme saint Paul le reproche aux philosophes païens, mais dans la timidité, l'apathie,
dans une insouciance inexplicable. Vraiment, c'est
à se demander si ces chrétiens ont la foi en voyant
combien peu ils la communiquent autour d'eux.
Ici, c'est une dame veuve, et par conséquent maîtresse chez elle, qui communiera le dimanche
matin, tandis que vingt ouvriers travaillent dans
ses caves jusqu'à midi. Là, c'est une autre dame
très pieuse, mais dont le jardinier lit la *Lanterne*
et ne fait pas baptiser ses enfants. Ce grand industriel, dit-on, est très catholique : il fréquente les
sacrements, et chaque dimanche on le voit assidu
avec sa famille aux offices de la paroisse, mais
il ne dit jamais un mot à ses ouvriers pour les
engager à suivre son exemple. On nous parle de
certains châtelains de Bretagne qui font de véritables sacrifices pour avoir la messe à leur chapelle
privée, plutôt que de se rendre au bourg, en voiture, et entendre la messe à l'église paroissiale,
où leur présence donnerait tant d'édification et
causerait une véritable joie populaire. Tel en doit

pas être le maître chrétien ; sa foi doit être communicative.

Il doit communiquer sa foi par l'enseignement officiel qu'il donne de la religion catholique, sous la direction du prêtre chargé de son école (1).

Il doit communiquer sa foi en l'expliquant familièrement et paternellement quand l'occasion s'en présente.

Il doit communiquer sa foi en la défendant, s'il le faut, devant ses élèves.

Il doit planter la foi, non seulement dans l'esprit, mais surtout dans le cœur de ses élèves en la leur faisant aimer, en leur en montrant la beauté, l'excellence, les avantages pour cette vie et pour l'autre.

Il doit communiquer la foi à ses élèves en la pratiquant avec eux et devant eux. « Les paroles touchent, dit le proverbe, les exemples entraînent. »

Le maître doit communiquer sa foi par l'exemple ; elle doit briller dans tous ses actes : voilà pourquoi la foi appelle la bonne conduite.

II

BONNE CONDUITE

En quoi consiste la bonne conduite nécessaire au maître chrétien ?

D'abord, elle doit être *extérieurement* bonne.

---

(1) L'auteur de ce travail a visité une école catholique de Londres durant ses vacances. Le maître laïque y expliquait tous les jours le catéchisme à ses élèves.

Le maître évitera tout ce qu'un bon chrétien est tenu d'éviter : les cabarets, les bals, les fêtes mondaines, les réunions suspectes; nos instituteurs, jeunes et vieux, le faisaient encore sous le second empire, et les règlements sur ce point étaient très explicites. Alors, on n'aurait pas vu dans les campagnes un jeune instituteur passer ses dimanches au cabaret ou au bal, scandaliser ses élèves en faisant publiquement ce que le pasteur recommandait à ses paroissiens d'éviter. Alors l'instituteur était chantre officiel ou libre à l'église ; il assistait régulièrement aux offices de la paroisse et y conduisait ses élèves : ainsi le voulaient encore les règlements, d'accord avec le bon sens chrétien des populations.

Jamais alors un instituteur n'eût osé donner publiquement son nom à la franc-maçonnerie ; jamais les réunions anarchistes ne l'eussent comppté comme orateur ou même comme simple auditeur. Avec le principe chrétien de l'union entre l'Église et l'école, on respectait, sous n'importe quel régime, le principe divin de l'autorité, indispensable à toute société qui veut vivre et prospérer.

Il a toujours été prudent de respecter l'autorité civile : elle tient la caisse et dispose du gendarme ; aussi le danger n'est pas là. Jamais peut-être le corps enseignant, officiel ou libre, n'a été si respectueux de l'autorité civile que sous notre troisième république. Les professeurs de l'enseignement catholique libre respectent l'autorité par principe de conscience. Les professeurs officiels sont tous devenus des fonctionnaires salariés, et l'on comprend : le pain de chaque jour, l'avancement et les brillants honoraires sont le prix de la subordination. Qui donc oserait y contrevenir?

Malheureusement, l'autorité religieuse est moins respectée. Je ne parle pas du manque de respect qu'ont pour elle les maîtres de l'enseignement neutre ou prétendu tel ; ces messieurs en prennent à leur aise ; mais je parle en ce moment des maîtres chrétiens et même religieux.

Le représentant de l'autorité de Dieu dans chaque paroisse est le curé ; or, il arrive quelquefois que l'école chrétienne ne respecte pas assez l'autorité curiale. Il n'est pas rare malheureusement de voir des schismes en miniature dans les plus humbles paroisses, et le nouveau Photius de ce schisme minuscule, quel est-il ordinairement? Le directeur de l'école chrétienne. Il s'adjoint quelques têtes mal équilibrées du banc-d'œuvre, ou d'une chapelle de confrérie, et, sous prétexte de mieux faire que le pasteur, on s'insurge contre lui, on contrecarre son administration. Le maître parlera mal de son curé, du vicaire chargé de l'école ou des curés en général ; les élèves entendront, et ce sera le scandale donné par celui qui doit l'édification et le bon exemple.

Les membres du clergé séculier, fussent-ils des scribes et des pharisiens, qu'il faudrait encore, en tout et partout, respecter leur autorité ; ce que ne manquent pas de faire tous les bons chrétiens, les chrétiens simples et droits, qui sont invariablement de bons paroissiens. Aussi rien n'est plus déplorable que le mépris de la hiérarchie ecclésiastique, dont les membres sont, à divers titres, les dépo-

sitaires de l'autorité même de Jésus-Christ ; et
quand ce mépris vient de maitres chrétiens, de
maitres religieux, c'est l'abomination de la désolation dans le saint lieu. Le maitre révolté contre son
curé ou son évêque, qui sape leur autorité, qui
les déprécie devant ses élèves, quand même il com-
munierait ou dirait la messe tous les jours, n'a
certainement pas la conduite extérieurement
bonne que doit avoir tout maitre chrétien.

Que serait-ce donc si des congrégations religieuses entières faisaient profession ouverte de mépriser l'autorité des curés? si un corps professoral
nourrissait une attitude frondeuse envers l'autorité épiscopale ? Le ministère de pareils maitres
serait frappé de stérilité ; ils détruiraient au lieu
d'édifier. Dieu nous garde de la piété sectaire ou
simplement indisciplinée ! Aussi notre grand Pontife Léon XIII, dont le coup d'œil est si profond,
ne manque jamais l'occasion de rappeler aux
catholiques militants, religieux et laïques, le respect qu'ils doivent à l'autorité épiscopale, quelque
bien qu'ils prétendent faire, quelques bonnes œuvres qu'ils entreprennent.

La conduite du maitre chrétien doit être bonne
extérieurement : nous venons de le dire ; elle doit
encore être bonne *sincèrement.*

Assurément c'est une chose appréciable que de
ne pas donner le scandale et l'Église s'en contente
à la rigueur, car elle laisse à Dieu seul le soin de
juger les consciences. Néanmoins elle réprouve
l'hypocrisie, et elle veut que les maitres de ses
enfants soient tels au dedans qu'ils paraissent au
dehors.

D'ailleurs est-ce bien facile, est-ce même possible de paraître toujours bon quand on ne l'est pas réellement ?

> N'agissez pas en fourbe,
> Vainement l'on est adroit;
> Presque toujours on s'embourbe,
> Quand on ne marche pas bien droit.

Rien de plus vrai. Pour paraître toujours bon au dehors, il faut nécessairement l'être, dans une certaine mesure, au dedans.

Or, cette mesure de bonté intérieure, de moralité, de sainteté, l'Église la désire aussi grande que possible.

Pour un professeur, disait-on jadis, il suffit qu'il puisse obtenir du maire de sa commune un certificat de bonne vie et mœurs. Nous croyons que ce n'est pas assez.

L'influence éducatrice d'un maître dépend de sa moralité, de sa vertu, de sa sainteté : toutes choses qui sont intérieures et ont leurs racines au fond de l'âme.

Le maître simplement bon au dehors et dans les apparences ne sera jamais qu'un loup couvert d'une peau de brebis. Or l'on sait le bien que les loups font aux brebis.

Nos maîtres seront de bons chrétiens, marchant dans la droiture et la vérité ; ils mettront, dans la mesure de l'infirmité humaine, toute leur conduite en harmonie avec leur foi.

Nos maîtres laïques seront dociles à la voix de la grâce qui parle au dedans, et à la voix de leurs pasteurs chargés de diriger leur conduite extérieure.

Les maîtres religieux et prêtres seront fidèles à leur vocation ; ils travailleront sur eux-mêmes pour se sanctifier plus encore que sur leurs élèves pour les former à la vertu.

Il n'y a que la vraie lumière qui éclaire, il n'y a que la vraie chaleur qui réchauffe ; de même, le maître éclairera les âmes dans la mesure de sa foi, il les échauffera dans la mesure de sa charité, il les sanctifiera dans la mesure de sa sainteté. A la conduite bonne *extérieurement*, il doit joindre la conduite bonne *sincèrement ;* il ne sera maître de vertu qu'autant qu'il sera réellement et solidement vertueux.

III

AMOUR SURNATUREL DE SON ÉTAT

Réfléchit-on assez sur les maternelles attentions de la divine Providence ? Voit-on assez la main de Dieu, la direction d'une sagesse souveraine, dans ces inclinations qui poussent les hommes à embrasser tel état, à suivre telle carrière, plutôt que telle autre ?

Pourquoi ce jeune homme aspire-t-il à travailler sur les toits d'une maison et cet autre dans la cuisine ou à la cave ? Pourquoi celui-ci préfère-t-il la varlope du menuisier et celui-là l'aiguille du tailleur d'habits ? L'un aimera sillonner les mers, l'autre préfère tracer des sillons dans un sol moins mouvant. Telle jeune fille vouera sa vie aux malades dans les hôpitaux, qui ne peut supporter l'idée de faire une classe : le séjour au milieu des infirmes, des cancéreux, des vieillards décrépits, à la bonne heure ! au milieu d'une troupe d'enfants, jamais ! Telle autre au contraire préfèrera de beaucoup l'école à l'hôpital.

Admirable attention de la Providence qui varie les dispositions des âmes avec la même prodigalité que les formes du corps ! C'est ainsi que le monde est une grande famille où chacun s'entr'aide en suivant sa voie.

Il y a donc un amour naturel de l'école et de l'enseignement, comme de toute autre profession manuelle ou libérale.

Cet amour naturel de l'enseignement a plusieurs sources. Il vient de la complexion physique, de la trempe d'esprit : on naît professeur, instituteur, comme on naît soldat ou laboureur, orateur ou poète. Il vient aussi de diverses circonstances. On veut succéder à son père ; on trouve l'état plus lucratif, moins pénible qu'un autre. Autrefois on allait se cacher dix ans dans une école pour éviter l'honneur un peu trop prolongé du pantalon rouge, pour échapper aux hasards des batailles, cauchemar de toutes les mères. Ou bien encore, on a du talent. On espère un poste honorable, une situation brillante, une chaire en Sorbonne. Tout autant de motifs naturels qui poussent vers les fonctions de professeur et d'instituteur.

Le maître chrétien peut donc aussi aimer son état pour des motifs naturels, pourvu qu'ils soient honnêtes : mais il l'aimera surtout d'un amour surnaturel.

Les motifs de cet amour surnaturel peuvent se

réduire à trois principaux : le mérite, la noblesse toute divine de notre profession, la récompense spéciale que Dieu lui réserve.

D'abord le mérite. Le maître chrétien a un avantage immense sur celui qui n'a pas le bonheur de croire. L'un et l'autre sont soumis à la loi, dure peut-être, mais inévitable, du travail : « Tu mangeras ton pain à la sueur de ton front. » Personne n'échappe à cette loi, et celui-là la subirait plus durement que tout autre qui voudrait s'y soustraire.

Le maître chrétien fait donc sa classe pour gagner le pain de chaque jour ; il la fait en même temps pour gagner le ciel. Il se soumet à son dur et incessant labeur, mais il sait que ce labeur opère pour l'éternité. Il reçoit le salaire qu'on lui donne ici-bas, et il attend encore un autre salaire, beaucoup plus magnifique, que Dieu lui paiera là-haut. Il remplit ponctuellement son devoir pour satisfaire à ses obligations ; mais l'œil de son âme est constamment fixé vers Dieu, à qui surtout il veut plaire ; aussi l'accomplissement de ses devoirs d'état est pour lui un huitième sacrement qui produit toujours la grâce dans son âme et la soulève vers le ciel : tous les sacrifices qu'il fait, tous ses actes de patience, toutes ses industries pour instruire ses élèves, pour les former au bien, sont autant de grains célestes qu'il jette dans le champ du divin Père de famille, et qui lui préparent une moisson immense et éternelle de gloire.

Comprend-on la puissance d'un pareil mobile d'action dans un maître chrétien ? Comme il l'élève au-dessus des indifférences et même des ingratitudes humaines! Qu'est-ce donc, lorsque le maître est un religieux qui a voué sa vie à la perfection, au service de Dieu et des enfants? Alors sa classe devient un champ de bataille où il combat sans cesse le bon combat, c'est une arène d'où il ne sort qu'avec la couronne du martyre. Combien d'immolations obscures dans les plus humbles écoles primaires, qui sont inconnues ou méconnues des hommes, mais qui charment le regard des anges et ravissent le cœur de Dieu! Qui en dira le mérite et en mesurera la récompense ?

Cette récompense sera d'autant plus belle que la profession d'instituteur a quelque chose de tout divin dans son excellence.

Assurément la raison nous dit déjà que l'homme est dans l'enfant, et que cultiver des enfants, c'est préparer des hommes. Elle nous dit aussi que l'homme est le plus noble sujet sur lequel puisse travailler un autre homme.

A quoi comparerez-vous l'enfant? Sera-ce au marbre, à la plante, à l'animal? Il leur est infiniment supérieur. Si donc on estime celui qui améliore la race chevaline ou bovine, celui qui découvre une nouvelle espèce de fruit, ou une nouvelle variété de fleur, si l'on tresse des couronnes au sculpteur et au peintre, quel honneur ne méritera-t-il pas, celui qui polit l'âme de l'enfant et fait resplendir en elle l'image de la divinité?

Saint Jean Chrysostome s'est donc inspiré du simple bon sens, quand il a dit : « Quoi de plus grand que de façonner les âmes? Quoi de plus excellent que de former l'adolescence à la piété ? Il est bien supérieur au peintre, au statuaire et à n'importe quel artiste, celui dont l'art consiste à incruster la vertu dans l'âme des jeunes gens. »

Au point de vue de la foi, la profession d'éducateur est plus qu'excellente, elle est divine. Cet enfant régénéré par la grâce est un autre Jésus-Christ. « Sachez, disait saint Paul aux Galates, que vous êtes mes petits enfants, que j'ai pour mission de vous donner une nouvelle naissance et de former en vous Jésus-Christ ». *Filioli mei quos iterum parturio, donec Christus formetur in vobis.* (Gal. c. IV, v. 19.) Telle est la vocation de l'instituteur chrétien.

C'est à lui qu'on peut appliquer littéralement la parole de Jésus dans l'Évangile : « Tout ce que vous aurez fait au moindre de ces petits enfants qui croient en moi, c'est à moi-même que vous l'aurez fait. » C'est déjà dire qu'une grande récompense, une récompense extraordinaire lui est réservée.

Hélas ! disent parfois certains maîtres chrétiens, certaines maîtresses pieuses et zélées : si, en faisant la classe, nous avions au moins l'espoir de gagner le ciel, mais il est si difficile d'être recueilli au milieu des enfants, il est si facile au contraire de s'impatienter et d'offenser Dieu. Rassurez-vous, âmes droites et aimantes ! Non seulement en faisant la classe vous gagnez le ciel, mais Dieu vous réserve un paradis spécial. Comment cela ? N'avez-vous pas entendu quelquefois parler de l'auréole des docteurs ? Or croiriez-vous que cette auréole fut le privilège des seuls docteurs reconnus par l'Église et qui sont une vingtaine tout au plus. Il en sera bien autrement.

L'Esprit-Saint ne dit-il pas : « Ceux qui enseignent la justice à plusieurs brilleront comme des étoiles durant les siècles éternels, » Voilà l'auréole des docteurs, c'est une gloire spéciale, accidentelle qui s'ajoutera à la béatitude essentielle de la vision de Dieu. Or, pour la mériter, il suffit d'avoir enseigné à plusieurs la pratique de la justice. N'est-ce pas le cas de tous nos instituteurs chrétiens et de nos institutrices si pieuses et si dévouées ? Non, il n'est pas nécessaire d'être un saint Augustin, un saint Grégoire, un saint Thomas, ou un saint Bernard pour mériter l'auréole des docteurs. Les instituteurs primaires y auront même une part de choix, parce qu'ils ont de plus nombreux élèves et que leur enseignement a pour but principal de former les jeunes âmes à la vertu, à la vie chrétienne et à la pitié. *Qui ad justitiam erudiunt multos fulgebunt quasi stellæ in perpetuas æternitates.* (Daniel, c. xii, v. 3).

On raconte que M. Duruy, ministre de l'instruction publique sous l'empire, alla un jour visiter le fameux collège des RR. PP. Jésuites de la rue des Postes. Il avait avec lui des professeurs éminents de l'Université. On leur fit tout voir. En sortant, M. Duruy dit au révérend Père Supérieur qui l'accompagnait : « Mon Père, ne craignez-vous pas maintenant que nous vous prenions vos méthodes ? » — « Prenez nos méthodes, tant que vous voudrez, répondit le supérieur, il y a une chose que vous ne nous prendrez jamais. »

— « Laquelle? » répliqua le ministre — « Notre dévouement. »

Or le dévouement d'un maître dépend de sa piété. Plus sa piété est sincère, plus il est dévoué, plus son action est puissante et défie toute concurrence. Que Dieu nous donne une légion de ces maîtres pieux, animés de la foi sincère, éclairée, communicative, irréprochables dans leur conduite et solidement vertueux, véritables apôtres au milieu de leurs élèves, et la France chrétienne sera bientôt régénérée par l'école, et après les angoisses de l'épreuve nous chanterons l'alleluia de la résurrection : car alors, oui, alors

> Sur notre terre ingrate et désolée,
> Les fleurs du ciel croîtront comme autrefois.

CHAPITRE IV

La piété dans la méthode

Dans nos écoles libres et chrétiennes, le maître poursuit un double but : l'instruction et l'éducation. Quoique ces deux choses se donnent la main et se compénètrent mutuellement, comme nous l'avons déjà fait remarquer, elles n'en sont pas moins distinctes ; de là une double méthode : l'une concernant l'enseignement ; l'autre, l'éducation.

Pour l'enseignement, la méthode est multiple : elle varie avec les maîtres, les élèves, les temps et les lieux. Chaque congrégation enseignante a sa méthode et chaque maître lui fait subir, en l'appliquant, une plus ou moins notable modification. Bien plus, chaque matière d'enseignement demande une méthode spéciale.

On n'enseigne pas la grammaire comme la géographie, ni l'arithmétique comme l'histoire. Aussi notre but n'est pas de parler ici de méthodes d'enseignement dans lesquelles la piété n'a rien à voir. Nous nous occuperons uniquement de l'éducation, et nous disons qu'il faut mettre de la piété dans notre méthode d'éducation, qu'il faut en mettre le plus possible.

Comment cela? Cette question ne manque pas d'intérêt, et la solution est, à notre avis, fort importante.

I

Pour la résoudre, il faut observer d'abord que toute école poursuit essentiellement un but éducateur. L'école forme l'enfant au travail, à la discipline; elle le civilise. Cela est vrai même pour l'école païenne ou rationaliste. Le sauvage ne connaît pas l'école; il ne sait ni travailler régulièrement, ni discipliner son activité: voilà pourquoi il reste sauvage. C'est pour la même raison, n'en déplaise à Jean-Jacques et à ses admirateurs, que l'état sauvage n'est nullement pour l'homme un état naturel, encore moins un état de perfection, car la nature veut que tout être soit dressé et formé conformément à ses aptitudes natives. Il en est de l'enfant comme d'un champ : l'un et l'autre ont besoin de culture. L'école chrétienne a donc, elle aussi, pour but de cultiver l'enfant, de le former à l'ordre, à la discipline, au travail; mais elle poursuit un but plus excellent. L'enfant baptisé est une fleur du ciel, c'est un enfant de Dieu: il faut le sanctifier et l'élever jusqu'à Dieu.

Le maître rationaliste se propose un but purement naturel, il emploiera une méthode exclusivement naturelle. Le maître chrétien se propose, lui, un but naturel et surnaturel tout ensemble, il devra mettre le surnaturel dans sa méthode.

Une autre observation. Qui dit méthode, dit procédé, manière d'agir. Le maître agit sur l'enfant pour le former, mais il ne fait pas seul la besogne; l'enfant a aussi sa part d'action. On n'élève pas un enfant comme on taille du marbre, comme on dirige un espalier, comme le potier pétrit l'argile. L'enfant est un être libre, il coopère à sa formation; il en est même l'agent principal. Pour le former, il faut donc le faire vouloir. Voilà pourquoi, en éducation, la méthode s'identifie avec les motifs propres à faire vouloir l'enfant. Si ces motifs sont purement naturels, la piété en sera exclue ; au contraire, si les motifs sont surnaturels, la piété y trouvera sa place; et l'on entrevoit déjà que cette place peut être considérable.

Pour le voir mieux encore, passons en revue les différents mobiles employés généralement par les maîtres pour agir sur la volonté de l'enfant.

Le maître emploie d'abord la crainte du châtiment. Il punit l'inexactitude, l'indocilité, la paresse. Il force ainsi l'enfant à agir par un motif de crainte.

Il fait aussi usage des récompenses; elles sont proportionnées à l'âge des élèves. Le bonbon et la poupée de la salle d'asile deviennent à l'école, une image, une gravure, un livre doré, intéressant, instructif, ou même un livret de caisse d'épargne, une sortie, un congé.

L'émulation, sœur de l'orgueil, est également employée dans toutes les écoles: les places, les tableaux d'honneur ou de déshonneur, les proclamations, les prix stimulent la volonté de l'enfant et lui font faire des efforts sérieux.

L'amour-propre, la vanité, l'orgueil jouent malheureusement un très grand rôle dans un nombre considérable d'écoles. On aura le certificat d'études, un brevet de capacité, un diplôme quelconque; on passera pour savant, distingué, capable. L'enfant sera l'honneur de sa famille, la gloire de son village. L'école acquerra une réputation exceptionnelle; elle sera citée dans un rapport officiel; ses maîtres obtiendront les palmes académiques. Ce sera merveilleux, incomparable ! Hélas! nous disait un jour, à Paris, un directeur de patronage : c'était un laïque, voilà pourquoi sa réflexion nous a frappé davantage : « Comprenez-vous une éducation uniquement basée sur l'orgueil? » Il faisait allusion à certaines œuvres de jeunesse. C'est là, il faut l'avouer, un mal contagieux, qui peut, si l'on n'y prend garde, envahir les meilleurs établissements d'éducation.

Enfin, on fera travailler l'enfant pour plaire à son père, à sa mère, en vue de leur venir en aide par l'instruction acquise : c'est un motif de piété filiale; il peut être purement naturel, mais il est noble, élevé; il touche presque au surnaturel.

Le maître chrétien ne négligera aucun moyen naturel honnête; il les emploiera avec un zèle prudent et éclairé; il les variera selon les temps et les lieux, mais il cherchera toujours à les surnaturaliser. De plus, il ajoutera les motifs surnaturels, tirés de la foi, et c'est ainsi qu'il mettra de la piété dans sa méthode.

Le maître chrétien ne négligera donc pas le motif de crainte : mais, en faisant craindre l'œil du maître, il rappelle un œil plus pénétrant, auquel nul ne peut se soustraire, qui nous suit partout, à l'école, à la maison, dans la rue ; qui pénètre le plus profond des ténèbres. En punissant justement, il dira où il y a une justice infinie, à qui l'on rendra compte même d'une parole inutile et que personne ne peut éviter.

A l'école chrétienne la récompense élève l'âme vers une récompense plus belle: la grâce de Dieu, son amour, le ciel. Dieu aime et récompense en Dieu ; quel avantage de travailler pour lui et de chercher à lui plaire en toutes choses !

Quant à l'émulation, le maître chrétien la modère et la purifie par des leçons d'humilité. Assurément, c'est beau d'être le premier de sa classe, mais c'est plus beau encore d'être humble, de ne pas se croire supérieur aux autres. Jésus préfère un ignorant humble à un savant orgueilleux. L'auguste vierge Marie n'a été grande et glorieuse qu'en se faisant toute petite devant Dieu.

Pour ce qui est de l'orgueil et des innombrables rejetons, le maître chrétien en a horreur comme de la peste. Assurément, à notre époque, il faut des certificats, des brevets, des diplômes, et une école libre qui n'en tapisserait pas ses murs ne serait pas de son temps, mais prenons garde ! l'abus est ici bien près de l'usage.

Voici comment M. l'abbé Garnier, dans les

Questions sociales (1), parle des examens et des certificats d'études : « Chacun sait l'engouement universel qui pousse les jeunes gens et les jeunes filles à se procurer un brevet quelconque lors même qu'ils n'en ont aucun besoin. Si les matières des examens et la manière dont on les fait passer ne présentaient rien de mauvais, cet engouement serait encore ridicule, car il a pour résultat final de faire perdre un temps précieux, de lancer les esprits dans une voie spéculative qui n'est pas sans dangers pour la vie pratique, et de multiplier l'encombrement des carrières libérales avec le nombre des déclassés. »

« Mais ne sait-on pas que les matières des examens sont déplorables et que la manière de les faire passer est souvent plus déplorable encore? Sous prétexte de préparer leur brevet, les jeunes filles les plus chrétiennes étudient le théatre classique et les ouvrages de nos pires auteurs. Dans ces conditions, l'engouement n'est plus seulement ridicule, il est désastreux ; combien de jeunes filles savent la chimie ou la mythologie et ne savent rien de la vie pratique, pas même faire de la soupe ou raccomoder des bas. Les conséquences de cette inconcevable folie sont innapréciables au point de vue social ; dès lors, nous nous demandons pourquoi les catholiques poussent leurs élèves à solliciter des diplômes dont ils n'ont pas besoin. Nous croyons que le princiqe est mauvais, lors même que l'application est irréprochable. »

Le maître chrétien s'efforcera de faire aimer le

---

travail à ses élèves ; il leur en inspirera un amour naturel et surnaturel : naturel, car il faut travailler pour gagner le pain de chaque jour ; surnaturel, car Jésus notre modèle a travaillé ; il a divinisé le travail ; il en a fait l'instrument le plus fécond des récompenses éternelles.

Alors, le jeune écolier, travaillera pour plaire à ses parents, pour occuper la position qu'ils lui destinent ; si ces parents sont pauvres, il les aimera assez pour se rendre capable de les soulager un jour ; dans l'un et l'autre cas, il se proposera d'accomplir le précepte naturel et divin : « Tes père et mère honoreras. » Son travail sera surnaturel et un véritable fruit de la piété.

II

Peut-on aller plus loin dans l'emploi du surnaturel comme méthode d'éducation ? D'excellents esprits l'affirment et l'expérience semble leur donner raison. Ils disent qu'on peut faire vouloir l'enfant, l'écolier chrétien, par des motifs purement surnaturels. Ces motifs sont de deux sortes : motifs de religion, motifs d'apostolat.

Peut-être serait-il difficile de faire travailler les enfants des écoles primaires, en leur proposant simplement pour motif la gloire de Dieu. Cette devise : « *Pour la plus grande gloire de Dieu. A. M. D. G.*, » que saint Ignace a faite sienne et que mettent en tête de leurs devoirs nos grands élèves des séminaires et des collèges catholiques, serait trop abstraite pour des élèves primaires. L'Église y a pourvu. Elle se souvient qu'elle est mère et qu'elle a beaucoup de petits enfants à qui l'on doit donner du lait, parce qu'ils ne peuvent pas encore supporter une nourriture solide. Aussi favorise-t-elle les dévotions sensibles, plus à la portée des simples. Au début de l'année scolaire, en octobre, elle a les anges gardiens et Notre-Dame du Saint-Rosaire. Les âmes du purgatoire viennent ensuite avec la Toussaint et le mois de novembre. Puis c'est l'Enfant Jésus et la crèche au temps de Noël ; saint Joseph durant le carême. Le mois des fleurs consacré à Marie épanouit les fronts et dilate les cœurs dans les écoles chrétiennes. Enfin le mois du Sacré Cœur et les fête si suaves du Saint-Sacrement terminent, chaque année, le cycle des fêtes religieuses.

Or l'enfant chrétien, même dans les petites écoles, est capable de vouloir, d'agir, de travailler pour l'amour de l'Enfant Jésus, de saint Joseph, pour l'amour de la douce Vierge Marie, sa tendre mère ; il est capable de sacrifice pour communier plus souvent et consoler le cœur de Jésus au Saint-Sacrement.

Il suffit de lui rappeler ces motifs. Certains maîtres, certaines congrégations ont toutes sortes d'industries pour atteindre ce but. Qui oserait les en blâmer ? Ne s'agit-il pas d'élever les âmes jusqu'à Dieu, jusqu'à la sainteté, jusqu'au ciel ?

Dans certaines écoles on établit la Garde d'Honneur ; alors l'image du Sacré-Cœur, qui passe d'une poitrine à l'autre, rappelle à tous qu'il faut aimer Dieu et travailler pour lui plaire. Ici on établit le culte perpétuel de saint Joseph ; ailleurs, l'association des Saints-Anges, les confréries de

Saint-Louis-de-Gonzague, du Saint-Sacrement ; et les cahiers de devoirs s'émaillent des sentences les plus variées : « Aimé soit Jésus au Saint-Sacrement ! Loué soit Jésus ! Doux cœur de Marie, soyez mon salut ! Mon bon ange, aidez-moi ! Saint Joseph, gardez votre enfant ! et mille autres que savent trouver les enfants pieux.

Ces pratiques, prudemment employées, sont évidemment bonnes ; elles emportent les âmes dans une atmosphère supérieure, nourrissent la foi et enflamment l'amour surnaturel. Il est regrettable qu'en France on les réserve généralement pour les écoles de filles, comme si le jeune chrétien, le futur prêtre était incapable de piété. Il est cependant d'expérience pour ceux qui l'ont tenté, que le jeune garçon peut être formé à la piété aussi bien que la jeune fille, même plus facilement, et surtout plus solidement; n'oublions pas que Dieu a fait l'homme le chef de la femme.

Les motifs d'apostolat ne sont pas moins efficaces que les motifs de religion. Il est certain qu'on peut faire travailler les enfants pour la délivrance des âmes du Purgatoire et pour la conversion des pécheurs.

La peinture des flammes du Purgatoire, la vue des anges qui vont chercher les âmes saintes comme des sœurs bien-aimées, l'espoir de délivrer de la prison expiatrice une mère chérie, un ami qui a expiré sous ses yeux, un père, un frère, un bienfaiteur, sollicitent vivement le cœur compatissant des enfants chrétiens, leur font faire des efforts sérieux, leur inspirent quelquefois des actes héroïques.

M. l'abbé Garnier affirme qu'on obtient également des résultats admirables en proposant aux écoliers l'apostolat auprès des vivants.

« Il faut, dit-il, que les écoles libres soient vrai-
« ment chrétiennes, c'est-à-dire, qu'il faut y appli-
« quer fermement toutes les lois de la vie : l'ins-
« truction religieuse, la communion, la prière.
« Qu'elles sont rares les écoles qui l'ont fait depuis
« cinquante ans : celles qui ont des livres de lec-
« ture, d'histoire, de sciences véritablement chré-
« tiens avec des modèles d'écriture et de dessin
« du même caractère !

« Ce qui fait plus défaut encore que l'enseigne-
« ment de l'Évangile, c'est la formation de la
« volonté par l'apostolat. Les meilleurs maîtres
« croient avoir assez fait, lorsqu'ils ont travaillé
« l'esprit et le cœur de leurs élèves. Pourtant la
« volonté n'est-elle pas la faculté maîtresse ? Nous
« recommandons vivement l'emploi des feuilles
« du *Trésor spirituel*, de l'*Action sociale catholi-*
« *que,* non seulement dans les écoles libres, mais
« dans les collèges, dans les patronages, partout
« où l'on se préoccupe de la formation des âmes.

« Toutes les écoles qui ont consenti à se servir
« sérieusement du *Trésor spirituel* ont été trans-
« formées avec une rapidité étonnante. Les maîtres
« nous en ont souvent exprimé leur admiration.
« Nous n'avons plus une seule punition à donner,
« disent-ils. Comment se fait-il que nous n'ayons
« pas pensé à cela plus tôt ? » Les parents ont cons-
« taté la même transformation chez leurs enfants.

« Comment, d'ailleurs, la préoccupation constante
« de multiplier sous toutes les formes des actes
« d'apostolat ne jetterait-elle pas les âmes dans un
« moule véritablement chrétien ? » (*Questions
sociales*)

« Inspirons aux enfants de plus en plus l'amour
« de Notre-Seigneur Jésus-Christ, le respect de l'É-
« glise et de l'autel, la sainte habitude de la com-
« munion spirituelle. C'est la piété seule, l'amour
« de Notre-Seigneur Jésus-Christ qui rend l'homme
« bon. Veillons à leur faire pratiquer beaucoup
« l'apostolat, à l'égard de leurs camarades, de
« leurs frères, de leurs parents. » (*L'apostolat
enseigné aux enfants.*)

III

Mais, pour appliquer à l'enfant cette méthode
d'éducation, pour le déterminer à vouloir et à agir
par des motifs surnaturels, par des motifs de religion et d'apostolat, il faut que le maître adopte
pour lui-même ce qu'on appelle le *Système préventif*. En quoi consiste ce système ? Une bouche
plus autorisée que la mienne va le dire.

§. I. — *Le Système préventif.*

Ici, je cite textuellement la parole du pieux fondateur des prêtres de Saint-François de Sales, Don
Jean Bosco, prêtre, mort à Turin, en odeur de sainteté, le 31 janvier 1888.

« Plusieurs fois, dit Don Bosco (1), j'ai été invité

---

(1) Règlement des maisons. Articles préliminaires.

à exprimer verbalement ou par écrit quelques pensées sur le *Système préventif* adopté dans nos établissements. Je crois donc opportun de donner quelques indications générales, et cela uniquement pour être de quelque secours dans l'art difficile de l'éducation de la jeunesse. Je dirai en quoi consiste le *Système préventif* et pourquoi il faut l'adopter de préférence. Je parlerai ensuire de son application pratique et de ses avantages.

« *En quoi consiste le Système préventif et pourquoi faut-il l'adopter de préférence ?*

« Il y a deux systèmes dont on a toujours fait usage dans l'éducation de la jeunesse : le *Système préventif* et le *Système répressif.*

« Le *Système répressif* consiste à faire d'abord bien connaître la loi à ceux qui doivent l'observer; à exercer ensuite une surveillance rigoureuse pour reconnaître les trangresseurs, et, le cas échéant, leur infliger les châtiments mérités. Dans ce système un supérieur doit être sévère et même menaçant dans ses paroles et dans ses allures. Il évitera toujours la familiarité avec ceux qui lui sont soumis...

« Ce système est peu pénible. Il est spécialement utile dans les casernes et en général à l'égard des personnes raisonnables, intelligentes, qui doivent par elles-mêmes être en état de connaitre et de ne point oublier ce qui est conforme à la loi et aux règlements.

« Tout autre, je dirai même, tout opposé est le *Système préventif.* Son but est aussi de faire bien connaître les prescriptions et les règlements de la maison. La surveillance s'exerce de telle façon que les élèves soient sans cesse sous le regard vigilant du Directeur ou des assistants : ceux-ci leur parlant comme des pères pleins de tendresse, les dirigeant en toute occasion, leur donnant des conseils et les corrigeant avec amour, en un mot, mettant les élèves dans l'impossibilité de commettre aucune faute.

« Ce système est entièrement basé *sur la raison, la piété et l'amitié*. Il exclut tout châtiment violent et s'efforce d'éloigner la correction même légère. »

Ce système est préférable, voici encore pour quels motifs :

1. L'élève, préalablement averti, n'est point humilié par les fautes qu'il commet, comme cela arrive quand ses fautes sont connues du Supérieur. Il ne s'irrite pas de la réprimande qui lui est adressée, ou de la pénitence qu'on lui inflige, ou dont on le menace. Il y a toujours dans ce système un avis affectueux qui lui est parvenu, qui lui a fait entendre raison, qui souvent a gagné son cœur, à ce point qu'il désire presque lui-même le châtiment dont il a reconnu la nécessité.

2. Un motif plus grave encore d'employer ce système est dans la légèreté de la jeunesse, qui lui fait oublier, en un instant, les règlements disciplinaires et les châtiments qu'elle peut encourir. Il arrive souvent qu'un enfant se rend coupable et mérite une pénitence sans y avoir fait attention ; ayant agi sans se souvenir de la loi au moment où il la trangressait, il aurait certainement évité cette faute, si une voix amie l'avait averti.

3. Le *Système répressif* peut bien empêcher un désordre : difficilement rendra-t-il meilleurs les

coupables. On a observé que les jeunes gens n'oublient pas les châtiments qu'ils ont reçus, et que le plus souvent ils en gardent rancune avec le désir de secouer le joug et même de se venger... Le *Système préventif*, au contraire, rend l'élève ami de son maître, en qui il voit un bienfaiteur qui le prévient, qui veut le rendre bon, le préserver du désagrément, des châtiments et du déshonneur.

4. Le *Système préventif* étend son action sur l'avenir, en ce sens que le maître pourra toujours parler à son élève le langage du cœur, non seulement pendant le temps de son éducation, mais aussi quand il aura quitté la maison. Le maître, ayant gagné le cœur de son protégé, pourra exercer sur lui une grande influence, lui donner des avis, des conseils et le remettre dans la voie du bien, alors même qu'il se trouvera dans les emplois, les fonctions de la vie civile et du commerce. Pour tout ceci et pour bien d'autres raisons, il nous semble que le *Système préventif* doit être préféré au *Système répressif*.

§ II. — *Application du Système préventif.*

L'application de ce système est entièrement basée sur cette parole de saint Paul : « *Caritas benigna est, patiens est, omnia suffert, omnia sperat, omnia sustinet.* La charité est bienveillante et patiente. Elle souffre tout, mais elle espère tout et supporte tout. » C'est pour cela qu'un chrétien seulement peut appliquer le *Système préventif*. La raison et la religion sont les instruments dont le maître doit constamment faire usage, les enseigner à ses élèves, les mettre en pratique lui-même, s'il veut être obéi et atteindre son but.

1. Le directeur doit se consacrer entièrement à ceux dont il dirige l'éducation ; il ne doit jamais accepter une autre charge qui le distrairait de ses fontions.

2. Il faut que les élèves puissent, en toute liberté et selon leur bon plaisir, sauter, courir, crier. La gymnastique, la musique, la déclamation, le petit théâtre, la promenade, sont des moyens très efficaces pour obtenir la discipline, favoriser la moralité et la santé ; il faut seulement bien faire attention qu'en tout cela il n'y ait jamais rien de blâmable : « Faites tout ce que vous voudrez, disait saint Philippe de Néri, le grand ami de la jeunesse, il me suffit que vous ne commettiez aucun péché.»

3. La confession, la communion fréquentes, la messe tous les jours, sont les colonnes d'une maison d'éducation dont on veut bannir la menace et les punitions. Il ne faut pas obliger les jeunes gens à fréquenter les sacrements, il faut seulement les encourager dans l'accomplissement de ce devoir et leur en faciliter autant que possible la pratique. A l'occasion des retraites, des triduums, des neuvaines, dans les prédications, les catéchismes, il faut avoir soin de faire remarquer la beauté, la grandeur, la sainteté de cette religion qui nous donne les sacrements si utiles à la société, si efficaces pour procurer la paix du cœur et le salut de l'âme. Les enfants s'attacheront ainsi aux pratiques de piété ; ils les accompliront spontanément, avec plaisir et avec fruit.

4. Il faut fuir comme la peste l'opinion de ceux qui veulent différer la première communion jusqu'à un âge trop avancé, c'est-à-dire, jusqu'au moment où le démon a eu tout le temps de s'emparer du cœur du jeune enfant, au préjudice incalculable de son innocence. Dans la primitive Église on avait coutume de donner aux tout petits enfants les hosties consacrées qui restaient de la communion pascale. Cet usage nous fait comprendre combien l'Église est désireuse que les petits enfants soient admis de bonne heure à la sainte communion. Quand un enfant sait distinguer entre le pain ordinaire et le pain eucharistique, quand il a une instruction suffisante, il ne faut pas s'occuper de son âge, il faut que le Roi des Cieux vienne habiter cette âme bénie.

5. Les catéchismes recommandent la communion fréquente. Saint Philippe de Néri conseillait de la faire tous les huit jours et même plus souvent. Le concile de Trente dit clairement son ardent désir de voir tous les fidèles communier chaque fois qu'ils assistent à la sainte messe. Que ce ne soit pas seulement la communion spirituelle, mais la communion sacramentelle, afin qu'ils retirent plus de fruits de cet auguste et divin sacrifice. (Con. Trid. Session XXII. Chap. vi.)

§ III. — *Utilité du Système préventif.*

On pourra objecter que ce système est d'une application pratique difficile. En ce qui concerne les élèves, il est, remarquons-le, plus facile, plus agréable, plus avantageux. Pour les maîtres, il renferme quelques difficultés que cependant il est aisé d'aplanir quand on se met à l'œuvre avec zèle. Le maître est, à ce titre, dévoué au bien de ses élèves : il doit donc être prêt à affronter tous les tracas, il doit accepter tous les labeurs pour atteindre son but, qui est l'éducation civile, morale et scientifique de ses élèves.

Avec ce système l'élève sera toujours plein de respect pour son maître. Il se souviendra toujours avec plaisir du genre d'éducation qu'il a reçu. Ses maîtres, ses autres supérieurs, seront toujours à ses yeux des pères et des frères. Partout où ils vont, de tels élèves sont ordinairement la consolation de leurs familles ; ils sont de bons citoyens et de fervents chrétiens.

On peut se demander quelle place tiennent, dans ce système, les punitions. Autant que possible, dit Don Bosco, il faut s'abstenir des punitions ; mais, lorsque les punitions doivent être infligées, il faut encore se souvenir des règles suivantes :

1. Le maître s'efforcera de se faire aimer de ses élèves, s'il veut se faire craindre. Il en arrive ainsi à punir en supprimant tous ce qui est affectueux, mais c'est une punition qui excite l'émulation de l'enfant, qui l'encourage et ne le déshonore jamais.

2. Pour les enfants, tout peut servir de punition. On a souvent observé qu'un regard sévère produit plus d'effet qu'un soufflet. Les louanges après une bonne action, le blâme après une négligence, sont déjà une récompense ou une punition.

3. A moins de circonstances très rares, les corrections ne doivent jamais être infligées en public.

Et dans ce cas, il faut encore user de beaucoup de
prudence et de patience afin que l'élève comprenne
sa faute au point de vue de la religion.

4. Il faut absolument éviter de frapper les élèves
de quelque manière que ce soit, de les mettre à
genoux dans une attitude douloureuse, de leur tirer les oreilles. Ces corrections et toutes celles qui
leur ressemblent sont défendues par la loi civile :
elles irritent les jeunes gens et avilissent la dignité du maître.

Il est surtout indispensable que les maîtres aient
tous la patience, le zèle et sachent prier beaucoup.

IV

Certains maîtres font ici une objection. Si nous
employons ce système, disent-ils, les enfants travailleront beaucoup moins, ils ne pourront obtenir
leur certificat d'études, et les parents ne seront
pas contents.

On peut répondre d'abord qu'il n'y a pas de
règle sans exception, et que pour contenter les
parents, il faut faire tous les sacrifices compatibles
avec la conscience et le but de l'école. Mais les parents tiennent-ils tant que cela à ce que leurs enfants soient rudoyés, maltraités et punis ? Il y a
généralement lieu d'en douter. La douceur attire,
la rigueur éloigne : attirons les élèves en nous faisant aimer, et, quand nous posséderons le cœur
de nos enfants, nous aurons aussi le cœur des parents.

En second lieu, craignons de faire une confusion
regrettable en déplaçant le but de nos efforts. La

science est bonne, mais la vertu vaut mieux. Nous sommes toujours tentés de subordonner l'éducation à l'instruction, tandis que c'est l'instruction qui doit céder le pas à l'éducation. Que votre élève connaisse plus ou moins bien les mille détails de l'histoire de France dont il n'a cure ; qu'il ne puisse loger dans sa tête la capitale du Japon ou de l'Équateur, quel grand mal à cela?... Tandis qu'il y aurait un mal réel à le rudoyer, à le maltraiter, à lui faire prendre en horreur l'étude, l'école, le travail et peut-être la religion elle-même. Encore une fois, ne sacrifions pas l'instruction pédantesque à l'éducation sanctifiante. Encourager les enfants, les faire vouloir par amour : tout est là.

Que dire de ces écoliers peu intelligents, de ces écolières rétives à la science? Pourquoi exiger d'eux ce qu'ils ne peuvent donner? Pourquoi les torturer sans fin? Pourquoi les dédaigner, les délaisser, les rebuter? Ils sont moins intelligents et moins savants ; est-ce leur faute? Ils travaillent peut-être plus que les autres, ils font plus d'efforts, ils sont moins orgueilleux. Ce sont les amis de Jésus qui aime les humbles et les petits. Avoir toujours pour ces enfants la menace à la bouche et la verge à la main, serait vraiment chez un maître chrétien, une monstrueuse aberration, pour ne pas dire une grande faute.

Il y a quelques années un ministre de la reine d'Angleterre visitait l'oratoire de Don Bosco à Turin. On l'introduisit dans une vaste salle d'étude où se trouvaient cinq cents élèves. Il ne put s'empêcher d'admirer cette multitude d'enfants qui observaient un rigoureux silence, quoiqu'ils n'eussent d'autres surveillants que les chefs de table. — « Comment est-il possible, dites-moi, d'obtenir un tel silence, une telle discipline ? Vous, dit-il à son secrétaire, écrivez la réponse qu'on va nous donner. — Monsieur, répondit le Supérieur, les moyens en usage parmi nous ne peuvent pas être employés chez vous. — Pourquoi ? — Parce que ce sont des secrets révélés seulement aux catholiques. — Quels sont ces secrets ? — La confession, la communion fréquente, la messe tous les jours bien entendue. — Vous avez parfaitement raison, nous manquons de ces puissants moyens d'éducation. Mais, n'y en a-t-il pas d'autres ? — Si l'on ne se sert pas de ces éléments que fournit la religion, il faut recourir à la menace et au bâton. — Vous avez raison ! Vous avez raison ! ou la religion ou le bâton ; je veux raconter cela à Londres. »

Il faut aussi le raconter en France, et dire partout bien haut, combien le système préventif et la piété dans la méthode renferment d'efficacité pour la prospérité de nos écoles catholiques et la bonne éducation de leurs nombreux élèves.

CHAPITRE V

La piété dans l'élève

Le titre de cet article nous rappelle une comparaison de saint François de Sales. Le pieux docteur, après avoir dit ingénument que l'on ne plante la vigne qu'en vue du raisin, applique cette pensée à la création. « Dieu, dit-il, a planté le monde comme une vigne immense, et dans son œuvre il n'a eu en vue que Jésus, son divin Fils, raisin précieux qui, au jour de sa Passion, devait être broyé sous le pressoir pour vivifier les âmes et sanctifier toute créature. (1)

N'en est-il pas de même de nos écoles libres ? Tous les sacrifices que nous faisons pour les bâtir,

____

(1) Traité de l'amour de Dieu, — *Livre II. C. V.*

les meubler, leur donner de bons livres, d'excellents maîtres, ne sont-ils pas faits en vue de l'élève qui est, aux yeux de la foi, un autre Jésus, un véritable enfant de Dieu?

Un travail sur la piété dans l'école n'aurait donc pas sa raison d'être, s'il ne parlait de l'élève.

Nous partageons la vie de l'écolier en deux périodes : celle qui précède la première communion et celle qui la suit. De là deux parties : la piété dans l'élève avant la première communion, et la piété dans l'élève après la première communion.

PREMIÈRE SECTION

La piété dans l'élève avant la première communion

Pour donner à ce sujet tout le développement qu'il comporte, nous considérerons l'enfant à la salle d'asile, à l'école primaire et dans les orphelinats. Mais d'abord, rappelons quelques principes.

1. Il est certain que la première formation de l'enfant a une importance capitale.

L'Église l'a si bien compris qu'elle donne le baptême aux enfants avant l'âge de raison. Elle ne veut pas être prévenue par le démon dans ce premier labour de l'âme. Elle se hâte d'ouvrir le sillon et de jeter la semence qui devra germer, aussitôt que possible, sous l'action fécondante du soleil de justice.

2. Par le baptême l'âme de l'enfant devient un

foyer de vie surnaturelle. L'Esprit-Saint habite dans cette petite âme, la vivifie, la sanctifie et attend le premier réveil de l'intelligence pour la tourner vers Dieu.

3. Aussitôt qu'un enfant chrétien arrive à l'âge de raison, il doit s'élever à Dieu par des actes de foi, d'espérance et de charité : c'est pour lui une obligation rigoureuse. Dès qu'il connaît son père du ciel, il doit lui dire : « Père, je suis votre enfant, je veux être votre serviteur ; je veux vous aimer et ne jamais transgresser votre loi. »

4. Il est incontestable que l'enfant peut pécher gravement de très bonne heure ; qu'il peut, sous l'influence de sollicitations intérieures ou extérieures, perdre le trésor d'innocence et de grâce que lui a donné le saint baptême.

Le Pape saint Grégoire ne parle-t-il pas d'un enfant de trois ans qui tomba en enfer, pour avoir blasphèmé ? « Son père, dit-il, ne voulut pas en faire un élu ; il en fit un réprouvé. » Cette précocité, il est vrai, n'est que l'exception ; mais, une douloureuse expérience nous apprend que la plupart des enfants peuvent faire un péché mortel dès qu'ils sont arrivés à leur sixième, septième ou huitième année. Il faut donc, dès cet âge, les instruire et les prémunir.

5. La protection de l'enfant, la culture de son âme regardent surtout les parents chrétiens : le père, la mère, la famille ; mais ce devoir est partagé par les directrices des salles d'asile et les instituteurs primaires. Le maître a, auprès des enfants, l'autorité du père et de la mère ; par conséquent il doit en avoir la responsabilité. Ajoutons que la plupart

des parents se reposent sur nous du soin de former leurs enfants à la vie chrétienne. Sont-elles en majorité, aujourd'hui, les mères qui apprennent sur leurs genoux, les premières prières à leurs petits enfants, qui leur enseignent à aimer Dieu et à fuir le péché? C'est donc aux maîtres chrétiens, aux pieuses maîtresses à combler cette lacune.

6. Faut-il, pour nous encourager dans cette voie et soutenir notre zèle, un stimulant efficace? Voici Jésus lui-même qui se présente.

Pourrons-nous oublier, maîtres chrétiens, que le grand Dieu du ciel s'est fait petit enfant? que l'Éternel a eu deux ans, trois ans, huit ans? qu'il a été porté dans les bras de Marie, son heureuse mère? Pourrons-nous oublier qu'il s'est assujetti à une croissance extérieure, et régulière au point que saint Luc a pu écrire ces étonnantes paroles: « *Et Jesus proficiebat sapientia, et ætate et gratia ante Deum et homines.* » (*Luc. II. 52.*) « Jésus croissait en science, en âge et en grâce devant Dieu et les hommes. » Mais, en quoi donc, ô divin Enfant, aviez-vous besoin de croître, sinon en estime et en amour dans nos cœurs?

7. N'oublions pas davantage la manière dont Jésus parle de l'enfant dans son évangile, (1) et

---

(1) *Saint Matth. C. XVIII 1 à 10. — In illa hora accesserunt discipuli ad Jesum, dicentes: Quis putas, major est in regno cælorum? — 2. Et advocans Jesus parvulum, statuit in medio eorum. — 3. Et dixit: Amen, amen dico vobis, nisi conversi fueritis et efficiamini sicut parvuli, non intrabitis in regnum cælorum. — 4. Quicumque ergo humiliaverit se sicut parvulus iste, hic est major in regno cælorum. — 5. Et qui susceperit unum parvulum talem in nomine meo, me suscipit. — 6. Qui autem scandalizaverit*

méditons soigneusement ces paroles : « L'enfant, dit-il, est le type des élus, et le royaume de Dieu n'appartient qu'à ceux qui lui ressemblent. »

« Si vous n'avez pas son innocence, sa foi, son humilité, vous ne verrez point la céleste béatitude. — L'enfant, je l'ai confié au soin des anges qui sont les princes de la cour céleste. Aussi malheur à celui qui le scandalise ! Il vaudrait mieux pour celui-là qu'on lui attachât une meule de moulin au cou et qu'on le précipitât dans le gouffre profond de l'océan ! »

« L'enfant ! mais c'est un autre moi-même. » *Qui susceperit unum parvulum talem in nomine meo, me suscipit.*

L'éducation de l'enfant est donc essentiellement une œuvre divine. Ne l'oublions pas, et que notre zèle soit à la hauteur de notre foi !

§ I. — *La salle d'asile*

Autant une salle d'asile mal tenue sera pernicieuse, autant una salle d'asile dirigée par une maîtresse chrétienne sera salutaire aux âmes des petits enfants et contribuera à leur sanctification. Pour cela, il faut christianiser et christianiser encore. Le fait-on toujours assez ?

---

unum de pusillis istis, qui in me credunt, expedit ei ut suspendatur mola asinaria in collo ejus, et demergatur in profundum maris. — 10 Videte ne contemnatis unum ex his pusillis : dico enim vobis quia angeli eorum in cœlis semper vident faciem Patris mei qui in cœlis est.

(Marc. X. 15). Amen dico vobis, quisquis non receperit regnum Dei, sicut parvulus iste, non intrabit in illud.

Il faut christianiser par l'image, par le cantique, par le chant de ronde, par le geste, par la mémoire, par l'amour et la piété.

L'enfant de l'asile est un petit singe qui mime tout ce qu'il voit, répète tout ce qu'il entend ; il s'instruit surtout par les yeux et par les oreilles. C'est une cire molle qui prendra toutes les formes qu'on voudra lui imprimer. Mais ici, comme partout, plus même qu'ailleurs, défions-nous du naturalisme.

Les asiles laïques forment des chiens savants ; formons des enfants chrétiens.

1° *Par l'image.* L'image ne jouera jamais un rôle trop considérable dans nos salles d'asile.

Employons le catéchisme en images, l'histoire sainte en images, les cérémonies religieuses en images. La vérité entre par les yeux du corps pour éclairer les yeux du cœur. La grâce du baptême prédispose l'enfant à la foi et aux impressions surnaturelles. Il faudrait que les enfants de nos salles d'asile ne vissent jamais la nature qu'à la lumière de Dieu, comme nous voyons les objets qui nous entourent à la lumière du soleil. Le chrétien doit voir Dieu partout dans la créature et s'élever constamment à Dieu par les créatures. Oh ! que la nature est belle à la lumière de la foi ! Mais, comme elle perd de son coloris, quand cette lumière lui fait défaut !

2° *Le cantique.* On christianise les sauvages en leur faisant chanter la doctrine chrétienne.

Des cantiques pieux et des hymnes sacrées font partie, à Londres, du programme religieux, et sont matière d'examen, même dans les salles d'asile. Je suppose que dans nos salles d'asile de France, nous faisons chanter beaucoup de cantiques aux petits enfants. Ils les apprennent, ils les retiennent et en les apprenant, ils apprennent les principales vérités de la foi ; en les chantant ils subissent les douces impressions de la piété. Une consigne encore quelque peu janséniste et aussi la nécessité du silence, éloignent en France les petits enfants des églises et des offices religieux ; la salle d'asile doit être pour eux un temple, un sanctuaire où leurs bouches innocentes chantent chaque jour les louanges de Dieu, célèbrent les doux noms de Jésus et de Marie, font retentir la louange des anges et des saints.

Rappelons-nous que les cantique pieux sont ce que nos enfants baptisés préfèrent et ce qu'ils comprennent le mieux. Défions-nous de ces chants fades, langoureux, plus ou moins romantiques et faux que la franc-maçonnerie substitue partout aux cantiques chrétiens dans les salles d'asile. Défions-nous de l'indifférent, d'un prétendu inoffensif, car l'enfant qui veut arriver au ciel n'a pas de temps à perdre. Hélas ! que de temps et d'efforts perdus pour apprendre aux enfants des niaiseries, quand ce ne sont pas des stupidités !

3° *Le chant de ronde.* Les chants de ronde peuvent, eux aussi être religieux, édifiants et sanctifiants.

Ce n'est pas à dire qu'il faille proscrire absolument les autres. Jusqu'à la fin du monde on chantera dans nos asiles :

> Savez-vous planter des choux
> A la mode de chez nous?

Un peu de cadence, une rime quelconque amuse les enfants ; une pointe d'esprit ou de malice plaît aux maîtresses. Mais je me rappelle avoir été frappé en parcourant un recueil de cantiques composés par un père dominicain. Il y avait dans la collection une cantate enfantine en l'honneur de l'Enfant-Jésus. Une note de l'auteur portait : *Recommandé à nos enfants des salles d'asile ;* et je me disais : Si l'école théologique par excellence, si les fils de saint Dominique et les émules de saint Thomas d'Aquin, font des cantates pour les salles d'asile ; c'est que la chose en vaut la peine. Et vraiment quand on a entendu certains chants de ronde, certains refrains soi-disant patriotiques des écoles laïques et même de nos salles d'asile, on comprend la sollicitude des Frères prêcheurs, qui pensent qu'on peut prêcher les enfants en les faisant danser.

4ᵉ *La mémoire.* Il est facile de mettre une foule de choses dans la mémoire des tout petits enfants; la preuve, c'est que dans certaines conditions, un enfant de six ans sait et parle plusieurs langues.

Dans les salles d'asile, on cultive, on meuble la mémoire ; on fait très bien. Il me semble que l'on confie à ce petit réservoir élastique, de la grammaire, de la géographie, de l'histoire naturelle, de l'histoire de France, voir même de la physique et de l'hygiène. Y mettons-nous assez de religion ? N'y a-t-il pas des enfants de six ans qui sortent des asiles catholiques sans savoir leurs prières et qui cependant nous débitent impertubablement trois ou quatre fables de La Fontaine. Quelle aberration ! Quand les petits enfants savent bien leurs prières, apprenons-leur des morceaux religieux, quelques poésies morales, des fables chrétiennes (1), à la bonne heure, mais, pour le moment laissons reposer La Fontaine : il n'a pas écrit pour les salles d'asile.

Encore ne faut-il pas que ces poésies, si poétiques qu'on les suppose, supplantent jamais le catéchisme. Comment ! va dire une directrice de salle d'asile en progrès, quoi ! apprendre le catéchisme à nos enfants, mais c'est impossible. D'ailleurs les petits catéchismes diocésains sont si mal faits, si difficiles, si peu appropriés aux petits enfants !... Que cette critique soit fondée pour certains diocèses, nous ne le nions pas, mais elle ne dispense nullement de confier la lettre du catéchisme à la mémoire des enfants de nos salles d'asile.

D'ailleurs, il y a autre chose que les textes officiels et dogmatiques des catéchismes diocésains. Qui empêche de prendre le travail de Mgr. de Ségur : « *La Religion enseignée aux petits enfants.* »? Un curé du diocèse d'Amiens, monsieur l'abbé Fourrières, avait composé pour les petits enfants un catéchisme charmant, simple, court et pieux. Monsieur l'abbé Garnier l'a sauvé du naufrage et on le trouve, avec d'heureuses modifications aux bureaux du *Peuple Français* (2). La première partie est destinée aux enfants de 2 à 5 ans, avec gestes accompagnateurs.

____

(1) Le Fabuliste chrétien, par M. J. de Villefranche, contient de charmants fabliaux pour les petits enfants. — Delagrave, 15, rue Soufflot. Paris.

(2) 1 rue Feydeau. Paris.

Il est vraiment dommage qu'on ne l'enseigne pas dans toutes nos salles d'asile, où il ferait un bien immense, car il déposerait dans l'esprit et le cœur des enfants des germes de foi et de piété qui se réveilleraient infailliblement plus tard.

L'ouvrage a pour titre : « *L'apostolat des petits enfants*, » il est revêtu de plusieurs approbations épiscopales. Du reste, rien de meilleur pour préparer nos enfants à comprendre plus tard le catéchisme de paroisse.

Ce serait vraiment un crime si la géographie et la physique supplantaient le catéchisme dans nos salles d'asile catholiques; comme il arrive malheureusement quelquefois que les charmants récits de l'histoire sainte, si poétiques et si moraux sont remplacés par des contes de fées : Cendrillon, Barbe Bleue, ou la Belle-au-bois-Dormant !

5° *Les gestes*. Les gestes sont la vie des salles d'asile.

Le geste est l'interprète et le complément du son.

C'est aussi un auxiliaire pour la mémoire. Une lettre accompagnée d'un geste se retrouve beaucoup plus facilement. Voilà pourquoi nous disons qu'il faut employer le geste pour l'enseignement religieux dans les asiles. Monsieur l'abbé Fourrières l'avait bien compris et Monsieur l'abbé Garnier a complété la série des gestes qui accompagnent le texte du petit catéchisme. Ces gestes explicatifs intéressent l'enfant en l'instruisant, ils satisfont à son besoin de mouvements. Aussi, quand à cette question : Où est Dieu ? il répond : « Dieu est au ciel, sur la terre et partout, » il est heureux en prononçant le mot « ciel » de lever la main aussi haut qu'il peut ; en prononçant le mot « terre » de montrer la terre du doigt : et enfin d'ouvrir tout grand larges ses deux petits bras, en disant le mot « partout ».

Les autres gestes sont choisis avec la même intelligence ; et rien n'est gracieux, édifiant, instructif même pour les spectateurs adultes, pères, mères, frères et sœurs, comme une séance de ce genre, mimée par un certain nombre de petits enfants : c'est une scène vraiment ravissante et vraiment angélique. Aussi je fais des vœux pour qu'un de mes lecteurs riche et généreux, envoie une douzaine de ces petits manuels à toutes les salles d'asile, où l'on parle français. Il y en aura bien quelques-uns de perdus, mais les autres donneront du fruit au centuple.

6º *L'amour et la piété.* Oserait-on dire que l'enfant n'est pas capable d'aimer le petit Jésus dans sa crèche, de baiser la croix avec piété, de s'attendrir au récit de la Passion ? N'avons-nous pas l'exemple de saint Josaphat de Pologne, de sainte Brigitte de Suède, de sainte Catherine de Sienne et de tant d'autres dont le cœur a été blessé d'une flèche d'amour dès l'âge le plus tendre en regardant un crucifix.? Je n'avais que cinq ans, dit le général de Sonis, quand je vis, pour la première fois, une procession du Saint-Sacrement ; comme j'aurais envoyé à Jésus l'amour de mon cœur, si l'on m'avait dit qu'il était caché là, dans son soleil d'or !

Les petits enfants baptisés sont comme les fleurs célestes qui se tournent naturellement vers Jésus, leur divin soleil !

Comme ces charmantes fleurs en reçoivent facilement la féconde influence ! Combien de petits saints, d'angéliques petites saintes qui nous entourent et que nous ne savons ni apprécier, ni aimer. Combien de petites mains peuvent se joindre et s'élever vers le ciel! Combien de prières touchantes peuvent monter pures du cœur des enfants, pour apaiser la justice de Dieu ! Pourquoi n'utiliserions-nous pas ce puissant moyen de propitiation et ne ferions-nous pas intervenir les enfants pour le salut de la société ?

Un nombre trop restreint d'écoles libres ont leur inspecteur diocésain. Il est à désirer que leur nombre augmente et que ces prêtres zélés portent leur sollicitude jusqu'aux salles d'asile, pépinières des paroisses futures. Ils trouveront sans doute quelques réformes à faire et quelques bonnes volontés à soutenir. Dieu s'occupe de l'herbe des champs : les salles d'asile sont la moisson en herbe. Quand, au jour des Rameaux, le cultivateur voit ses blés verdoyants onduler sous la brise, il y plante le buis sacré avec un légitime espoir ; si le champ est dénudé, si la racine du blé a été gâtée par les gelées ou les insectes, il pousse un soupir d'inquiétude. Les enfants des salles d'asile sont la moisson du ciel en espérance. L'arbre est dans la frêle tige balancée par le vent ; l'homme dans l'enfant qui sommeille au berceau ; l'Eglise, la sainte Eglise de Dieu, est dans la salle d'asile.

Et nos vénérables visitatrices des congrégations enseignantes ; elles sont les grand'mamans de nos nombreux petits bébés, espoir de la France; il n'en est pas une qui ne visite la salle d'asile. Puissent-elles s'inspirer toutes de leur tendresse maternelle, de leur amour des âmes, et d'un zèle vraiment apostolique, pour faire régner dans nos salles d'asile la vigilance, la surveillance ininterrompue, et avec cela la foi et la piété, la pureté et l'amour; pour y faire connaître et aimer Jésus le Dieu de leur cœur et le divin Ami des petits enfants!

§ II. — *L'école*.

L'enfant quitte, à six ans, l'asile pour l'école. Il y passera quatre, cinq et même six ans avant sa première communion. La raison va poindre, se développer, se fortifier; la conscience commence à parler. Que d'impressions attendent cette âme neuve! Dieu et le démon vont se la disputer. Les agents du démon sont nombreux et ils déploieront une véritable rage dans leur œuvre de perdition. Les agents de Dieu, ses aides principaux sont les maîtresses pieuses et les instituteurs chrétiens.

Nous l'avons dit : les parents négligent la formation chrétienne de leurs enfants; ils oublient qu'ils en ont pris l'engagement sacré au jour de leur mariage; la conscience des meilleurs est déplorable sous ce rapport; ils laissent la culture religieuse de leurs enfants aux pasteurs et aux maîtres, surtout lorsque ces maîtres sont prêtres ou religieux.

D'un autre côté, le clergé des paroisses perd généralement de vue les enfants de six à dix ans (1).

____

(1) Comment s'occuper de tout dans des paroisses de 20, 30, 50 mille âmes!

En France nous n'avons la confirmation avant la première communion que dans quelques diocèses seulement, et il se passera probablement encore bien des années avant que cet usage si catholique se généralise. La première communion est retardée jusqu'à onze, douze et même treize ans; il s'ensuit que les curés et les vicaires ne s'occupent guère des enfants, d'une manière appréciable, avant l'âge de dix ans. L'administration de paroisses populeuses, le soin des grandes personnes, une routine traditionnelle, sont la cause de ce fait, qui est indéniable, sauf de rares exceptions. D'ailleurs, le clergé paroissial, pourrait-il s'occuper très activement des enfants, qu'il ne remplacerait pas le maître. Autre est le rôle du pasteur, autre est celui de l'éducateur. L'école et l'église sont deux agents distincts qui se complètent, s'entr'aident, mais ne s'excluent pas.

Evidemment nous ne parlons pas ici des aumôniers qui partagent la sollicitude des maîtres dans les écoles, et qui s'occupent avec zèle des enfants, les catéchisent, les confessent et les forment à la piété; à condition toutefois qu'une pleine liberté leur soit laissée pour cela par les directeurs, religieux ou laïques; ce qui n'existe pas toujours.

Quant à la tradition séculaire, disons janséniste, dont le clergé séculier en France n'a pas encore entièrement secoué le joug, elle a réglé qu'on s'occuperait des enfants des écoles un an et demi seulement avant la première communion. L'opinion cependant tend à se modifier sous ce rapport. Là où l'on confirme avant la première communion, à sept, huit ou neuf ans, ce sont les curés, ou les vicaires qui préparent les enfants à la confirmation ; et pour cela il faut les instruire et les confesser. Plusieurs évêques ont abaissé le niveau d'âge, puisque niveau il y a, pour la première communion. A Paris, un enfant peut communier à dix ans et huit mois ; à Besançon, à dix ans révolus. Le vénérable cardinal archevêque de Paris a institué officiellement les catéchismes des petits enfants de sept à neuf ans. A mesure que l'attention de nos évêques est attirée sur ce point, ils font d'heureuses modifications qui nous ramènent à la tradition catholique. Mais l'impulsion épiscopale, quand elle existe, n'arrive pas toujours immédiatement aux extrêmes limites du diocèse. N'avons-nous pas connu, il y a seulement quelques années, des curés instruits, zélés, pieux, qui ne s'occupaient nullement des petits garçons avant dix ou onze ans. On les confessait à Pâques, lorsqu'ils venaient ; trois ou quatre fois, la première année de catéchisme, et un archiprêtre éminent déclarait à ses vicaires, qu'il attendait toujours la veille de la première communion pour donner l'absolution, même aux petites filles — il ne les absolvait jamais avant !

Assurément les maîtres chrétiens ne sont pas juges en cette matière, mais ils s'approchent davantage des enfants et voient mieux les soins spirituels que réclament ces petites âmes. Ils peuvent dans une certaine mesure suppléer le clergé des paroisses, ils peuvent surtout lui faciliter la besogne, la lui rendre douce et agréable. Ils atteindront ce but en mettant une forte dose de piété dans leurs écoles.

Il y a des pratiques de piété qui ne relèvent que du maître ; il ne les négligera pas.

Et d'abord, la prière quotidienne. Pourquoi ne pas prier davantage dans les écoles libres ? On peut y réciter la prière du matin dans tout son développement, et celle du soir avec un petit examen de conscience. On termine généralement la classe du matin par l'Angelus. Ne pourrait-on pas commencer la classe de l'après-midi par une dizaine de chapelet ? Les maîtres gueux le faisaient en Belgique sous le ministère maçonnique de Frère Orban, témoignage frappant de l'usage qui existe dans ce pays si catholique. En Allemagne, même dans les écoles protestantes, on fait chanter des cantiques et les inspecteurs l'exigent pour la culture à la fois religieuse et musicale des élèves.

Pourquoi nos écoles catholiques n'admettraient-elles pas dans leur sein toutes les pratiques recommandées par l'Église ?

La dévotion du SS. Rosaire est la dévotion du mois d'Octobre. On peut, à l'école, satisfaire aux prescriptions du Souverain Pontife. Jésus, il est vrai, ne sera pas exposé, sur son trône, aux yeux des enfants, mais il n'enverra pas moins les rayons de sa grâce sur leurs âmes.

Est-ce difficile à un maître chrétien, à une maîtresse pieuse de faire réciter chaque jour du mois de Novembre, un *De profundis* et quelques Pater pour les défunts. La crèche n'a-t-elle pas sa place à l'école comme à l'Église, et rien n'empêche d'y faire le mois du St Enfant Jésus. Si l'Église est inabordable les jours du carême, à cause de la distance, par exemple, l'école peut y suppléer par la lecture de l'Évangile du jour et les litanies de Saint Joseph.

Les cantiques du mois de Marie dévotement chantés chaque soir, empêcheront-ils nos élèves des écoles primaires de réussir au certificat d'études?

Que les maîtres et les maîtresses d'école apprennent à leurs élèves à se bien confesser, il se trouvera toujours quelque prêtre disponible qui les confessera volontiers et souvent.

Que l'école devienne un sanctuaire où de saintes images, de pieuses sentences édifient les yeux. Que les enfants joignent les mains et tournent leurs regards innocents vers le ciel. Il était si beau jadis de voir une famille nombreuse agenouillée autour du père, de la mère, priant ensemble le divin Père. Ce spectacle peut et doit se renouveler chaque jour, sur tous les points de la France, dans toutes les écoles catholiques. Les directeurs des écoles, les maîtresses chrétiennes, seront les pères et les mères de ces familles de Dieu ; leurs enfants seront leurs écoliers et écolières : véritables fils de leur cœur et de leur dévouement, qui, avec eux, béniront l'Auteur de tout bien, salueront la Reine du ciel, et feront descendre sur la patrie et sur le monde une pluie abondante de dons célestes.

« La confession et la communion fréquente, dit Don Bosco, avec la messe quotidienne bien entendue, voilà les colonnes d'une maison d'éducation. » Pourquoi donc, en France, a-t-on une véritable horreur de la messe quotidienne dans les écoles? On croirait presque faire une mauvaise action en y attirant et surtout en y conduisant les enfants ! C'est à ce point qu'un curé, ayant des élèves à son presbytère, allait dire la messe tous les jours sans les y conduire. La vieille bonne assistait à la messe de son maître, un enfant du village venait la servir, et pendant ce temps-là les élèves de monsieur le curé se surveillaient tout seuls dans une salle d'étude ou sur les poiriers du jardin. Et ce curé, qui est mort maintenant, avait, et il a peut-être encore aujourd'hui des imitateurs!

La sainte messe dure 20 à 25 minutes. On peut y réciter en chœur les prières du matin, chanter un motet à l'élévation et un cantique en terminant: rien de plus simple. — Non, ça fatiguerait les enfants; ça perdrait du temps et que diraient les parents? — Ça fatiguerait les enfants? — Ils seraient tous heureux de prier et de chanter ensemble. — Ça perdrait du temps ? — Si l'on ne perdait que celui-là! — Ça mécontenterait les parents ? Est-ce bien sûr ? — D'ailleurs, en faveur de ceux qui auraient une aversion trop prononcée pour le *Dominus vobiscum,* on pourrait laisser une certaine latitude et récompenser l'assiduité.

Comme nous avons perdu, en France, les traditions apostoliques de la messe quotidienne! Aussi quand, jeunes lévites, nous arrivons au Grand Séminaire farcis de Virgile et d'Horace, et que pour la première fois, nous lisons les *Actes des Apôtres,* il y a un passage qui nous étonne : c'est celui où il est question de la communion quotidienne des premiers chrétiens. « Ils se réunnissaient chaque jour, dit le texte sacré, pour la fraction du pain. » Nous ne comprenons pas, il faut recourir à un commentaire et encore nous avons peine à comprendre. Et quand un catholique vient à dire : « Pour moi, un jour sans communion et sans messe me paraît comme une soupe sans sel. » Nous notons cette parole, fine il est vrai, et charmante, mais qu'a-t-elle d'extraordinaire ? Ainsi pensait le général de Sonis, et même le grand Turenne qui après sa conversion communiait tous les jours.

Et lorsqu'un curé français entend un de ses paroissiens d'origine, devenu constructeur de ponts à l'étranger, lui dire, qu'à Véronne où il travaillait, on ne pouvait avoir les ouvriers qu'après la première messe qui se disait tous les jours à 5 heures pour eux, il n'en revient pas. Quoi ? des ouvriers de villes, entendre la messe chaque jour avant d'aller au chantier ! lui qui n'y voit pas même sa servante !!!

Allons donc accompagner nos missionnaires en Océanie ou sur les rives du Mississipi, nous verrons si, dans leurs chrétientés naissantes, les enfants des écoles n'assistent pas tous les jours à la messe. Peuvent-ils leur apprendre quelque chose de meilleur que ce qu'ils apprennent à la sainte messe : prier Dieu, le glorifier, s'unir à Jésus pour s'immoler comme Lui au devoir, dans l'obéissance et le travail ? Sans compter qu'une journée commencée par la messe est une journée bénie : les leçons sont mieux sues, les devoirs mieux faits, la discipline mieux observée. Combien de maîtres pourraient apporter de ces résultats le témoignage de leur propre expérience (1).

----

(1) La maison d'éducation de la légion d'honneur a été fondée en 1809, par Napoléon 1ᵉʳ.

La messe quotidienne n'est pas possible partout dans les écoles française ; elle est parfois difficile, même le jeudi. On peut et dans une certaine mesure on doit y suppléer pour maintenir la piété dans l'école. Combien encore ici, certains vestiges de nos usages français sont propres à confondre notre relâchement.

Dans un village de la Côte d'Or, chaque jour d'été, à 4 heures de l'après-midi, on sonne régulièrement la cloche. Un parisien en villégiature s'imagine assurément qu'elle annonce aux nombreux travailleurs éparpillés sur la colline, l'heure de « tuer le verre. » Quelle autre chose pourrait-elle signifier pour un ouvrier de la grande ville ? Or, si vous consultez la tradition, elle vous dira que cette cloche annonçait jadis aux habitants du village, que les enfants de l'école étaient à l'Église pour y chanter après la classe du soir un Salve Régina ; le maître les y conduisait régulièrement : *Et nunc erudimini.*

Point de fêtes en semaine, point de visites à l'église en dehors du dimanche, semblait être devenu le mot d'ordre des catholiques français. Heureusement que les écoles laïques provoquent une réaction salutaire, car, les pratiques de dévotion sont les contreforts des pratiques obligatoires, elles les soutiennent et en assurent l'exécution.

Quand on lui soumit le programme de la maison, il remarqua ceci : « Les élèves assisteront à la messe le dimanche et le jeudi. »

L'empereur prit une plume, une grosse plume, barra ces lignes et écrivit d'une grosse écriture : « Les élèves assisteront à la messe *tous les jours.*

D'ailleurs, comment replanterons-nous la piété au sein de la société française, si nous ne la faisons pas fleurir d'abord dans nos écoles ? Aurons-nous des assistances d'adultes à la messe quotidienne, si nous négligeons d'y conduire les enfants ? Verrons-nous nos églises se remplir pour les prières du Carême et les exercices du mois de Marie, si nos écoliers n'ont pas été initiés à ces pratiques dès leur bas-âge ? L'école est un moule : c'est le moule des âmes. Si le moule n'est pas chrétien, n'allons pas croire qu'il en sortira des chrétiens. S'il n'est pas pieux, n'allons pas croire qu'il en sortira de la piété ; ce serait par trop naïf.

Une autre pratique de la piété chrétienne, c'est la lecture spirituelle. Elle se fait dans les petits séminaires, dans les collèges catholiques. Est-elle impossible dans nos écoles primaires ? Le grand restaurateur de la piété en France, Mgr de Ségur, de sainte mémoire, a composé de nombreux petits ouvrages de piété pour les enfants. Comme il serait bon de leur en lire quelques pages, chaque Jour dans nos écoles ! Ces petits traités sont si clairs, si pratiques, si lumineux, si remplis d'onction ! C'est vraiment le lait spirituel de l'enfance. Chaque école devrait posséder cette précieuse collection. La Piété, l'Enfant Jésus, la Prière, les Tentations et le Péché, la Confession, la Communion, le Jeune ouvrier chrétien, sont les perles principales de cet écrin.

Rien ne saurait leur être comparé pour la formation chrétienne des enfants, sinon l'Évangile et son commentaire pratique, la vie des saints, qui seront jusqu'à la fin, la nourriture spirituelle par

excellence pour tous les chrétiens sans exception même pour les enfants (1).

§ III. — *L'orphelinat.*

Il y a des maisons d'éducation qui tiennent à la fois de l'asile et de l'école primaire : ce sont les orphelinats. Chose étonnante ! En France la population diminue, les foyers sont déserts, et les orphelinats regorgent d'enfants ! Les petits abandonnés pullulent et se multiplient d'une manière effrayante. Cette abdication des charges de la paternité est peut-être le symptôme le plus alarmant de notre déchéance morale et sociale.

Les causes en sont multiples, mais je crois que l'on ne se tromperait guère en disant que ce chancre rongeur a sa racine principale dans le naturalisme. Qu'enseigne en effet la nouvelle hérésie ? Quelles sont ses doctrines ? D'après elle, l'homme ne survit pas à la tombe ; toute sa carrière est circonscrite dans les limites de la vie présente. Il est né pour jouir. La suprême félicité consiste à se procurer la plus grande somme de bien-être ici-bas. Le bonheur n'est pas dans le devoir, comme le catholicisme l'enseigne : le bonheur est dans le plaisir. Tel est le milieu délétère où nous vivons, l'air infecté que nous respirons, et auquel n'échappent pas nos meilleurs chrétiens. En conséquence : arrière l'honneur de la paternité, elle impose des sacrifices ! arrière les joies du foyer, elles sont mêlées de privations ! arrière le Paradis du ciel,

(1) On les trouve chez Haton, 35 rue Bonaparte. Paris.

il trouble celui de la terre ! De là l'égoïsme, la soif insatiable de la richesse, du plaisir, et partant la suppression de la famille.

De tout temps, il y a eu des orphelins, mais à une époque, qu'il est convenu d'appeler barbare, voici comment les choses se passaient : « Laurence, disait un jour Pierre, le fermier, à son épouse, tu sais que le pauvre Mathurin vient de mourir : il laisse quatre enfants en bas âge ; veux-tu que nous en prenions deux à notre charge ? sa pauvre femme en aura bien assez des deux autres. » — « Mais Pierre, repond timidement Laurence, nous avons déjà dix enfants ! » — Bah ! ceux de plus ou de moins, Dieu nourrit les petits oiseaux, il aime les orphelins et bénit la charité ! » — Eh bien, va les chercher ; la bonne Vierge nous aidera. » — C'était aussi simple que cela ! A partir de ce jour, Louis et Mathilde, les enfants de Mathurin, devenaient les enfants de la femme du fermier et l'appelaient leur mère.

Aujourd'hui, il n'en est plus ainsi. Les orphelinats sont devenus une nécessité sociale autant qu'une institution charitable. Aussi les orphelinats abondent et malgré cela, il n'y en a pas assez.

Les orphelinats prennent les enfants dès l'âge le plus tendre et les gardent jusqu'à douze ou quatorze ans. Œuvre admirable, bien digne de la sollicitude de l'Église ; paternité et maternité de l'âme, chère à Jésus et bien méritoire à ses yeux. « J'ai été abandonné et vous m'avez recueilli. En vérité, je vous le dis, toutes les fois que vous recueillez un de ces petits, c'est moi-même que vous recueillez. » (1) Telle est la parole que Notre-Seigneur adressera, au dernier jour, à tous ceux qui s'occupent des orphelinats.

Grâces soient rendues au Seigneur ! Le dévouement catholique n'a pas failli à la tâche nouvelle que lui imposait la Providence. De nombreux orphelinats de filles et de garçons ont été fondés en France, depuis le commencement de ce siècle. Prêtres et laïques, religieux et religieuses y ont dépensé un zèle infatigable, une générosité et un labeur au-dessus de tout éloge.

Et cependant l'on est à se demander si les orphelinats français ont donné des résultats proportionnés aux sacrifices qu'on a faits pour eux, et la question, ce me semble, est résolue plutôt par la négation que par l'affirmative.

Les orphelinats, dit-on, ne produisent rien. Les jeunes gens qui en sortent ne sont pas préparés aux luttes de la vie : les jeunes filles résistent moins encore ; la foi, la vertu, la solidité manquent. Et l'on se demande avec anxiété, pourquoi cela? Pourquoi si peu de vie chrétienne dans ces enfants de 14 à 18 ans qui ont été élevés par des prêtres, des religieux et des religieuses?

Nous croyons que ces critiques sont exagérées et trop générales ; néanmoins elles ont un fondement : les orphelinats français ne donnent pas, ce semble, ce qu'ils devraient donner. Or selon toute apparence, cela tient à la manière dont ils sont dirigés. Voyons un peu.

Nos orphelinats français sont généralement con-

---

1) Matth. e, xxx v. 35.

fiés à des femmes, et ces femmes, si pieuses et si dévouées qu'on les suppose, n'ont pas toujours les aptitudes et la formation voulues pour ce ministère.

Que les orphelinats des filles soient entre les mains des femmes, il n'en saurait être autrement, à une condition cependant : c'est que l'autorité de la mère n'exclue pas celle du père ; et ce père, c'est le prêtre, véritable père des âmes et leur directeur voulu par Dieu. Or, combien d'orphelinats où la direction du prêtre est presque nulle et celle de l'évêque encore davantage. La directrice n'a de supérieur effectif que le prêtre qui la confesse, mais ne la dirige pas. Elle a toute autorité temporelle, et les trois quarts et demi de l'autorité spirituelle ; elle dirige tout, même l'aumônier qui confesse, quand elle veut et donne l'absolution, quand il peut. De pareils orphelinats ne sauraient produire une vie chrétienne solide : cela est évident.

Les orphelinats mixtes sont encore entre les mains des religieuses et cela doit être. Malheureusement, ici également l'autorité de la mère l'emporte souvent sur l'autorité du père, quand père il y a, et la direction des enfants est très imparfaite, quand elle n'est pas entièrement nulle.

Applique-t-on toujours dans ces orphelinats ce que nous avons dit pour l'asile et l'école ? Les enfants sont-ils surveillés, catéchisés, conféssés, communiés suffisamment ? Assurément on n'y trouve pas la morale laïque et la promiscuité de Cempuis : mais fait-on toujours, pour la surveillance et la piété, tout ce qu'il faudrait faire ?

Les orphelinats de garçons appartiennent encore généralement aux femmes, et il n'en saurait être autrement tant que les enfants n'ont pas atteint leur dixième année. Les religieuses françaises les gardent même ordinairement jusqu'à treize ou quatorze ans. Or, quelle est la capacité de ces femmes pour élever des garçons ?

Elle peut être réelle : certaines femmes sont hommes sous ce rapport : mais il peut aussi y avoir ineptie parfaite et alors que se passe-t-il ? On pourrait citer un orphelinat où les orphelins fréquentent l'école communale ; or, ils y vont seuls et en reviennent seuls ; le reste de la journée, la surveillance est à l'avenant ; les bonnes religieuses, très pieuses et très dévouées qui dirigent l'établissement, n'ont pas été formées au ministère des enfants. Il paraît que l'état d'éducateur est le seul que l'on peut exercer sans le savoir, ou savoir sans l'avoir appris ! N'y aurait-il pas, dans cette illusion inexplicable, l'explication de la stérilité d'un bon nombre d'orphelinats ?

D'ailleurs, l'orphelinat est une œuvre d'éducation chrétienne ; elle appartient au prêtre sous la direction de l'évêque. Les enfants d'un orphelinat doivent être formés, selon les principes de la piété catholique. On doit leur appliquer suavement et fortement toutes les lois de la vie surnaturelle.

Une surveillance sérieuse et ininterrompue doit écarter tous les dangers du dehors, qu'ils viennent de loin ou de près ; car, si l'on doit surveiller des frères, des sœurs dans une même famille, à plus forte raison, il faut surveiller des enfants que la religion seule a rendus frères et sœurs. Les fruits se gâtent par le contact ; combien plus des enfants vicieux peuvent gâter leurs jeunes compagnons.

Les enfants d'un orphelinat doivent être instruits de bonne heure des grandes vérités chrétiennes ; l'unique moyen de préserver les viandes de la corruption c'est d'y mettre du sel ; ainsi les âmes des enfants de nos orphelinats ne demeureront saines qu'autant qu'elles seront imprégnées fortement du sel évangélique, par l'instruction chrétienne donnée dès les premières lueurs de la raison.

On doit former les enfants des orphelinats à la prière et aux exercices de piété, mais prenons garde à la contrainte et à la routine. Rappelons-nous que l'homme est un être libre qui n'est vraiment homme qu'autant qu'il agit par conviction et amour. Formons donc doucement les enfants à la prière et tâchons peu à peu de la leur faire aimer. Le plus triste des résultats serait d'inspirer aux enfants le dégoût de la piété en les surchargeant d'exercices pieux. La piété janséniste assombrit les âmes, la piété catholique les épanouit ; écartons l'une et propageons l'autre.

Ici se présente une grande question dont la solution me paraît bien importante pour la sanctification de nos orphelinats : c'est la question d'âge pour la première communion (1). Cette question est

----

(1) Voir aux documents une décision récente de la cour romaine sur ce point.

De cette décision il résulte : 1. Que les parents chrétiens *les pauvres comme les riches,* peuvent faire communier leurs

souvent à l'ordre du jour parmi les prêtres, surtout parmi les prêtres éducateurs. Le seul argument sérieux, pour légitimer le retard de la première communion, c'est la nécessité de l'instruction religieuse ; si vous faites communier trop tôt les enfants, dit-on, ils ne reviendront plus au catéchisme et ils resteront dans l'ignorance. Or cet argument, quelle que soit sa valeur, n'en a plus aucune quand il s'agit des orphelinats dont les enfants nous appartiennent jusqu'à 13, 14 et même 18 ans. Pourquoi donc alors retarder la première communion et imposer à ces petites âmes un jeûne prolongé qui les fait souffrir et souvent les tue. D'après le concile de Latran et celui de Trente (1) : « Tout fidèle est obligé, dès qu'il est parvenu à l'âge de discrétion, de communier au moins chaque année, à la fête de Pâques, « *cum ad annos discretionis pervenerit* ». Or, le catéchisme du Concile de Trente déclare que l'enfant a la discrétion voulue quand il peut distinguer le pain eucharistique du pain ordinaire : « *secernere hunc cibum e profano* » (2).

---

enfants quand ils le jugent à propos, avec le concours d'un confesseur qui les examine et les prépare.

2. Que les curés jouissent de la même faculté par rapport aux enfants de leurs paroisses avec l'assentiment exprès ou tacite des parents.

3. Que les directeurs, les directrices des orphelinats concurremment avec l'aumônier, ont les mêmes facultés, et peuvent faire communier les enfants de l'orphelinat, *privatim*, quand ils les jugent parvenus à l'âge de discrétion, sans tenir compte de l'âge fixé par les statuts diocésains pour la première communion *in forma solemni*.

(1) Session XII. Can. 9. —

(2) De Sacram. Euchar ; n. 63.

Pauvres petits enfants qui voient leurs mères spirituelles communier tous les jours et qui ne peuvent jamais les accompagner à la table sainte. Vous êtes trop jeunes ; vous n'avez pas l'âge. « Plus tard, lorsque vous serez plus raisonnables. » Et quand chaque année, une première communion se prépare à l'établissement, vous voyez des figures anxieuses qui regardent les autres d'un œil d'envie. « Eh bien, mes enfants, c'est dimanche la première communion, c'est une belle fête. » Et ces enfants de dix ou douze ans, souvent les premiers du catéchisme, vous regardent d'un air attristé et vous répondent : « Oui, mais ce n'est pas pour nous, nous n'avons pas l'âge. »

Je crois qu'il est permis, même à un français, de préférer à cette coutume française, une coutume étrangère qui parait plus théologique. En 1886, Mgr Cagliero, vicaire apostolique de la Patagonie, donnait la confirmation dans un orphelinat salésien de la république Argentine. Une petite fille de 7 ans vient le trouver et lui demande à faire sa première communion. L'évêque croyant à un caprice d'enfant, lui répondit : « Prends patience, mon enfant, on te fera communier quand les cerises seront mûres » ; on était en hiver. Quelques mois après Monseigneur revient à la maison. Alors la petite fille va au jardin, cueille un bouquet de cerises bien mûres et les porte à sa maîtresse, en lui disant : « Vois, maintenant les cerises sont mûres ; Monseigneur m'a dit qu'il me ferait communier quand les cerises seraient mûres ». L'évêque sut la chose et fit communier la petite fille : elle avait 7 ans et demi.

Dans un orphelinat du Piémont, un prêtre français avise un petit garçon aux joues rebondies qui jouait dans la cour. « Quel âge as-tu ? » — « Huit ans » — « As-tu déjà communié ? » — « J'ai déjà communié trois fois !!! » Oserions-nous condamner cette manière de faire ? Si nous la trouvons bonne, pourquoi ne pas l'introduire chez nous. — Nos orphelinats ne donnent pas tout ce qu'on pourrait en attendre, or, l'on sait que pour qu'un jeune plan d'arbre périsse en été, il suffit d'en négliger l'arrosage (1).

L'efficacité morale et sanctificatrice d'un orphelinat dépend de la manière dont il est dirigé ; l'expérience démontre péremptoirement cette vérité.

On sait que des prêtres zélés ont jeté à travers la France les fondements de nombreux orphelinats, soit dans les villes, soit dans les campagnes. Il y a quelques années les Frères de saint Vincent de Paul avaient pris la direction d'un de ces orphelinats. Jusque là l'établissement avait végété et laissait beaucoup à désirer, surtout sous le rapport spirituel, Au bout de deux ans une amélioration sensible s'était produite et déjà plusieurs enfants demandaient à se faire prêtres, et commençaient leurs études. Pour une raison administra-

---

(1) Voici sur ce point les paroles de D. J. Bosco, fondateur de la Société des Prêtres de S. F. de Sales pour l'éducation des enfants pauvres et abandonnés. — « Il faut fuir comme la peste l'opinion de ceux qui veulent différer la première communion jusqu'à un âge trop avancé, c. a. d. jusqu'au moment où le démon a eu tout le temps de s'emparer du cœur du jeune enfant, au préjudice incalculable de son innocence. » Règlement des maisons, page 10, n. 7.

tive les Frères disparurent et l'établissement retomba aussitôt dans son premier état.

Certains orphelinats de filles ne donnent jamais de religieuses; d'autres en voient chaque année sortir de leur sein. C'est ainsi que les mauvaises paroisses sont stériles pour la vie religieuse et les vocations sacerdotales, tandis que les bonnes paroisses ont ce double rapport, sous une fécondité inépuisable.

Les prêtres de Don Bosco sont en ce moment plus de trois mille répandus dans les deux mondes. Deux cens cinquante novices entrent chaque année dans la société salésienne. D'où viennent ces prêtres, ces novices dont le nombre va toujours grandissant, en France, en Italie, en Espagne, en Angleterre, en Amérique? Ils viennent des orphelinats, car les prêtres de Don Bosco se vouent spécialement à l'éducation des enfants abandonnés. On peut donc faire produire aux orphelinats des fruits de vie morale et religieuse; ce n'est pas une terre vouée irrémédiablement à la stérilité.

Mais il faut donner à ces jardins fermés une culture intelligente; il faut les arroser de l'eau de la grâce par tous les canaux de la piété catholique; il faut les ouvrir grands larges aux rayons du soleil de justice, par l'instruction religieuse et la communion fréquente; on voit alors s'y épanouir des fleurs charmantes et l'on y recueille des fruits savoureux.

La civilisation moderne a produit deux résultats qui ne sont pas à sa louange : elle a créé l'abandon du vieillard et de l'enfant. L'Église devait apporter un remède à ce double mal ; elle n'a pas failli à sa tâche.

En 1832, un pauvre vicaire de Saint-Servan, au diocèse de Rennes, recueillait quelques vieillards abondonnés, dans une maison de son pauvre vicariat ; il confiait ces infortunés aux soins de bonnes et simples filles de Bretagne, qui aimaient Jésus de tout leur cœur et voulaient le lui témoigner dans la personne des pauvres délaissés. Après des épreuves qui purifient le berceau de toutes les saintes œuvres, ces admirables filles virent leur nombre s'accroître, et aujourd'hui l'univers entier connaît « *Les petites sœurs des pauvres.* »

Elles sont les filles aimantes et dévouées de ceux que leurs enfants selon la nature ne peuvent secourir. Et quand on considère la façon si humble dont cette congrégation à pris naissance, quand on étudie son prodigieux développement, on s'écrie dans la clarté de l'évidence : «Le doigt de Dieu est là. »

En 1841, la Sainte Vierge, prend un prêrre obscur comme le vicaire de Saint-Servan et lui dit: « Le pauvre t'appartient, l'orphelin t'appellera son père ; recueille cet enfant, élève-le pour moi, je te donnerai ta récompense.» Et ce prêtre va, fort de la main qui le guide ; et il dépense cinquante ans de sa vie sacerdotale au soin des orphelinats. Mais voici que sa mission est comprise. Ses fils s'occupent des garçons ; ses filles, les Sœurs de Marie Auxiliatrice, recueillent les petites délaissées. Une forte organisation est constituée ; l'Église l'a sanctionnée de son autorité. On peut dire que les orphelinats catholiques ont trouvé leur Saint Benoit.

Le zèle des fondateurs d'orphelinats français se perpétue, leurs œuvres vivront, et dans ces asiles de la charité et du dévouement, l'Église cueillera encore de beaux fruits pour le ciel.

Quiconque jette un coup d'œil sur l'histoire de l'Église au XIXe siècle, ne peut s'empêcher de rapprocher l'éclosion de ces deux familles religieuses dont le caractère providentiel est évident : « *Les petites sœurs des pauvres* » et « *Les prêtres salésiens de Don Bosco* »; l'une pour les vieillards, l'autre pour les enfants. M. l'abbé Le Pailleur et Don Jean Bosco, tous deux prêtres de l'Église catholique, apparaissent comme deux frères jumeaux, et on peut leur appliquer ces paroles de l'Écriture et du saint office : *Hi sunt duæ olivæ et duo candelabra lucentia ante Deum*. Ce sont deux lumières qui brillent de la lumière de Dieu au milieu du XIXe siècle et attirent suavement les âmes par le doux rayonnement de leur charité.

Un jour, Jésus parlait devant la foule de l'indissolubilité et de la sainteté du mariage. Il avait terminé son instruction et répondu aux questions des Pharisiens, quand des mères s'approchent et lui présentent leurs petits enfants, afin qu'il les bénisse. D'autres enfants accouraient aussi vers le divin Sauveur. Or, les disciples voulaient s'y opposer, Ils menaçaient les mères « *comminabantur offerentibus;* » Ils gourmandaient les enfants « *increpabant eos.* » Cette conduite déplut au Sauveur au point qu'il en fut indigné « *indigne tulit.* » Alors s'adressant à ses disciples, il leur dit: « Laissez venir à moi les petits enfants et ne les empêchez pas. *Sinite parvulos venire ad me et ne prohibueritis eos.* »

Et les petits enfants de se presser autour du bon maître qui pose ses mains divines sur leurs blondes têtes et les bénit avec effusion (1).

Toutes les mères qui envoient leurs enfants dans les écoles catholiques, les envoient à Jésus pour qu'il les bénisse. Voudrions-nous, maîtres chrétiens, prêtres du Seigneur et princes de son peuple, reprendre le rôle des apôtres et empêcher les enfants d'approcher de leur doux Sauveur? Non. « Ce qui est écrit, dit saint Paul, est écrit pour notre instruction. » Nous profiterons de la leçon qui nous est donnée, et au lieu d'écarter les enfants qui viendront à Jésus, nous les ferons approcher de Lui le plus possible, par la prière, par la confession; par la communion. Et Jésus bénira ces enfants, et en les bénissant il remplira nos âmes d'une sainte allégresse. Alors nous dirons de nos écoles ce que disait de son fils Jacob, le vénérable patriarche Isaac : « *Ecce odor filii mei, sicut odor agri pleni cui benedixerit Dominus. Genèse. XXXVII. v. 27.* Nos enfants seront des enfants de bénédiction. Comme un champ de blé

---

(1) (*Matth. XIX 13*) *Tunc oblati sunt ei parvuli ut manus eis imponeret et oraret. Discipuli autem increpabant eos.*

(*Marc. c. X v. 13.*) *Et offerebant illi parvulos ut tangeret illos. Discipuli autem comminabantur offerentibus. — 14. Quos cum vidit Jesus indigne tulit et ait illis: Sinite parvulos venire ad me et ne prohibueritis eos : talium est enim regnum Dei. — Amen dico vobis, quisquis non receperit regnum Dei sicut parvulus iste, non intrabit in illud. — 16. Et complexans eos et imponens manus super illos benedicebat eos.*

en fleur, ils répandront autour d'eux le céleste parfum de leur innocence, joie du présent et espoir de l'avenir.

SECONDE SECTION

La Piété dans l'Élève après la première communion

Assurément il faut donner à l'enfance les plus grands soins, il faut la former à la piété et aux bonnes mœurs : dès l'âge le plus tendre, l'enfant comme un arbrisseau céleste doit être arrosé des eaux de la grâce et son âme tournée vers Dieu par la foi et l'amour. Cela se fait à l'école primaire, à la salle d'asile et sur les genoux des mères chrétiennes. L'enfant doit connaître Dieu et l'aimer dès l'aube de sa vie intellectuelle ; il doit craindre de l'offenser et marcher devant lui dans cette simplicité et cette candeur qui donnent à nos enfants baptisés un charme inexprimable.

Aussi est-il souverainement regrettable qu'un si grand nombre de ces plantes du ciel se dessèchent et meurent faute de l'arrosage sacerdotal, ou bien soient impitoyablement froissées, brisées et foulées aux pieds par la malice du démon. Il se fait ainsi des ruines irréparables, que l'on ne saurait trop s'appliquer à prévenir.

Néanmoins, quelqu'importante que soit la culture de l'enfance, celle de l'adolescence l'est encore davantage, pour cette raison que donne l'Esprit-

Saint et que l'expérience confirme : c'est que l'adolescent prend le pli qu'il conservera toute sa vie, c'est qu'il entre dans une voie qu'il suivra jusqu'à la tombe. L'oracle divin est formel : « *Adolescens juxta viam suam, etiam quum senuerit, non recedet ab ea.* » (Prov. cxxii. v. 6)

Or, l'école peut affermir la vertu et soutenir la persévérance de l'adolescent par trois moyens principaux : l'enseignement chrétien, la liberté religieuse et le patronage.

I

L'ENSEIGNEMENT CHRÉTIEN

L'instruction religieuse qui précède la première communion ressemble au lait qui développe la vie des petits enfants. « Soyez comme des enfants nouvellement nés, dit saint Pierre, et désirez le lait de la croissance spirituelle. » « *Sicut modo geniti infantes... lac concupiscite, ut in eo crescatis in salutem.* » (1. Petr. c. 11. v. 3) « C'est du lait, dit saint Paul, que je vous ai présenté jusqu'ici, car vous ne pouviez encore supporter une nourriture solide. » *Lac vobis potum dedi, non escam; nondum enim poteratis.* (1 Cor. c. 111. v. 2)

L'instruction religieuse donnée à l'enfant, par l'image, par le chant, par les fêtes pieuses, par la parole ou la lecture s'adressait surtout à son imagination et à son cœur. C'était un lait savoureux qui l'attirait à Dieu, à Jésus et à Marie par la satisfaction d'une gourmandise spirituelle bien légitime à son âge. Après la première communion, l'enseignement religieux doit être plus solide ; il doit commencer à s'adresser à la raison pour s'en emparer comme de la citadelle qui devra dominer et protéger toute la vie.

Le passage de l'enfance à l'adolescence est un premier âge critique. A ce moment redoutable, la sensibilité devient facilement la sensualité. La raison ne dominant pas encore, on devra continuer à utiliser le sens, mais prenons garde de le flatter ; parfois même il faudra le réprimer énergiquement.

A douze ans le jeune chrétien a déjà quitté ses langes pour revêtir une armure ; l'enfant de Dieu est devenu soldat de Jésus-Christ. Jusque là il n'avait fait que des exercices de caserne ; il va entrer en campagne et commencer une guerre réelle, pleine de dangers. Qui lui donnera la force et le courage pour vaincre ? Un solide enseignement religieux. La foi éclairée sera le casque d'airain qui protégera sa tête et le bouclier qui défendra sa poitrine « *Scutum fidei*, dit saint Paul, *et galeam salutis.* »

L'enseignement religieux doit donc, chez l'adolescent, atteindre la raison pour l'éclairer et la convaincre. C'est le travail de l'école, c'est le travail du maître et du professeur, autant et plus que celui de l'aumônier et du pasteur. Il faut à l'écolier adolescent un petit cours de théologie simple et solide qui, sans négliger le cœur et l'imagination, arrive à la raison, la cultive et la convainque. Il faut avec cela un enseignement scolaire profondément imprégné de l'esprit chrétien et tout illuminé des clartés de la foi.

Pourquoi donc nos programmes, les programmes des examens en pays catholique, ne sont-ils pas conçus et rédigés dans ce sens ? C'est le secret de Satan, ou plutôt, à l'heure présente, ce n'est plus un secret et cependant, combien de maîtres chrétiens tombent encore dans le piège de l'ennemi !

Il faut préparer des certificats d'étude d'où l'enseignement religieux est banni ; pour cela on négligera l'histoire sainte et le catéchisme raisonné. Les grands pensionnats primaires se glorifient d'obtenir chaque année un nombre considérable de. brevets de capacité, la plupart fort inutiles à leurs titulaires ; alors, il faut créer de petites encyclopédies où tout se trouve, excepté la science religieuse. Comment avec cela apprendre la doctrine chrétienne et l'histoire de l'Église ? Ça perdrait le temps !

La couronne du baccalauréat doit ceindre le front de la plupart des jeunes humanistes de 16 à 18 ans ; mais il n'y a pas dans l'immense programme la plus petite bribe de matière religieuse. S'il ne connaissait pas les dieux de l'Olympe, le jeune candidat irait à un échec certain, mais il lui est loisible d'ignorer le nom de Notre-Seigneur Jésus-Christ. Il devra pouvoir nommer les empereurs romains, presque tous persécuteurs, et on ne lui demandera le nom d'aucun de leurs martyrs, d'aucun pape de l'époque correspondante.

En conséquence, le jeune bachelier chrétien, le jeune lévite des séminaires aura fait ample connaissance avec le divin Homère et le divin Platon, mais il n'aura jamais lu une ligne de Moïse, ni expliqué un psaume de David. Dites-lui que

Saint Basile et saint Jean Chrysostome rivalisent d'éloquence avec Démosthène, il vous rira au nez; que la phrase latine de Saint Léon·est comparable à celle de Cicéron, il vous demandera quel est ce Saint Léon? Dites-lui que Saint Augustin est un philosophe infiniment supérieur à Platon et que Descartes est de beaucoup inférieur à Saint Thomas d'Aquin, il croira que vous plaisantez(1).

Et en fait d'histoire de l'Église, il saura tout juste que les origines du christianisme sont obscurs: pour lui, cela se comprend; il ne les a jamais étudiés; que le moyen-âge fut un temps de barbarie : ce qui est faux; enfin que la papauté touche à son déclin, éclipsée qu'elle est par la civilisation moderne; ce qui est évident, d'après les encycliques de Léon XIII et l'article de M. Brunetière publié dans la Revue des deux mondes en Janvier 1895, lequel dit précisément le contraire.

A la vérité, avec un pareil enseignement religieux, ce serait un grand miracle si nos adolescents acquéraient cette foi ferme et convaincue, capable de soutenir les luttes de la vie et de marcher avec persévérance dans le chemin du devoir et du salut éternel.

Avec nos programmes, tels qu'ils sont conçus pour les grades universitaires, l'élève des écoles officielles est voué irrémédiablement à l'ignorance religieuse: il perdra la foi de son baptême, ou s'il

----

(1) L'encyclique de Léon XIII, sur la philosophie chrétienne a scandalisé tout ceux à qui sans doute elle apprenait pour la première fois que saint Thomas est un des plus beaux génies dont se puisse honorer l'histoire de la pensée humaine. — (M. Brunetière. *Revue des Deux Mondes* 1ᵉʳ Janvier 1895)

la conserve, elle sera comme une étincelle cachée sous la cendre, et n'agira pas. Or,

La foi qui n'agit pas, est-ce une foi sincère ?

Non, répond Saint Jacques, « la foi sans les œuvres est une foi morte. »

Comment préserver d'un pareil malheur nos élèves des écoles libres ? Comment les affermir dans la foi et l'amour de la religion ? Car en ce moment, nul espoir de voir changer ces intangibles programmes. Ah ! si nous avions, comme en Amérique, des universités libres qui disposent de la collation des grades, les choses iraient autrement, mais l'horizon est tellement noir de ce côté qu'on n'y aperçoit pas la plus faible éclaircie. Il faut donc tirer de notre liberté boiteuse et presque dérisoire, le meilleur parti possible. Disons-le bien vite cependant, cette liberté, grâce au dévouement et au savoir-faire des maitres chrétiens a déjà donné d'admirables résultats. Depuis 1850 nous voyons sur notre terre française une effloraison magnifique de savants, d'écrivains et d'orateurs distingués qui arborent hautement le drapeau catholique, dans les académies, au sénat, à la chambre des députés, dans la magistrature, le barreau, l'armée, et leur nombre va toujours croisssant.
Pour généraliser ce mouvement de renaissance chrétienne et étendre le bienfait à tous nos élèves, nous avons des précautions à prendre.

Il faut d'abord ne préparer au grade que ceux qui en ont réellement besoin. Notre règle là dessus doit être la nécessité matérielle ou morale dont les chefs d'institution sont les seuls juges.

Dans les pensionnats primaires de filles ou de garçons il ne faut préparer au brevet de capacité que ceux et celles qui veulent faire de l'enseignement leur carrière ; pas d'autres, autant que possible et ainsi garder la liberté de nos programmes, afin de n'y mettre que les matières les plus propres à cultiver l'intelligence et élever les âmes. Ainsi nous ne serons pas gênés pour faire un cours sérieux d'instruction religieuse. Ce cours sera le plus important de tous : car, nous pourrons y mettre de l'histoire, puisque l'histoire de l'Église y aura une large part, de la littérature, en exigeant une rédaction soignée, et enfin de la philosophie, en raisonnant nos croyances et mettant en relief la beauté et la solidité de notre foi.

Les certificats d'études primaires ont moins d'exigence et ils n'empêchent pas de faire un catéchisme raisonné partout où les maîtres et les maîtresses le veulent sérieusement. D'ailleurs, nous avons les certificats d'études des commissions épiscopales, et, à leur défaut, les certificats d'instruction religieuse, qui complètent les certificats d'études primaires purement laïques.

La difficulté est plus grande pour les écoles secondaires où la majorité des élèves se préparent au baccalauréat et où l'on ne peut évidemment avoir deux programmes différents dans chaque classe. Il faut donc redoubler de précautions pour ne pas tomber dans le piège que la juiverie et la maçonnerie tendent à l'âme de nos enfants, car, la persécution chrétienne se fait aujourd'hui par l'enseignement ; c'est par la jeunesse que le Juif veut arriver lentement mais sûrement à déchristianiser la France.

Un des coryphées de la secte ne disait-il pas récemment ? « Si Marc-Aurèle, au lieu d'employer contre les chrétiens les lions et la chaise rougie, eut employé l'école primaire et un enseignement rationaliste il eut mieux empêché la séduction du monde par le surnaturel chrétien (1).

A nous donc de multiplier les précautions pour que la science profane n'étouffe pas la science religieuse et n'atrophie pas la foi. Au dernier congrès de l'alliance des maisons chrétiennes, un aveu à été fait et une résolution prise, il faut qu'elle soit tenue et que nous ne soyons pas seulement chrétiens par sentiment, comme un membre éminent le constata avec douleur, mais en réalité et d'une manière pratique. Qu'on donne partout à l'enseignement religieux la première place, la place d'honneur. Qu'on fasse un cours d'apologétique suivi et sérieux, dans toutes les classes a partir de la quatrième. Conformément aux règles pontificales, mêlons les auteurs chrétiens aux auteurs païens dans la mesure du possible. Ce mélange est facile dans les basses classes, nous devrions peut-être le faire davantage. D'aucuns prétendent que les auteurs pourraient être exclusivement chrétiens jusqu'à la troisième. Si cela était, il en résulterait pour nos élèves un bien spirituel incalculable, car ils s'affermiraient dans la foi, en s'initiant à la connaissance et l'amour de la littérature chrétienne (2).

---

(1) Paroles de M. Renan.
(1) Voici sur ce point un extrait du congré de l'alliance 1893. — Il faudrait avoir pour les élèves jusqu'à la 4ᵉ inclusivement, à côté des auteurs latins largement expurgés, des auteurs chré-

D'ailleurs, c'est l'esprit qui vivifie. Que l'esprit de nos collèges catholiques soit profondément chrétien. Que la foi et la piété y règnent en souveraines. Sachons, comme le veut notre divin Maître, chercher avant tout le royaume de Dieu et les diplômes nous seront donnés par surcroît. Nous pouvons faire trouver le royaume de Dieu à nos jeunes humanistes, même dans la matière ultraprofane du baccalauréat, si nous savons les enseigner chrétiennement.

Pour cela il faut étudier les auteurs païens à la lumière de l'évangile ; il faut avec saint Basile y constater des traces de la révélation primitive et des reflets du soleil de vérité qui éclaire tout homme venant en ce monde. Il faut y voir des chefs-d'œuvre de littérature sauvés du naufrage par l'Église de Jésus-Christ amie du bien et du beau partout où elle le trouve. Mais pour ne pas faire croire à ses jeunes élèves que les païens ont le monopole du talent et du génie, le professeur devra souvent rapprocher les petites étincelles de vérité, égarées dans les auteurs païens, de la pleine lumière évangélique et les vacillations de la raison, des certitudes de la foi ; il devra montrer la pauvreté de la morale païenne comparée à la morale évangélique, l'infériorité de la civilisation grecque ou romaine

tiens qui entretiendraient leur intelligence, et nourriraient leur cœur des pensées de la foi. — Le maître ferait en même temps remarquer le vide et l'inutile pour le salut des sentiments purement humains, la vanité et l'orgueil des grands hommes de l'antiquité, l'inanité du culte mythologique : les poètes prêtant à leurs dieux les vices et les passions des hommes, et ne pouvant en proposer aucun pour modèle.

vis à vis de la civilisation chrétienne : tout cela est facile. Mais comme nous avons à faire à des littérateurs imberbes il faudra les fixer à la foi par des arguments littéraires.

Le professeur devra leur dire souvent et leur prouver au besoin : Que Moïse est supérieur à Homère, David à Pindare, Bossuet à Démosthène, Salomon à Épictète, Saint Paul à Sénèque ; que Corneille l'emporte sur Eschyle ; que Racine ne le cède ni à Sophocle ni à Euripide ; que la littérature grecque sacrée, depuis la Bible des Septante traduite deux siècles avant Jésus-Christ, jusqu'à saint Jean Chrysostome, Eusèbe et Théodoret, en passant par saint Ignace d'Antioche, Clément d'Alexandrie, Origène, saint Athanase, saint Basile, les deux saints Grégoire, ne le cède pas en richesse à la littérature grecque profane, si riche cependant en chefs-d'œuvre. Tandis que la littérature latine chrétienne, depuis saint Justin, la Vulgate, Tertullien avec la savante pléiade des Pères du ${iv}^e$ siècle : saint Ambroise, saint Hilaire, saint Jérôme, saint Augustin, saint Léon le Grand ; puis saint Grégoire pape, jusqu'à saint Bernard et saint Thomas d'Aquin, sans compter les nombreux auteurs mystiques du ${xii}^e$ et du ${xiii}^e$ siècle, l'emportent de beaucoup en variété, en étendue et en profondeur sur la littérature païenne ; enfin que l'Église catholique est la gardienne, non seulement de la philosophie la plus haute et de la morale la plus pure, mais encore de tout ce qui est véritablement beau dans la littérature et les arts, soit sacrés, soit profanes ; que les bulles des papes, depuis saint Léon le Grand, jusqu'à Léon XIII, ont perpétué dans le monde la période cicéronienne ; enfin que la liturgie catholique a, en vers et en prose, des beautés poétiques qui ne le cèdent en rien aux beautés de Virgile et d'Horace. Ainsi la foi de nos jeunes rhétoriciens ne souffrira plus de cette erreur insidieuse qui tendrait à leur faire croire que le beau littéraire ne se trouve que dans les auteurs païens. C'est l'erreur universitaire. Elle empoisonne tous les ouvrages qui sont inspirés par elle. Nouveau motif d'appliquer à nos ouvrages français d'enseignement secondaire, les principes exposés plus haut relativement à la « *Piété dans le livre.* » Le livre chrétien ressemble au marteau. Par des coups répétés il enfonce les vérités chrétiennes jusqu'au plus intime de l'âme, si bien qu'elles ne peuvent plus en sortir. *Adolescens juxta viam suam. etiam cum senuerit non recedet ab ea.*

« C'est ainsi, dit Monsieur R. Horner, professeur
« à Fribourg, qu'un éducateur, vraiment digne de
« ce nom sait surbordonner tout son enseignement
« au but suprême assigné à l'existence même de
« l'homme, en faisant voir la supériorité de la
« civilisation chrétienne sur les civilisations anti-
« ques : en imprégnant toutes ses leçons d'esprit
« chrétien, en profitant de toutes les occasions
« de donner à ses élèves des idées justes avec de
« fortes convictions religieuses, pour leur faire
« aimer le bien, pour les préparer aux luttes de
« l'avenir, pour faire d'eux, en un mot, des hommes
« de foi et d'œuvres, tout en leur donnant une
« forte culture littéraire. (1)

(1) L'enseignement chrétien, 1er ptre 1895.

Mais à l'enseignement chrétien il faut joindre la liberté religieuse.

II

LA LIBERTÉ RELIGIEUSE

Refléchit-on assez que la liberté religieuse fait partie de l'essence du christianisme ? « Bon maître, dit un jour un adolescent au Sauveur, que faut-il que je fasse pour avoir la vie éternelle ? » Jésus lui répondit : « Si vous voulez prendre le chemin qui conduit à l'éternelle vie, observez les commandements : *Si vis ad vitam ingredi, serva mandata.* Puis, le divin Sauveur énumère les principaux commandements du décalogue. Alors le jeune homme répond : *Dixit illi adolescens.* « Je les observe depuis mon bas-âge. » « Bien, reprend Jésus, mais maintenant, si vous voulez être parfait, *si vis esse |perfectus*, allez, vendez tout ce ce que vous avez et donnez-le aux pauvres. » (Math. c. xix. v. 17.) Ainsi le divin Maître n'impose ni ses préceptes, ni ses conseils ; il fait appel à la liberté : « Si vous voulez, » dit-il : *Si vis.*

Et il dira encore en s'adressant à tous les hommes : « Si quelqu'un veut venir après moi, qu'il se renonce, qu'il prenne sa croix et qu'il me suive. » *Si quis vult venire.* (Luc. c. iv. v. 22.) Peut-il y avoir quelque chose de plus clair que ces paroles ?

D'ailleurs une saine philosophie, basée sur l'expérience, nous apprend que la liberté humaine est une citadelle imprenable : on ne peut y pénétrer qu'autant qu'elle se rend. L'homme peut solliciter la volonté libre de l'homme, il ne saurait la contraindre et Dieu, lui, ne veut pas la contraindre ; car, la contraindre serait la détruire. Il n'est donc pas étonnant que Jésus nous dise : « Si vous voulez, venez ; si vous voulez me suivre, suivez-moi ; si vous voulez m'obéir, obéissez-moi ; mais je ne vous forcerai pas. »

Quelqu'un va nous objecter : « Et la religion d'État, qu'en faites-vous? Que devient la 77e proposition du Syllabus? N'affirme-t-elle pas clairement que, même de nos jours, il serait avantageux que la religion catholique fut l'unique religion d'État à l'exclusion de toute autre? (1)

La religion d'État n'est nullement en cause, car elle n'est pas et ne saurait être la tyrannie des consciences. Elle écarte le mal, éloigne le scandale ; elle protège le bien, mais ne doit, ni ne peut l'imposer. On ne peut forcer personne à faire un acte de contrition ni un acte d'amour de Dieu. La religion d'État est une police extérieure, légale et légitime, comme toutes les lois justes, qui favorisent la religion dans ses manifestations publiques, qui lui confère certains droits et avantages matériels; mais là expire son autorité ; elle ne saurait pénétrer dans le sanctuaire des cœurs. Ne serait-ce pas par hasard, parce que les rois très chrétiens sont allés un peu plus loin sous ce rapport qu'ils ont provoqué en France une réaction si violente ? Je pose la

____

(1) *Etate nostra non amplius expedit religionem catholicam haberi tanquam unicam status religionem ; cæteris quibuscumque cultibus exclusis.* (Proposition condamnée).

question sans la résoudre. Mais, combien de chrétiens redoutent l'autorité religieuse, surtout politico-religieuse, parce que la notion en est faussée dans leur esprit ! Combien d'adolescents et de jeunes gens ne voient dans le prêtre qu'un tyran qui leur a imposé deux mortelles années de catéchisme, et dont ils espèrent bien avoir secoué le joug pour toujours. Assurément l'autorité joue un grand rôle dans le gouvernement d'une paroisse, comme dans la direction d'une école ; mais il en est de l'autorité comme de la fortune. Une fortune sans entrailles est une monstruosité ; l'autorité sans paternité serait une tyrannie. De nos jours surtout ces paroles du P. Lacordaire à M. H. Pèreyre conviennent à tous les prêtres : « Soyez bon, la bonté est ce qui ressemble le plus à Dieu et désarme le plus les hommes... Il faut être si bon quand on aime Jésus-Christ et qu'on le représente. » On peut ajouter que cela est vrai surtout du prêtre éducateur et du maître chrétien. C'est pourquoi à l'exemple du divin Maître, ils respecteront la liberté religieuse de leurs élèves et n'essaieront jamais de prendre de force la citadelle de leur âme.

La liberté religieuse dans l'école consiste : 1° en ce que les exercices religieux ne soient pas imposés ; 2° en ce qu'ils ne soient pas empêchés.

2° Ils ne doivent pas être imposés, parce que l'acte religieux est essentiellement libre : ils ne devront pas être empêchés, parce que ce serait la persécution. Nous allons expliquer et prouver cette double assertion.

D'abord nous disons qu'il ne faut pas, après la

première communion, imposer aux enfants de nos écoles leurs exercices de piété. Cela signifie-t-il que nous laisserons à nos élèves pleine liberté de prier ou de ne pas prier, de fréquenter les sacrements ou de ne pas les fréquenter? Ce serait l'anarchie religieuse, ce ne serait pas la liberté.

L'école aura donc ses exercice religieux de règle auxquels tous seront soumis. Les prières se feront à l'école, les lectures pieuses à l'école; la messe quotidienne et la communion mensuelle seront obligatoires dans les pensionnats. Partout on respectera les prescriptions de l'Église, soit pour les abstinences, soit pour la sanctification des fêtes. L'autorité scolaire ne tolèrera jamais de violation publique de la loi de Dieu. Cependant nous maintenons notre assertion : il ne faut pas que les exercices pieux soient imposés. Comment cela?

Et d'abord nous dirons à nos enfants que notre école est chrétienne, que nous devons la diriger chrétiennement, c'est-à-dire, conformément aux lois de Dieu et de l'Église. Or, l'autorité de Dieu s'impose à tous les hommes et l'autorité de l'Église à tous les chrétiens. Nous dirons ensuite et nous répèterons souvent que nous n'obligeons personne à venir dans nos écoles, mais que tous ceux qui y viennent doivent en suivre le règlement. Ils en ont pris l'obligation en entrant, autrement on ne les aurait pas acceptés. Nous dirons enfin qu'il en est du pain de l'âme comme de celui du corps. L'homme doit manger le pain du corps à la sueur de son front, il ne faut donc pas qu'il s'étonne, que parfois il lui faille peiner un peu pour nourrir son âme, par la prière, les offices sacrés et la prédication.

Avec cela, nous aurons quelques exercices religieux purement facultatifs, comme la messe quotidienne dans les externats, la visite au Saint-Sacrement, les associations pieuses, afin de rappeler au jeune homme que la religion doit venir du cœur. Surtout nous n'imposerons jamais la sainte communion qui ne peut se faire fructueusement que dans toute la liberté de l'âme, et nous multiplierons toutes les précautions pour n'exercer sur ce point délicat, aucune contrainte morale.

Quand on étudie un établissement tenu par les fils et selon l'esprit de Don Bosco, il y a une chose qui frappe durant la messe de communauté. Tout le monde assiste chaque jour au Saint-Sacrifice. On y récite les prières du matin et le chapelet. Durant la messe un ou plusieurs prêtres, selon l'importance des maisons, se tiennent à la disposition des assistants pour les confessions. Or, de temps en temps, vous voyez un enfant qui quitte sa place et va se confesser ; tantôt c'est un écolier de douze ans, tantôt un apprenti de quinze ou seize ans; ici, c'est un jeune professeur avec la soutane, là, c'est un chef d'atelier en habit laïque; parfois cinq ou six pénitents, différents d'âge et de taille, sont agenouillés pêle-mêle autour du prie-Dieu qui sert de confessionnal.

Puis, quand arrive le moment de la communion, la table sainte se garnit lentement, les uns viennent, les autres restent ; certains paletots s'approchent, certaines soutanes ne bougent pas; d'ici un enfant se détache et va s'agenouiller près de son maître; d'un autre banc il en arrive trois ou quatre; les autres laissent passer ; certains professeurs communient invariablement tous les jours, d'autres ne le font pas ; certains élèves communient également tous les jours ou plusieurs fois la semaine, tandis que d'autres ne le font que tous les huit jours, tous les quinze jours et même tous les mois. Qui ne voit déjà dans ce fait une touchante liberté religieuse !

Mais c'est surtout un jour de grande fête que la chose est plus frappante encore. Voici le moment de la communion arrivé. Déjà le célébrant s'est retourné pour dire : *Misereatur vestri*, et vous voyez à peine quelques unités à la table sainte. Vous êtes étonné, presque scandalisé. Quoi? Est-ce que dans les maisons salésiennes, qu'on dit si pieuses, les élèves ne communient pas les jours de grandes fêtes ? Puis, à l'*Ecce Agnus Dei etc.*, voila trois ou quatre enfants qui sortent du premier banc en même temps que trois ou quatre autres arrivent du fond de la chapelle. Vous regardez, et vous en voyez une demi-douzaine qui s'échappent des bancs du milieu ; les bancs du devant, ceux de derrière envoient leur contingent, toujours par petits groupes ; et durant tout le temps que dure la communion, les uns vont, les autres viennent ; les uns s'avancent dans le plus profond recueillement, les autres prient agenouillés, la tête dans leurs mains; enfin la table de communion se dégarnit, et le prêtre retourne à l'autel, mais s'il fallait dire : un tel a communié, un autre ne l'a pas fait, ce serait difficile. Pourquoi cela? C'est que le vénérable fondateur, Don Bosco, a défendu de se rendre à la table de communion par bancs entiers. De la piété, oui, beaucoup de piété, mais la liberté dans la piété ; la communion fréquente et même quotidienne, mais une entière liberté pour la communion, même aux jours de grandes fêtes. N'a-t-il pas d'ailleurs écrit dans son règlement ? : « Il ne faut pas obliger les jeunes gens à fréquenter les sacrements, il faut seulement les encourager dans ce devoir et leur procurer toute la facilité de l'accomplir. » Même liberté pour la confession la veille des grandes fêtes : les enfants sont avertis que les confesseurs seront à leur poste à partir de telle heure, mais personne ne les conduit à la chapelle ; le préfet de discipline n'a qu'un peu de surveillance à exercer pour prévenir la dissipation à l'aller et au retour ; parfois il y a un peu d'encombrement autour du prie-Dieu qui sert de confessionnal, mais le confesseur s'absenterait-il un instant, qu'il règne toujours parmi les enfants le plus profond silence et un véritable recueillement : ils ne sont pas là par force.

L'acte religieux est essentiellement un acte libre, plus il sera spontané, et mieux il sera fait et plus il sera fructueux.

Nous rattacherons à cet ordre d'idées deux moyens de faire aimer les exercices religieux aux enfants ; ce sont les saintes cérémonies et les chants liturgiques.

D'abord le chant. Nous supposons que bien avant la première communion, nos enfants ont été initiés aux chants de l'Église : ils savent lire leurs notes et solfier sur toutes les clefs. Les directeurs de la célèbre maîtrise de Langres, commencent toujours l'enseignement de la musique par l'étude du plain-chant. Ils pensent qu'on doit commencer ainsi, non seulement par principe religieux, mais même au point de vue de la formation musicale. Quoi qu'il en soit, si nos élèves ne savent pas encore le plain-chant au moment de la première communion, ce qui serait regrettable, il faudrait se hâter de le leur apprendre pour leur faire aimer les offices de l'Église.

Les écoles paroissiales tenues généralement par des Frères, conduisent leurs élèves à la grand-messe et aux vêpres. Ces offices sont longs. Si les enfants ne chantent pas, loin de s'y affectionner, ils s'y ennuient. Au contraire, s'ils sont initiés au plain-chant, ils chanteront et se plairont à l'église. Bien plus, si les enfants de nos écoles comptent pour quelque chose aux offices paroissiaux: si on leur fait préparer la messe, les vêpres, les chants du salut, ils regardent ces offices comme les leurs et s'y attachent parfois jusqu'à la passion. Et cet amour qu'ils auront pour le chant sacré, cette connaissance des prières liturgiques et des motets religieux, soutiendra leur persévérance, et les ramènera à l'Église et ils ne laisseront pas aux seuls « chantres gagés le soin de louer Dieu. »

Qui de nous n'a pas été quelquefois péniblement affecté à certains offices paroissiaux, non seulement à la campagne, mais à la ville et même dans de grandes villes? on y célébrait une fête solennelle; l'église était remplie de fidèles; les autels étincelaient de lumière; les tentures couraient le long des galeries et se fronçaient en plis gracieux autour des piliers ; les ministres sacrés avaient revêtu leurs plus riches ornements ; le spectacle était splendide et l'on se sentait rapproché du ciel. Mais pouvait-on dire que le chant était céleste ?

Les neumes de saint Grégoire étaient martelées par les voix rocailleuses de trois ou quatres vénérables chantres, bien méritants sans doute, mais qui, franchement, n'étaient plus à la hauteur de la position. Or, il y avait là de nombreux enfants des écoles avec leurs maîtres, tout un pensionnat peut-être, deux ou trois cents jeunes gens de treize à dix-sept ans. Que faisaient-ils ? Ils s'ennuyaient et se dissipaient. Pourquoi ne chantaient-ils pas ? Parce qu'ils ne savaient pas. Pourquoi ne savaient-ils pas ? Parce que personne ne leur avait appris. Pourquoi ne leur avait-on pas appris ? Parce que le B. Jean-Baptiste de la Salle ne veut pas que ses fils s'immiscent dans les offices paroissiaux. Très bien ! Mais, autres temps, autres mœurs. Aujourd'hui le B. Jean-Baptiste de la Salle obligerait tous ses frères à savoir le chant d'église, à l'enseigner à leurs innombrables enfants, et à se mettre à la disposition des curés pour la solennité des offices religieux.

Attachons nos élèves des écoles catholiques aux offices de l'église, à la prière publique, par la musique sacrée, car le chant liturgique qui est une musique incomparable, par les suaves et toutes célestes mélodies grégoriennes qui, Dieu merci, reprennent la place d'honneur qu'elles n'auraient jamais dû perdre. En faisant chanter les enfants à l'église nous attirerons les parents, nous édifierons les fidèles, nous glorifierons Dieu qui déclare que la louange la plus parfaite sort de la bouche des enfants : nous sanctifierons et nous ferons persévérer nos élèves.

Les cérémonies saintes comme le chant sacré font partie du culte public et appartiennent aux élèves des écoles libres : autre moyen de les attacher à Dieu par les chaînes de l'amour.

« Laissez venir à moi les petits enfants » a dit le Sauveur. C'est dès le bas âge que les enfants chrétiens doivent entourer l'autel et aller à Jésus qui les appelle et qui nous défend de les éloigner. Bien préparés à leurs pieuses fonctions, les enfants de chœur seront l'ornement du sanctuaire, l'édification des fidèles, la joie des anges. Quel spectacle ravissant que celui d'une troupe nombreuse de petits clercs revêtus de la cotta et de la soutane, et faisant avec modestie et piété les cérémonies sacrées ! Tantôt ils sont agenouillés, les mains jointes et les yeux fixés sur l'autel ; tantôt ils vont et viennent, isolément, ou par groupe, pour le service qui leur est confié. Comme ils précèdent lentement et avec ordre les ministres sacrés dans une entrée de chœur. Il n'y a pas de chanoines de Latran qui puissent leur être comparés pour la gravité de la démarche et la majesté du maintien ; leur recueillement rappelle le silence de la Trappe ou de la Grande-Chartreuse. C'est ainsi que le baptême et la piété chrétienne transforment et anoblissent les enfants du peuple, les natures les plus inférieures. Et cette transformation, tout maître chrétien peut, avec la grâce de Dieu, la produire et l'expérimenter. Les cérémonies bien étudiées, bien préparées, bien exécutées attachent les enfants à la prière publique. D'ailleurs, qu'est-ce que le chant et les cérémonies, sinon la prière de l'enfant?

On peut employer plus spécialement au service de l'autel, les enfants dont la voix est rebelle à la culture musicale. Quand les enfants sont nombreux, il faut qu'ils fonctionnent alternativement ; alors tous entrent dans la famille sacerdotale ; la messe de Monsieur le curé, la messe du prêtre devient leur messe ; et il y a là. croyons-le, une abondante semence de piété et de vocations sacerdotales. Même quand nos petits clercs ne servent pas, ils observent avec attention leurs camarades ; ils s'intéressent à l'office et ne s'y ennuient pas : ils n'y sont pas comme des chiens à la chaîne, ce qu'il faut à tout prix éviter.

Qui dira d'ailleurs l'édification qui serait produite, dans les plus humbles comme dans les grandes églises par des chants bien exécutés et des cérémonies bien faites. Si, pour préparer les offices ordinaires et les fêtes extraordinaires, on se donnait seulement la vingtième partie de la peine que l'on prend pour monter une pièce de théâtre et organiser une soirée profane, nos églises deviendraient ravissantes. Elle feraient rayonner autour d'elles un attrait contagieux qui irait atteindre un grand nombre d'âmes. Il faut au peuple des fêtes, des représentations, des théâtres. Nos solennités chrétiennes sont des drames sacrés, des représentations saintes, qui atteignent l'âme par ses plus hauts côtés, et lui procurent les émotions les plus délicates et les plus profondes. Or, avec nos écoles libres, nous avons sous la main, tous les éléments désirables pour produire sur le peuple cette salutaire influence. Il suffit, pour le mettre en œuvre, d'un peu de travail et de bonne volonté.

Le chant bien exécuté, les cérémonies vraiment liturgiques et faites avec toute la pompe possible sont les plus excellentes prédications : elles perfectionnent les bons, réchauffent les tièdes, touchent les indifférents, imposent le respect aux ennemis ; elles glorifient Dieu et font du bien à tous. Quand ces fonctions saintes sont confiées aux enfants et aux jeunes gens, elles les attirent à l'église, à la prière, à Dieu : ainsi elles favorisent la liberté religieuse, car, dit saint Augustin, personne n'est plus libre que celui qui est attaché par les chaines de l'amour.

2° Si ' maître chrétien ne doit pas imposer la piété, il doit encore moins l'empêcher.

Il est difficile que le maître entrave positivement la piété de ses élèves. Cependant son exemple peut être un empêchement négatif. Le directeur laïque d'un patronage, s'il n'a pas une piété vraie, n'aura jamais autour de lui des jeunes gens pieux ; il en est de même, proportion gardée, d'un directeur d'école. Ce même directeur mettrait un obstacle positif à la piété de ses élèves, si, imbu de préjugés jansénistes ou libéraux, il blâmait devant eux les pratiques de la dévotion catholique, surtout la communion fréquente.

Les directeurs d'écoles qui gênent le ministère de l'aumônier, qui ne donnent pas à leurs élèves le temps et la facilité de se confesser, entravent positivement la piété. Dans toutes les maisons où l'aumônier n'est pas entièrement libre, où le directeur laïque, religieux ou séculier, le traite comme un subordonné, règle ses fonctions comme celles d'un professeur, on peut affirmer, sans crainte de se tromper, que les élèves de cet établissement manquent de la liberté religieuse, que la piété est entravée. Or, chose surprenante, cela peut arriver même dans des établissements tenus par des religieux, voués par état à la perfection chrétienne. Alors c'est aux évêques à intervenir : ils sont les inspecteurs et les pasteurs responsables de toutes les écoles de leurs diocèses.

Evidemment encore la directrice d'un orphelinat entrave la piété de ses fils et de ses filles, quand elle leur dit : « Je ne veux pas que vous communiez aujourd'hui ; votre conduite ne vous permet pas de communier si souvent. »

Dans certains pensionnats, on ne peut communier sans avoir l'uniforme ou les vêtements de fête. Comme les habits de fête ne se donnent que le dimanche, il y a encore là un empêchement positif à la liberté religieuse.

Monsieur le curé ou monsieur l'aumônier confesse régulièrement tel jour, à telle heure : par exemple, tous les samedis et les veilles de fête. Or, trois fois sur quatre, les élèves seront retenus, précisément à ce moment-là, par un travail de classe ; évidemment, ici, encore, il y a violation de la liberté religieuse.

D'un autre côté, la piété trop réglée, est également privée de sa liberté. Cet établissement, dit-on, est bien pieux : tous les premiers dimanches du mois, il y a communion générale ; personne n'y manque, car le directeur ne plaisante pas là-dessus :

en voilà un qui est catholique! Mais, en dehors de
là, il n'est pas commode ; il ne veut pas que ses
élèves fassent des mômeries tous les jours: il les
fait travailler. Le dimanche, il y a des cours dans
la matinée ; on chante la grand' messe, à 10 heures ;
à une heure, vêpres, promenade, et le soir étude.

Hélas ! Hélas ! Communion générale, tyrannie
des consciences par contrainte ; communion exclusivement mensuelle, autre tyrannie par obstruction.
Un pareil régime renferme à la fois une violence et
une entrave. Il force à communier ceux qui ne le
voudraient pas, et il empêche de le faire ceux qui
voudraient communier plus souvent. On peut en
dire autant d'une communion générale hebdomadaire. Il ne faut pas que les élèves soient contraints
de communier chaque dimanche ; il faut aussi
qu'ils puissent le faire plus souvent, si Dieu les y
appelle.

Le curé d'Orthès ne voulait pas absolument
communier la petite Imelda, agée de huit ans,
quoiqu'elle le demandât avec instance. On sait
comment la première hostie qu'il prit dans le saint
ciboire, lui échappa des mains et alla se fixer au-
dessus de la bienheureuse enfant. Le curé comprit.
Il communia sa petite paroissienne qui aussitôt
tomba en extase, mourut d'amour et alla continuer
dans le ciel sa première communion. Combien de
fois ne faudrait-il pas que Dieu nous arrachât des
mains la sainte hostie pour la porter, même en
semaine, à des enfants de huit ou dix ans, à des
adolescents de douze ou quinze ans, qui sont
affamés du Pain des anges et qui n'ont pas la
liberté de s'en nourrir.

En réfléchissant à ces choses, on admire comme Don Bosco a bien compris cette sainte liberté de la grâce : « *Spiritus ubi vult spirat,* » et comme il a su la respecter. Son système que nous avons exposé plus haut est une véritable innovation, presque une découverte et constitue un progrès réel dans l'art si difficile et si délicat de l'éducation. On peut dire en toute vérité que cet homme de Dieu a fait avancer la science de la pédagogie chrétienne.

Mais le grand obstacle à la liberté religieuse dans les écoles, le tyran qu'il faut absolument expulser, c'est le respect humain. Sainte Thérèse, la vierge docteur, dit quelque part dans ses admirables écrits, une chose étonnante, mais éminemment vraie : « Il vaudrait mieux, dit-elle, dans l'intérêt de notre âme et de notre salut éternel, rester au milieu du monde, que d'entrer dans une maison religieuse où la perfection n'est pas en honneur. » On peut dire également, que l'externat d'une école quelconque, même d'un lycée, serait préférable à un pensionnat chrétien, à un collège catholique où règnerait le respect humain. Pourquoi cela? Parce que le respect humain dans une maison d'éducation, c'est le règne de Satan sur cette maison ; parce que le respect humain, c'est l'impiété qui se montre et la foi qui se cache ; parce que c'est l'émulation du mal au lieu et place de l'émulation du bien; en un mot, parce que c'est l'éducation renversée !

Aussi quelle cruelle déception parfois! Voici un adolescent qui quitte la maison paternelle pour le collège catholique. Au château, grâce à la foi du père et à la piété de la mère, Jésus régnait. Or, ce pauvre enfant va être condamné à subir désormais le joug du démon. Un petit pâtre des montagnes arrive au séminaire ; il est heureux, son cœur palpite d'espérance : il aimait tant son curé et le voilà qui entre dans une maison tenue par des prêtres. Mais bientôt il s'aperçoit qu'on rit de sa piété et qu'on raille sa dévotion ; il n'ose plus communier chaque dimanche comme il le faisait dans son village. Décevante réalité ! Au lieu de la protection qu'il attendait pour sa foi et sa piété, il a trouvé la persécution.

Une maison d'éducation chrétienne où règne le respect humain est une maison à démolir. Cela ne veut pas dire qu'il faille employer la mine ; non, mais il faut démolir son esprit entièrement et promptement.

Il y a plusieurs moyens de détruire le respect humain et de l'empêcher d'envahir une maison d'éducation ; les deux principaux sont : l'exemple chez les maîtres et les associations pieuses chez les élèves.

D'abord, l'exemple des maîtres.

Regis ad exemplar totus componitur orbis. Croyons-nous qu'il y eût du respect humain à la cour de Charlemagne et que ses leudes rougissaient de l'accompagner à la table sainte ? Nous devons penser qu'il n'y en avait pas davantage à celle de saint Louis. Le respect humain vient d'en haut. Si le président de la république et les ministres accompagnaienr le dais, pour la fête-Dieu, à travers les rues de Paris , si l'on voyait la majorité des députés prendre part à la communion générale, à Notre-

Dame, le jour de Pâques ; si les patrons, les professeurs de la Sorbonne, les propriétaires, les chefs
d'atelier assistaient à la messe chaque dimanche, le
respect humain disparaîtrait incontinent, comme
neige au soleil.

Un colonel, un général qui communie en grand
uniforme, à un office solennel fait plus détruire le
respect humain que cinquante sermons sur la matière, fussent-ils aussi éloquents que ceux du père
Bridaine. Terrible responsabilité des supérieurs !
leur exemple amène leurs inférieurs à la religion ou
les en écarte. Tant il est vrai que tout supérieur a
charge d'âmes ? « Malheureux, dira le souverain
Juge, rend moi compte du sang de ton frère ; c'est
ton exemple qui l'a tué. »

Étonnons-nous maintenant si le respect humain a droit de cité en France. Étonnons-nous s'il
règne en maître sur le fonctionnaire, sur l'ouvrier,
le paysan, sur les jeunes gens, sur les enfants
même. Étonnons-nous s'il cherche à pénétrer jusque dans nos collèges et dans nos séminaires. Ce
serait le contraire qui serait étonnant. Nos élèves
viennent d'un milieu où l'on rougit de Jésus-Christ,
prenons garde qu'ils n'en rougissent encore autour
de nous. Pour cela, ayons bien soin de n'en pas
rougir nous-mêmes.

Dans le monde, le respect humain vient des supérieurs ; dans nos écoles c'est le supérieur qui
doit le faire disparaître.

Dieu merci ! nous sommes aujourd'hui mieux
outillés qu'il y a trente ou quarante ans pour atta-
quer ce monstre. Alors, il n'y avait guère, parmi
les maîtres laïques, de catholiques sans épithète.

On était catholique sincère ou catholique libéral, c'est-à-dire, qu'on ne l'était pas ou peu ; on était loin d'accepter l'Évangile sans restriction. Bon nombre de prêtres, surtout de prêtres éducateurs, étaient catholiques libéraux à la suite de quelques noms illustres dans les lettres. Jésus-Christ ne régnait pas en maître absolu dans les établissements entachés de libéralisme : on ne l'y admettait que sous bénéfice d'inventaire ; le respect humain entrait par là. Il avait un pied dans la tête du supérieur et l'autre dans le cœur des professeurs et des élèves. La science primait la piété, l'étude religieuse était au second plan, le théatre passait avant la chapelle : la tête était malade et tout le corps s'en ressentait. Or, la première condition pour « bouter dehors » le respect humain, c'est une tête parfaitement saine. Il faut que Jésus vive dans le supérieur et par le supérieur dans toute la maison. Il faut que l'image du Christ domine toutes les salles, que son évangile inspire tous les livres, que son esprit anime tous les cœurs. Il faut que tout commence et finisse par Lui. Il faut que l'impiété se cache, que l'hérésie cherche l'ombre. La première condition pour tenir à distance le respect humain, c'est l'exemple des supérieurs, la seconde, ce sont des associations pieuses parmi les élèves.

Les associations pieuses dans une école sont des bataillons d'élite qui guerroient sans cesse contre le respect humain. Il faut qu'elles soient extérieures, qu'elles aient leurs insignes, leurs privilèges, leur vie propre. Il faut que la vertu seule et la piété solide ouvrent les rangs de ces phalanges d'honneur. Le supérieur les encourage, les favorise, autant que possible, mais ne les dirige pas, car il doit rester le père de tous ; des professeurs de la maison le remplacent.

D'ailleurs, les associations de piété sont déjà par elles-mêmes un épanouissement de la liberté religieuse, puisqu'elles sont facultatives. De plus, elles constituent cette variété d'ornements qui doivent embellir le manteau royal de l'Église. Vouloir façonner toutes les âmes dans le même moule, c'est une tendance française ; malheureusement elle n'est ni théologique, ni même rationnelle, puisqu'elle est contraire à la nature des choses. Saint Paul nous dit qu'il en est de âmes comme des étoiles : *Stella enim a stella differt in charitate.* (*1 Cor. c. XV. v. 41.*) Qui donc s'imaginerait pouvoir faire passer toutes les étoiles par le même anneau ?

Le nom et la forme de ces associations varient avec les temps et les lieux. Dans une école elles s'appelleront : Association du Sacré-Cœur, Confrérie du Saint-Sacrement, Garde d'honneur, Confrérie du Saint Rosaire, Congrégation de la Sainte Vierge, Association des saints Anges ou de saint Louis de Gonzague ; ailleurs, les dénominations seront différentes, mais le fond restera le même. Généralement il y a dans chaque collège au moins trois associations de piété : une pour la divison supérieure, une pour la moyenne et une autre pour les petits. Elles ont chacune leur règlement et leur autonomie. Néanmoins elles forment entre elles une espèce de hiérarchie ou gradation ascendante ; l'âge et surtout la vertu sont les seules conditions d'avancement.

Or, quand dans une école, le président de la confrérie du Saint Rosaire sera l'élève le plus distingué, et que le privilège insigne de sa charge, sera d'orner l'autel de Marie ou de porter sa bannière ; quand les jeunes gens les plus intelligents et les plus laborieux seront membres de la confrérie du Saint-Sacrement, et qu'on les verra chaque dimanche communier, la médaille du Sacré-Cœur sur la poitrine ; quand l'honneur d'entrer dans la congrégation des saints Anges sera l'ambition de tous les nouveaux venus : nous pourrons être sûrs que Jésus est le roi de l'école, que Marie en est la douce reine, et que le respect humain, comme un monstre hideux s'est enfui bien loin. Alors les élèves jouissent d'une pleine et entière liberté religieuse.

III

LE PATRONAGE

Le troisième moyen d'assurer la persévérance de l'adolescent, est le patronage. Qu'est-ce que le patronage ? Si l'on consulte l'étymologie du mot, on aura la définition de la chose : *Patrem agere*. Le patronage est une protection, une tutelle, une paternité.

Le patronage ainsi entendu est une condition de la vie humaine et sociale ; il entre dans le plan divin et la constitution même de l'humanité. Dieu par la Providence exerce un patronage perpétuel sur ses créatures, et spécialement sur l'homme. Une mère est moins attentive à veiller sur son enfant, à soutenir ses pas chancelants que Dieu n'est attentif à veiller sur nous et à nous soutenir dans le chemin de la vie. Il députe les anges à notre garde, et confie l'être chétif qui sort des eaux du baptême au soin d'un prince de sa cour.

Il n'en est pas de l'homme comme de l'animal. Au bout de quelques semaines, le petit oiseau prend son vol dans l'espace et se suffit à lui-même ; dès que le petit agneau peut brouter l'herbe de la prairie, il oublie sa mère. L'enfant au contraire, doit passer le tiers de son existence sous la tutelle de ses parents. La mère d'abord, le père ensuite et tous deux simultanément ont sur leur famille un droit et un devoir de patronage qui dure long-temps, sinon toujours.

L'autorité civile, elle aussi, a le devoir du patro-nage à exercer sur les citoyens. Quand nos pères étaient molestés par quelque tyranneau de pro-vince, ils disaient: « Ah ! si le roi le savait. » La loi du repos dominical si rigide en Angleterre et aux États-Unis n'est qu'une loi de protection ; il en est de même des règlements concernant la fermeture des cabarets et des débits de boissons. Le gouver-neur d'Alsace-Lorraine rappelait une loi de patro-nage civile, quand récemment il avertissait ses su-bordonnés que les lois de l'empire allemand inter-disent les bals publics, pendant l'Avent et le Carême.

L'Église ne revendique-t-elle pas elle-même ce droit de patronage sur ses enfants, comme il est de foi que Dieu lui a donné? Elle a institué le par-rain du baptême et de la Confirmation. Elle impose l'audition de la messe, les abstinences, les jeûnes, la communion pascale sous peine de châtiments spirituels et même temporels; ainsi elle patronne chez ses enfants la vie chrétienne, sa préservation et son développement; la clôture et les vœux de religion ne sont autre chose qu'une cloison protectrice, dont elle entoure, comme des fleurs rares, les âmes appelées à une vie plus parfaite.

Les écoles chrétiennes aussi sont des patronages destinés à protéger la vie morale et surnaturelle des enfants chrétiens. Les murs protègent les élèves contre les dangers du dehors, la surveillance les protègent contre les dangers du dedans. Don Bosco a donné aux surveillants de ses maisons le nom d'assistants. Rien de plus raisonnable, puisque le surveillant assiste l'élève et le protège contre sa propre faiblesse.

Est-ce que les chefs d'ateliers et les maîtres de maisons n'ont pas retenu le titre de patron? Est-ce que dans les sociétés antiques les riches et les patriciens n'avaient pas leurs clients dont le nombre était parfois considérable? Le régime féodal n'était autre chose que l'organisation du patronage social et sa multiplication dans l'espace. Le commerce chrétien avait jadis lui-même sa clientèle.

Pourquoi donc ce patronage si naturel, si salutaire, voulu de Dieu, a-t-il disparu du sol français? Pourquoi l'innombrable peuple des travailleurs n'a-t-il plus personne qui protège ses intérêts moraux et matériels? Pourquoi nos industriels, grands et petits, ne sont-ils plus des patrons et de véritables pères pour leurs ouvriers? Pourquoi les grands propriétaires, les débris de l'ancienne féodalité se désintéressent-ils complètement du patronage de leurs fermiers, ouvriers et serviteurs ? On craint, dit-on, de les faire aller à la messe par force, de violenter la liberté et de faire des hypocrites. La vérité est qu'on a l'esprit faussé, qu'on s'illusionne sur son devoir, et surtout que l'on craint la peine. Aussi, quelle conséquence ! La société n'ayant plus ses appuis naturels ressemble à un édifice dont les piliers se dérobent ; elle vacille de toutes parts et nous la voyons menacée d'une ruine totale. Le peuple n'est qu'une poussière humaine éparpillée çà et là, et que le moindre vent balaie à son gré, pour la jeter dans les précipices,

Toutes les autorités, toutes les puissances sociales doivent être protectrices ; elles doivent patronner la vie, la santé, les intérêts matériels de leurs subordonnés. Les autorités chrétiennes, parents, maîtres, patrons, propriétaires ou actionnaires doivent faire plus : elles doivent protéger les âmes, la vie chrétienne et la pratique de la religion.

De l'abandon de ce patronage naturel et universel sont nés les patronages proprements dits, les cercles catholiques, tout un réseau d'œuvres sociales, essayant de suppléer à la défaillance des pouvoirs de tout genre, qui ont cessé d'être protecteurs.

L'adolescent de nos écoles devra être soutenu dans sa persévérance par le patronage.

Trois raisons motivent la création et le fonctionnement des patronages.

Premièrement, les enfants sont libres le jeudi ; ils ont besoin de s'amuser et ordinairement des compagnies dangereuses les sollicitent. Le patronage leur donne, sous la surveillance d'un maitre, des jeux salutaires pour le corps, et sans aucun danger pour l'âme.

Les enfants même des écoles laïques sont attirés à ces patronages ; ils y viennent volontiers et on leur parle un peu du bon Dieu, de la religion. Il est rare qu'à ces réunions du jeudi un prêtre n'intervienne pas, soit pour catéchiser, soit pour confesser, soit pour clore la journée par un petit exercice religieux.

Une seconde raison qui motive les patronages, c'est la sanctification du dimanche. Un grand nombre de nos écoliers ont des parents qui veulent de la religion pour leurs enfants, mais qui malheureusement s'en passent pour eux-mêmes. Nos écoliers, attirés par les jeux, passeront le dimanche chez nous, ils sanctifieront le dimanche avec nous. La messe dite de bonne heure dans nos chapelles leur facilitera la communion ; le salut solennel du soir renouvellera les bonnes impressions de l'office du matin, et l'instruction leur inspirera, pour la semaine, des résolutions salutaires.

Enfin, le jeune homme a besoin de s'amuser ; il lui faut des récréations, des fêtes, des enthousiasmes. Or, les fêtes publiques sont aujourd'hui toutes païennes ; ce sont les pompes du diable auxquelles le chrétien a renoncé par son baptême ; les patronages perpétuent la tradition des fêtes chrétiennes : offices solennels, chants, musique, décorations, tentures, lumières, fleurs, encens. C'est une vision du ciel et un banquet de l'âme. Avec cela, attirail forain : tir, courses, mât de cocagne, illumination, feu d'artifice, théâtre ; c'est la délectation honnête des puissances inférieures ; comme qui dirait le picotin de la monture : c'est la fête complète. On oublie trop que le peuple chrétien, enfant de Dieu et fils d'Adam, a besoin de ces deux éléments dans ses fêtes ; nos patronages y pourvoient.

Depuis cinquante ans les patronages font en France un bien immense. Leurs débuts ont été des tâtonnements, mais aujourd'hui, les principes sont fixés et les règles tracées.

.1° Le patronage ne doit pas viser à la quantité, encore moins à l'universalité ; il s'adresse à une élite. Son objectif ce sont les trois cents soldats de Gédéon destinés à briser le joug des Madianites et rendre la liberté au peuple de Dieu.

2° Le patronage doit être pieux. Les enfants y sont attirés par les jeux, mais la piété seule les y retient et les fait persévérer.

3° Chaque patronage doit avoir son règlement et un directeur unique. Si le directeur n'est pas prêtre, il faut que l'aumônier possède une autorité spirituelle illimitée et qu'il dirige le directeur, car les patronages sont de véritables œuvres d'éducation chrétienne.

4° On doit donner une large part de confiance et d'administration aux enfants et jeunes gens, déjà anciens dans l'œuvre. La plupart des charges peuvent être remplies par eux, sans en excepter la charge de catéchiste, ni surtout, les fonctions de la chapelle.

.5. Il faut dans les patronages établir des associations pieuses comme dans les écoles. On doit y entretenir la ferveur de la piété et souffler le zèle apostolique. L'association des dignitaires relève immédiatement du directeur.

6. Faire la qualité pour avoir la quantité. C'est un axiome confirmé par l'expérience. Un patronage tiède, mondain, n'augmentera jamais, car, à chaque trimestre le nombre des départs dépassera celui des admissions. Après plusieurs années de travail et de sacrifices, on s'apercevra qu'on ne fait rien, et qu'il faut recommencer sur d'autres bases.

7° On doit renvoyer sans hésitation les enfants ou jeunes gens qui n'ont pas l'esprit du patronage. Un patronage qui ne fait pas d'expulsion est voué à une ruine certaine. Un renvoi différé en imposera dix autres.

Un des premiers patronages français à été celui de M. l'abbé Joseph Allemand, fondé à Marseille en 1809. L'œuvre de ce saint prêtre est continuée par ses disciples. M. l'abbé Timon David a écrit la vie de M. Allemand et un autre ouvrage intitulé : *Méthode de direction des œuvres de jeunesse*. La plupart des patronages de France se sont inspirés de ces ouvrages, et c'est en effet ce qu'il y a de plus complet sur la matière. (1).

M. Meignan, fondateur du patronage de Nazareth, à Paris, près de la gare Montparnasse, l'un des plus anciens et des plus florissants de la capitale, a composé aussi un manuel des Patronages. Œuvre de doctrine et d'expérience, ce manuel est extrêmement précieux (2).

---

(1) Marseille. Montée de la Madeleine 88, Œuvre de la jeunesse ouvrière.

(2) 11, rue Stanislas, Paris.)

« *Le petit manuel du patronage dans les villes* » résume le précédent. Il a été fait par un homme du métier qui depuis trente ans dirige un des plus beaux patronages de Paris (1).

On trouve à cette même adresse « *Le manuel du patronage rural* » ouvrage de valeur, parce qu'il est le fruit de l'expérience et contient tous les renseignements désirables.

Le règlement des patronages de la province de Cambrai n'est qu'une feuille volante, mais un véritable petit chef-d'œuvre. Il a été rédigé par les frères de saint Vincent de Paul, sanctionné par les congrès catholiques de Lille : ce sont les meilleures garanties de son esprit pratique (2).

Nous avons dit que le patronage devait souffler le zèle apostolique dans le cœur des jeunes gens. C'est qu'en effet l'apostolat est un moyen très efficace de persévérance pour les élèves de nos écoles libres. Brûler est naturel au feu, et la flamme est essentiellement envahissante. Si nos élèves sont pieux ils seront facilement apôtres ; s'ils aiment la religion, ils la défendront et communiqueront à d'autres leurs convictions; s'ils aiment Dieu ils le feront aimer et répandront autour d'eux le feu qui les consume; on devient écrivain en écrivant, orateur en prêchant ou en plaidant, ouvrier en travaillant; on devient chrétien ferme et consommé en christianisant.

---

(1) (Paris, 6 rue Furstemberg, au Secrétariat de l'œuvre de saint Vincent de Paul).

(2) Lille, Nord. Patronage saint Léonard, rue Notre-Dame.

Nous avons dit dans notre troisième article que le mobile du zèle était un moyen de faire travailler les enfants et de les former à la vertu, c'est aussi un moyen d'assurer leur persévérance.

« Il y a quelque cinquante ans, cinq ou six étudiants catholiques de Paris fondaient la première conférence de saint Vincent de Paul pour la visite des pauvres et leur soulagement à domicile : ils voulaient, disaient-ils, mettre leur piété sous la sauve-garde de la charité. Que faisaient-ils en somme ? Une œuvre de zèle. Nous devons former nos écoliers à la pratique du zèle, si nous voulons les faire persévérer. Faisons-en des apôtres et ils resteront chrétiens. » (1)

C'est ainsi que les collèges et les petits séminaires ont leur conférence de saint Vincent de Paul, au moins dans la division supérieure. Elle existe également dans tous les patronages sérieux, et l'on y admet même des écoliers de onze ou douze ans. Chers petits hérauts de la charité, les anges les accompagnent et les couvrent de leurs ailes à travers les rues les plus misérables de nos grandes villes. Messagers d'amour et de miséricorde, ils vont porter la bonne odeur de Jésus-Christ dans les plus misérables réduits.

L'aumône corporelle n'est pas le seul exercice du zèle. L'âme est plus que le corps et elle a d'effroyables misères à soulager. Rien de meilleur que d'introduire toutes les pratiques du zèle apostolique

---

(1) *Questions sociales.*

dans nos écoles et surtout dans les associations pieuses qui en sont les bataillons d'élite. Prières pour la France, pour la conversion des pécheurs ; communions, sacrifices pour les prédicateurs, les missionnaires ; une exhortation à un frère, à une sœur, à un camarade ; une insinuation discrète à l'oreille d'un voisin, d'un parent, d'un père ou d'une mère ; la diffusion du bon livre, du bon journal, de la revue chrétienne. La charité est industrieuse et le petit écolier, la jeune écolière ont l'intuition sacerdotale du zèle. Monsieur l'abbé Garnier en parle longuement dans ses questions sociales (1) et l'expérience à démontré que c'est un gage solide de persévérance, autant qu'un moyen puissant d'éducation.

Les éducateurs chrétiens soucieux de la persé-vérance de leurs élèves ont recours, pour l'assurer, à toutes les industries ; ils les patronnent durant leur séjour à l'école, ils les patronnent encore après leur sortie de l'école. Aux patronages d'éco-liers succèdent les patronages d'apprentis, de jeunes ouvriers ou employés, auxquels ils s'effor-cent d'envoyer leurs enfants. Les frères des écoles chrétiennes entrent en ce moment dans cette voie avec un redoublement de zèle. Ils fondent eux-mêmes des patronages pour leurs anciens élèves, et comme la piété devient la vie de ces réunions, il en résultera un bien immense pour la classe ouvrière.

a) *Relations avec le collège ou le petit séminaire.*
Ce sujet si important de la persévérance au sor-

---

(1) 1 rue Feydau Paris. — Au bureau du Peuple français.

tir de l'école a été traité au dernier congrès de l'Alliance des maisons d'éducation chrétienne, sous la rubrique : *Relations avec le collège ou le petit Séminaire*. (1) « Il faut, dit le rapporteur de la deuxième Commision, (2) maintenir ces relations et les favoriser autant que possible ; elles ont lieu, soit oralement, soit par correspondance, et le zèle des maîtres chrétiens doit chercher à les rendre durables et efficaces. Sur ce point, il est bon de citer ce qui se passe en Belgique.

Le 8 décembre 1889, une congrégation de la Très Sainte Vierge fut érigée par son Éminence le cardinal archevêque parmi les anciens élèves du collège saint Rombaud, à Malines : elle compte déjà une centaine de membres exerçant les professions les plus variées : agent de change, industriel, sous chef de station, pharmacien, négociant, professeur à l'académie de dessin, avocat, brasseur, échevin, employé à l'arsenal, étudiant en philosophie et lettres, candidat notaire, conseiller municipal et provincial, etc... La réunion de la congrégation a lieu le premier et le troisième dimanche de chaque mois et comprend la messe, une instruction et les prières habituelles. La communion se distribue pendant la messe.

A côté de la congrégation, les élèves de ce collège trouveront un autre moyen de persévérance, c'est la conférence de saint Vincent de Paul. Elle se réunit tous les samedis soir, à 8 heures, au collège

---

(1) Enseignement chrétien.— (N° 17) 1er 9bre 1895, page 18.|
(2) M. l'abbé E. Burtey, supérieur du petit séminaire saint Bernard, à Plombières-les-Dijon,

même. Les anciens élèves en font partie aussi long temps qu'ils sont étudiants à l'université de Louvain. Après leur dernier examen, ils entrent dans les conférences des diverses paroisses de Malines. On atteint donc un double but; 1° grouper autour du collège et faire revenir, toutes les semaines, auprès de leurs maîtres, les anciens élèves ; 2° former une pépinière pour les conférences paroissiales.

Évidemment, les moyens dont nous venons de parler ne sont pleinement pratiques que pour les anciens élèves habitant la ville : il en existe un autre qui les atteint tous, s'ils le veulent : c'est la retraite annuelle qui les réunit dans leur ancien collège. Dans plusieurs institutions ces retraites sont déjà établies, et c'est un moyen employé aussi par les Frères des écoles chrétiennes, qui, à Reims et ailleurs, ont des retraites annuelles d'anciens élèves.

b) *Associations d'anciens élèves animés de l'esprit chrétien.*

Un moyen de persévérance plus répandu que les retraites, c'est l'association des anciens élèves. Ces associations existent dans presque tous les collèges, dans beaucoup de séminaires mixtes, et dans quelques séminaires purs. La vie de l'association se manifeste principalement par la réunion annuelle, dont le programme comprend : l'assistance à la sainte messe, le compte rendu de la vie de l'association, des évènements principaux qui concernent ses membres et de l'état des finances ; et enfin le banquet avec ses toasts. Pour que ces associations soient un élément de persévérance, il est indispensable qu'elles soient animées de l'esprit chrétien. Pour cela, il est nécessaire que la réunion annuelle ait lieu au collège même, et que le président soit rempli de l'esprit de zèle qui lui inspirera la bonne direction à imprimer à l'association. Bien que les anciens élèves doivent être laissés libres dans l'administration de leur société, il est nécessaire que le supérieur du collège fasse partie du comité d'administration et assiste aux délibérations. Organisée dans ces conditions, l'association des anciens élèves peut donner des fruits sérieux de persévérance, et l'on a vu parfois des membres zélés conduire auprès de leur confesseur du collège un camarade en retard avec les préceptes de l'Église.

c) *Œuvres de charité et de piété.*

« La foi qui n'agit point, est-ce une foi sincère ? »

Inspirer à un jeune homme l'attrait pour les œuvres de charité et le zèle pour s'y livrer, est un moyen d'assurer sa persévérance ; sa foi s'affermit par la pratique de la charité comme la flamme s'avive dans le mouvement. Il est donc grandement à désirer que les conférences de Saint-Vincent de Paul, organisées par les élèves de philosophie, survivent à leur sortie du collège.

Un membre signale le moyen très efficace qu'il emploie. Il adresse le nom des membres de la conférence du collège au président des conférences établies dans la ville où doivent séjourner ces jeunes gens, et il leur recommande d'aller trouver ce président qui les répartit dans les conférences où leur jeunesse trouve une sympathique direction.

En outre des conférences de Saint Vincent de Paul, on signale les groupements qui existent dans quelques villes pour exercer une action efficace dans les patronages ouvriers. On a vu des jeunes gens organiser eux-mêmes des cercles ouvriers ou les seconder très activement. Cet apostolat dans les patronages est peut-être plus facile, si l'on en a pris l'habitude au collège. A ce propos, l'un des membres de la commission atteste les bons résultats obtenus par l'apostalat d'élèves de philosophie, ou même de rhétorique, qui allaient chaque jeudi sous la conduite d'un professeur, au patronage pour faire prier les enfants, leur enseigner le catéchisme et mettre de l'entrain dans leurs jeux.

Le programme parle à la fois des œuvres de charité et de piété. On a fait remarquer que, de nos jours, il fallait surtout inspirer aux jeunes gens une piété agissante et l'on n'a guère distingué les œuvres de charité et de piété. On a signalé pourtant l'entrée dans les confréries et l'œuvre de l'adoration nocturne à Paris ou ailleurs.

d) *Facultés catholiques.* — Nous arrivons au dernier moyen indiqué par notre programme, et ici nous exprimons le regret que l'assemblée tout entière n'ait pu entendre le plaidoyer éloquent et convaincu qu'a inspiré à un membre de la commission son zèle pour les facultés catholiques. Elles offrent un moyen de persévérance trop oublié peut-être des collèges catholiques, qui soignent leurs élèves avec des précautions très grandes jusqu'à l'âge de seize ou dix-huit ans, et ensuite les abandonnent à un enseignement qui n'est pas sûrement orthodoxe. C'est une anomalie et il faut, coûte que coûte, se serrer autour des facultés catholiques pour les soutenir. Or les soutenir, ce n'est pas seulement leur envoyer de l'argent, mais surtout leur adresser des élèves qui se destinent aux études de l'enseignement supérieur. La chose est difficile assurément, car il faut lutter contre un courant d'opinion et contre l'ignorance. Les familles, on l'a dit, allèguent la crainte d'un échec à l'examen et la crainte de compromettre la situation dans l'avenir. On doit répondre à ces raisons que le diplôme est aussi facilement obtenu en étudiant aux facultés catholiques qu'aux facultés de l'État. Les chiffres sont là. En ce qui concerne l'avenir du jeune homme, élève des facultés catholiques, l'appréhension des familles est certainement très vive, mais elle est loin d'être pleinement fondée. On ne cite guère, en effet, de difficultés suscitées aux élèves d'une faculté libre pour devenir notaires ou avoués. On les rencontre dans les fonctions administratives ou diplomatiques. La magistrature, elle-même, leur est-elle complètement fermée ? Ajoutons que les maîtres des facultés catholiques ne procurent pas seulement aux élèves le diplôme désiré, mais souvent les aident à obtenir une situation avantageuse. De nombreuses demandes sont adressées aux facultés de Lille par des industriels désireux d'avoir des élèves formés par elles. Les craintes des familles ne sont donc pas justifiées ; mais il faut les en convaincre et s'appliquer avec ardeur à faire triompher dans leur esprit la cause des facultés catholiques. Dans ce but nous devons agir auprès des parents chrétiens, leur exposer les avantages d'un enseignement inspiré et guidé par une pure doctrine; on peut aussi leur faire connaître les secours offerts à leurs fils par la création des maisons de famille qui sont ouvertes auprès des facultés, pour suppléer l'action de la famille absente. Que l'on se mette à l'œuvre, le préjugé est tenace, mais il est possible de le détruire. Le supérieur d'un collège, du ressort de l'académie de Montpellier, si célèbre par sa faculté de médecine, trouve le moyen de décider cinq de ses élèves à aller étudier à la faculté catholique de Lille, et sept à la faculté de droit de Lyon. Qui oserait dire, après cela, qu'il est impossible de décider les familles à confier leurs fils aux facultés libres? Non, la chose n'est pas impossible: elle s'impose. Ajoutons donc à tous les soins dont nous avons environné nos élèves, un dernier effort pour amener leurs parents à les envoyer aux facultés catholiques, où ils trouveront une science solide et une garantie de persévérance dans la vie chrétienne.

Un jour, rapporte l'évangéliste Saint Mathieu, (1) un jeune homme, un adolescent, *adolescens*, s'approche de Jésus et lui dit : « Bon maître, que dois-je faire pour aller au ciel? Jésus lui répondit : « Si vous voulez aller au ciel, observez les commandements » «Lesquels?» reprit le jeune homme. Jésus lui dit : «Vous ne serez point homicide. Vous ne

---

(1) Matth. c. XIX v. 16 et suiv.

commettrez pas l'impureté. Vous ne volerez pas. Vous ne direz point de faux témoignage. Honorez votre père et votre mère. Aimez votre prochain comme vous-même. — Mais, reprit l'adolescent, je fais tout cela depuis mon enfance. Que me manque-t-il ? » Alors, Jésus lui dit : « Si vous voulez être parfait, allez, vendez ce que vous avez et donnez-le aux pauvres et vous aurez un trésor dans le ciel ; puis, venez et suivez-moi. »

Et saint Marc ajoute qu'en disant ces mots, le Sauveur jeta sur lui un profond regard d'amour. *Jesus autem intuitus eum, dilexit eum. Marc. c. X. v. 21.*

Du haut de la colline de Montmartre où il est perpétuellement exposé, le Cœur de Jésus dirige en ce moment son regard sur les écoles françaises, et ce regard est un regard d'amour. Il voit ces adolescents qui par nos soins gardent ses commandements et il les aime. « Ces enfants, nous dit-il, attachez-les fortement à mon service, par l'esprit et le cœur. Affermissez la foi dans leur âme par un enseignement foncièrement chrétien, tout rempli de moi-même. Laissez leur la sainte liberté du bien que je leur ai acquise par mon sang. Ah! de grâce, ne les empêchez pas de venir à moi, quand je les appelle, quand je désire les presser sur mon cœur et les sanctifier par ma présence! Entourez leur faiblesse d'une tutelle efficace dans vos œuvres de jeunesse et vos patronages. » « Et vous, enfants chers à mon Cœur, voulez-vous rester bons et devenir chaque jour meilleurs ? Voulez-vous conserver le trésor de ma grâce? Défiez-vous du monde, renoncez à ses plaisirs empoisonnés et corrupteurs, sacrifiez tout pour demeurer fidèles à mon amour. Soyez courageux et purs! et par vous j'infuserai un sang nouveau, généreux et chrétien dans les veines de la France, afin de la rendre digne de rester, toujours, la fille bien-aimée de mon Cœur, le bouclier de mon Église et le soldat de Dieu à travers le monde.

CHAPITRE VI

La Piété dans les Séminaires

« Si la bonne foi était bannie du reste de la terre, disait Jean le Bon, prisonnier des Anglais, elle devrait se retrouver dans le cœur des rois. » Ne pourrait-on pas en dire autant de la piété par rapport aux séminaires ? Si la piété était bannie de toutes les autres écoles, ce qu'à Dieu ne plaise, on devrait la retrouver dans les séminaires qui sont ses domiciles nés, et ses citadelles imprenables.

Les séminaires sont des écoles préparatoires au sacerdoce. Or, il y a trois préparations au sacerdoce : la préparation éloignée, la préparation prochaine et la préparation immédiate. De là trois catégories de séminaires : les écoles presbytérales ou cléricales, les petits séminaires et les grands séminaires. Nous ne parlerons pas des grand séminaires: c'est un terrain réservé, qui demande une compétence spéciale. Avec l'aide de Dieu et une circonspection qu'impose le sujet, nous dirons quelques mots des écoles presbytérales et des petits séminaires. Les séminaires sont bien des écoles libres, dans toute la force du terme, car la liberté des séminaires tient à la liberté même de l'église qui est divine et inaliénable.

I

L'ÉCOLE PRESBYTÉRALE ET CLÉRICALE

Dieu appelle qui il veut à l'honneur de son sacerdoce, mais il faut qu'il appelle. Tantôt sa voix se fait entendre dans les châteaux, tantôt dans les chaumières, néanmoins, il semble qu'ici les chaumières soient les plus favorisées. Les premiers adorateurs de Jésus naissant furent de pauvres bergers, et ses premiers prêtres, des pêcheurs de poissons; cette tradition se perpétue. L'appel de Dieu est contrôlé par l'Église, et le juge en première instance des vocations sacerdotales est le prêtre : l'humble vicaire de ville ou le curé de campagne.

Aussitôt une vocation entrevue, on l'étudie, afin de la bien constater. C'est pourquoi le petit élève du catéchisme devient l'élève de Monsieur le Vicaire ou de Monsieur le Curé. On examinera deux choses en cet enfant : sa capacité et sa piété, sa valeur intellectuelle et ses dispositions morales.

Il n'y a pas de prêtre, catéchiste et confesseur des petits enfants, qui ne découvre quelques vocations. Tantôt il les pressent et les discerne dès l'âge de sept où huit ans ; d'autres fois cela arrive un peu plus tard.

L'élu de Dieu appartient à une famille chrétienne où les vocations sacerdotales et religieuses sont héréditaires ; ou bien c'est un enfant qui a sucé le lait d'une mère sérieusement chrétienne et pieuse, qui a grandi à l'ombre d'une tante toute dévouée à Dieu, à l'église et aux pauvres ; ou bien encore, c'est un enfant quelconque, mais que Dieu semble avoir marqué de son sceau et que la voix publique désigne pour être prêtre : tout le monde le voit, tout le monde le dit ; et dans ce cas, la voix du peuple est la voix de Dieu : *Vox populi, vox Dei.*

Le futur prêtre ainsi reconnu, l'école presbytérale commence.

Oserait-on dire que ces enfants, prévenus des bénédictions divines, que ces petits chrétiens appelés à la plus sublime vocation n'ont pas besoin de soins et de culture ? Ce serait prétendre que la grâce de Dieu ne réclame aucune coopération ; tandis que c'est le contraire qui est vrai. C'est Dieu sans doute qui donne l'accroissement, mais il faut que Paul arrose. Les saints sont tels, non seulement parce qu'ils ont reçus de Dieu une somme de grâces plus considérable, mais aussi et surtout, parce que leur correspondance a été plus fidèle et plus généreuse. Le jardinier sait, à n'en pas douter, qu'on met en serre les arbres exotiques et les plantes rares, et qu'on leur doit un soin tout spécial.

Les vocations sacerdotales éclosent et se développent comme naturellement dans une famille chrétienne et une paroisse fervente. Autrefois les dépendances des monastères, les terres épiscopales, les fiefs de l'Église étaient des pépinières de vocations; l'autorité religieuse les protégeait, et elles grandissaient sous sa tutelle salutaire, dans une atmosphère toute imprégnée de piété et d'innocence. Aujourd'hui les presbytères, les écoles cléricales, apostoliques, les alumnats sont les serres chaudes où il faut recueillir les petits Samuels que Dieu destine à être ses prophètes. Ainsi le futur prêtre sera séparé de la foule, et éloigné des mauvaises compagnies. La chasteté perpétuelle est sa vocation : on prémunira ainsi la virginité de son corps et de son âme. Sa piété qui n'est encore qu'un instinct, un germe, se développera peu à peu comme un bouton de rose. La prière, le service de l'autel, les cérémonies sacrées, la dévotion à la sainte Vierge, la confession plus fréquente, la communion faite de bonne heure et souvent renouvelée aideront à atteindre ce but.

Quand trois ou quatre enfants sont réunis dans un presbytère, c'est une petite école. Le curé ou le vicaire deviennent alors de véritables chefs d'institution; ils doivent en avoir la vocation, la sollicitude, la compétence. Un pensionnat de trois ou quatre élèves doit être soigné comme un pensionnat plus nombreux, sauf qu'il est plus facile d'y maintenir l'esprit de famille. Ce qui tend le plus à manquer dans les écoles presbytérales, c'est la surveillance. Il faut y pourvoir d'une manière aussi efficace que possible. Parfois le fils d'un propriétaire de la paroisse ou des environs vient se joindre aux élèves de M. le curé ; alors la responsabilité s'aggrave et la vigilance devient plus nécessaire. Disons cependant qu'il y a une grâce spéciale qui plane sur ces petites écoles de presbytère. Dieu les bénit avec effusion et les anges les regardent avec amour. Aussi elles font un bien immense, à l'ecclésiastique qui s'en occupe, aux paroisses, à l'Église. Elles suscitent des vocations nombreuses et préparent d'excellents prêtres. Ce sont comme de petites communautés religieuses éparpillées çà et là ; comme des corbeilles de fleurs, des familles sacerdotales toutes embaumées de piété ; de véritables oasis dans le désert. Combien le prêtre, le curé isolé peut se faire du bien à lui-même, quels éminents services il rend à l'Église et à la société en dirigeant quelques enfants du peuple vers la sublime et féconde vocation du sacerdoce !...

Dans plusieurs diocèses, pour prémunir et cultiver les vocations sacerdotales, et repeupler les séminaires on a créé de nombreuses écoles cléricales. Le rapprochement, la modicité du prix, encouragent les parents à y envoyer leurs enfants ; c'est l'école presbytérale agrandie ; c'est le rayonnement multiplié de l'action sacerdotale dans l'éducation ; c'est un très grand bien. Ces écoles sont ordinairement placées dans quelque centre populeux, parfois aussi elles sont en pleine campagne. Les résultats qu'elles donnent sont excessivement précieux ; elles forment des chrétiens et préparent des prêtres ; dans certains diocèses, elles ont doublé en quelques années le nombre des élèves des grands séminaires.

Les écoles cléricales sont essentiellement pieuses; elles mentiraient à leur nom et à leur but, si la piété n'y était pas cultivée avec le plus grand zèle. C'est par là que se révèlent et s'éprouvent les vocations, c'est aussi par là qu'elles se développent et s'affermissent. La piété éloigne les uns et attire les autres; c'est le van de Notre-Seigneur qui sépare la paille du bon grain. Une école cléricale qui sacrifierait la piété des élèves à leur nombre ferait évidemment fausse route, car elle perdrait les vocations au lieu de les favoriser.

C'est dans ces écoles que l'on doit surtout employer les classiques chrétiens; ils sont plus appropriés au but que l'on poursuit; ils servent de pierre de touche pour distinguer les intentions des élèves et celles de leurs parents; ils font l'office du soleil pour les petits aiglons : ceux qui peuvent en supporter l'éclat sont des enfants de race, destinés à prendre leur vol vers les hauteurs du sacerdoce, à planer dans les régions supérieures et à contempler de plus près le Verbe divin.

Certaines écoles cléricales conduisent leurs élèves jusqu'au grand séminaire et deviennent ainsi de véritables petits séminaires; ordinairement elles ne sont que les vestibules des petits séminaires; elles y envoient leurs élèves en 4ᵉ, en 3ᵉ, et au plus tard, en seconde, pour faire le cours d'humanité, et aussi, hélas! pour se préparer à l'épreuve cent fois regrettable du baccalauréat *universitaire*.

II

LES PETITS SÉMINAIRES

Quand un prêtre a été préparé en dehors des petits séminaires, quand il a grandi dans un village sans curé, à trois ou quatre kilomètres d'un presbytère, quand il a fait ses études latines dans un pensionnat laïque, sans relations avec un bon prêtre, sinon par une confession à peu près mensuelle, il porte au fond de son âme un regret, à mon avis, bien fondé : celui de n'avoir pas connu le petit séminaire. Aussi regarde-t-il d'un œil d'envie, ces noviciats du sacerdoce dont il a été privé, et il se plait à y pénétrer par la pensée, pour en savourer les charmes et y reposer son âme.

En tirant discrètement le voile il y découvre de bien belles choses.

Comment en serait-il autrement ? Le petit séminaire n'est-il pas le trésor d'un diocèse ? Un écrin qui renferme les perles les plus précieuses ? L'évêque qui est le père d'une grande famille y a groupé l'élite de ses nombreux petits enfants, espoir de sa postérité sacerdotale. Là, préludent à leur formation les futurs prêtres de Jésus-Christ, les héritiers de son esprit, les gardiens et les hérauts de son évangile ; ce sont des âmes marquées du sceau divin et destinées à monter aux plus hauts sommets de la perfection ; il y a. en préparation et en espérance, des pasteurs, pères spirituels des âmes, des prédicateurs, des docteurs, des missionnaires intrépides, des héros, des saints.

Les capacités les plus diverses, les aptitudes les plus variées s'y coudoient et s'y perfectionnent mutuellement. Les anges tressent des couronnes pour les fronts de 12, 15 et 18 ans : pour les uns, c'est la couronne de la science, pour d'autres la couronne de l'éloquence ; à celui-ci est réservée la couronne de l'apostolat et du martyr ; à tous celles des confesseurs et des saints prêtres, serviteurs de Dieu et bienfaiteurs de l'humanité.

Ces enfants ne sont-ils pas le fruit béni des meilleures familles chrétiennes? La sève divine qui coule dans leurs veines est celle qui fut versée par nos premiers apôtres dans les veines de la France. Rejetons des élus, ils vont propager la race des élus à travers le monde ; leurs pieds touchent la terre, mais leur cœur est au ciel. Fleurs sacerdotales recueillies un peu partout : à la ville, à la campagne, dans les vallées fleuries, sur les riches côteaux, comme au sommet des plus âpres montagnes; on les a réunies pour les abriter et les cultiver toutes ensemble.

§ I. — *Culture intellectuelle*

Les élèves des petits séminaires reçoivent une double culture : la culture intellectuelle et la culture spirituelle ou morale. Sous ce double rapport ils sont véritablement privilégiés.

Le petit séminaire fait passer tous ses élèves par les cours de grammaire, de littérature et de rhétorique, c'est l'enseignement principal autour duquel se groupent les cours secondaires.

L'enfant qui débute au petit séminaire a déjà

suivi l'enseignement primaire! il sait lire, écrire, orthographier passablement; on va le faire entrer plus avant dans la connaissance de la grammaire. Jusqu'ici il a fait peu ou point d'analyse, on va lui en demander beaucoup. Il faut qu'il s'habitue à se rendre compte désormais de tous les mots qu'il emploie, il faut qu'il en étudie la nature et les fonctions, et qu'en s'habituant à réfléchir, il apprenne à connaître parfaitement la contexture d'une phrase. A l'analyse grammaticale viendra se joindre l'analyse logique qui est déjà la science initiale du raisonnement. La grammaire est la philosophie de l'enfant: elle développe son esprit d'observation, cultive son jugement; autant elle est négligée à l'école primaire, autant elle doit être soignée au début de l'enseignement secondaire.

D'autant plus qu'à la grammaire française va bientot se joindre la grammaire latine, puis, la grammaire grecque, et probablement une ou deux autres encore; il faut donc débuter par de solides notions de grammaire générale; or, ces notions s'acquièrent surtout par l'analyse grammaticale et logique.

L'étude des langues latine et grecque constituent l'essence même de l'enseignement secondaire. C'est l'étude de ces langues qui développe toutes les facultés intellectuelles du jeune écolier, et le forme peu à peu à l'art de bien penser et de bien écrire. « Dis moi qui tu hantes et je te dirai qui tu es. » En fréquentant assidument les maîtres de la pensée et de la parole, on apprend à penser et à parler comme eux. En apprenant le latin et le grec, on étudie la langue française dans ses sources puisque la langue française est fille de la langue latine qui elle-même est fille de la lange grecque; outre qu'il faut faire de persévérants efforts pour comprendre et traduire des auteurs dont la difficulté va toujours croissant ; ce qui constitue la gymnastique intellectuelle la plus féconde. Aussi quel appréciable avantage que d'avoir pour vous diriger dans cette voie des maître instruits et expérimentés, comme sont les professeurs des petits séminaires!

Aux classes de grammaire succèdent les cours de littérature et de rhétorique. La littérature est en germe dans la grammaire, elle est la fleur qui éclot naturellement sur la tige parfois un peu rude des déclinaisons et des conjugaisons, et qui a son plein épanouissement en rhétorique.

Les anciens appelaient les lettres: *politiores litterae*, car elles polissent l'esprit et en font ressortir la beauté ; *humaniores litterae*, parce qu'elles rendent l'homme plus sensible, plus compatissant, ou en quelque sorte plus homme en cultivant son âme, en l'élevant au-dessus des instincts grossiers de sa nature inférieure.

La rhétorique est le couronnement des études littéraires ; elle apprend à bien dire, à transmettre sa pensée aux multitudes et à régner sur elles par la parole, à instruire, à éclairer les peuples et à les conduire dans la voie du bien.

Le jeune élève de nos petits séminaires doit passer par cette culture graduée, il doit gravir ce chemin ascentionnel sous la direction de maîtres choisis qui le conduiront sûrement et lui feront éviter tous les écueils. A mesure qu'il avance, l'enfant de la mansarde ou de la chaumière, le petit fils de l'ouvrier et du cultivateur, voit l'horizon s'étendre et son œil plonge dans des espaces qui lui étaient inconnus.

D'autant plus qu'à côté de la grammaire et de la littérature, vient l'histoire dont il parcourra le cycle entier. Dans ce cours sainement dirigé, on ne manquera pas de lui montrer le rôle providentiel du peuple de Dieu au milieu des anciens peuples, et celui de l'Église catholique à travers le monde moderne.

Depuis 50 ans les études scientifiques ont pris une large place dans l'enseignement des petits séminaires ; ne faut-il pas que le prêtre soit de son temps ? Il ne lui suffit pas d'être historien, littérateur, philosophe, théologien, moraliste, il faut encore qu'il soit initié aux connaissances variées qui en ce moment passionnent l'esprit humain et sont en voie de transformer le monde. Notre petit élève primaire savait un peu d'arithmétique ; il va compléter ce cours. Après cela, il passera successivement par l'algèbre et la géométrie. On lui donnera simultanément des notions d'histoire naturelle, de physique et même de chimie. Il pourra devenir savant, si telle est sa vocation, et peutêtre enrichira-t-il un jour le domaine de la science de nouvelles découvertes.

L'étude de la géographie universelle accompagne l'étude de l'histoire universelle. Les natures artistiques peuvent cultiver le dessin et la musique. Comme on le voit, le petit séminaire ne manque de rien pour faire une éducation complète ; et cependant l'église veut que les petits séminaires soient de préférence les écoles des pauvres (1). Mais l'Église est une reine et les pauvres comme les riches sont ses enfants !

Surtout, le côté inappréciable de cet enseignement, c'est qu'il offre toute garantie de sécurité. Il est donné sous la haute direction de l'évêque par des prêtres d'une orthodoxie irréprochable et d'une prudence consommée. Tout ce qui pourrait blesser les jeunes âmes de futurs prêtres, porter atteinte à leur foi et à leurs mœurs, en est impitoyablement écarté. Les manuels classiques sont choisis avec le plus grand soin et tous émanent .d'écrivains catholiques. Les auteurs chrétiens ont une place d'honneur dans toutes les classes, et chaque jour on récite quelques versets de l'Évangile. Les auteurs païens sont soigneusement expurgés et expliqués chrétiennement. La préparation au baccalauréat a lieu d'une manière si prudente qu'elle ne peut guère faire de mal à ceux qui doivent le subir ; à force de précautions on parvient à rendre à peu près inoffensifs le théâtre classique, les auteurs protestants, allemands ou anglais, et jusqu'aux extraits de Renan.

Ainsi toute espèce d'étude est surnaturalisée ; la culture intellectuelle est subordonnée à la culture morale et à la formation spirituelle, car le petit séminaire n'oublie pas son but, qui est de développer la vie de la grâce dans des chrétiens et de préparer des prêtres. Continuons donc à écarter le voile et prolongeons plus avant le regard pour voir et admirer comment se fait cette formation spirituelle.

----

(1) Concile de Trente. Session xxiii.

§ II. — *Formation spirituelle*

D'abord elle a pour base le cours d'Instruction religieuse. Ce cours tient le premier rang parmi les cours du petit séminaire ; il est fait par le professeur le plus capable ; il est gradué selon les classes et prend en seconde et en rhétorique les proportions d'une véritable et solide apologétique. (1) Ne faut-il pas que le petit séminaire initie le prêtre à la science sacrée ? Or, quoi de plus propre à atteindre ce but qu'un cours gradué, nourri et intéressant d'instruction religieuse ? L'étude de la théologie devient facile aux élèves ainsi préparés ; sans compter que c'est de la connaissance que nait l'action: *credidi propter quod locutus sum*, et que l'instruction religieuse seule peut produire une piété éclairée, solide et pratique.

La piété de l'écolier de 12 ans a son siège principal dans la sensibilité. Jésus attire l'enfant par la douceur de sa grâce et toutes sortes de suavités spirituelles. Les divines caresses le dégoûtent des plaisirs grossiers, lui font aimer la prière et les choses de la religion. C'est toujours ainsi que Dieu lance et soutient ses élus dans le long et rude chemin de la perfection qu'ils doivent parcourir. Les petits séminaires ont la mission spéciale de diriger ce mouvement, cette aspiration des âmes vers Dieu et la sainteté. Aussi sont-ils admirablement organisés pour cela.

---

(1) *Le Directoire de l'enseignement religieux*, par l'abbé Dementhon. Poussielgue.

Les évêques, dans leur sollicitude pastorale, donnent toujours à leurs petits séminaires des supérieurs aussi pieux que savants, aussi distingués par le cœur que par l'esprit; des prêtres consommés dans les voies de Dieu et capables d'y conduire les autres; en un mot, de véritables pères spirituels pour la jeunesse d'élite confiée à leurs soins. Un ou deux directeurs spirituels secondent ordinairement le supérieur dans cette fonction délicate de la formation des âmes. Ils mettent tous leurs soins à faire fleurir la piété. Voyons-les à l'œuvre et à admirons le travail de la grâce.

Les directeurs des petits séminaires emploient trois moyens principaux pour cultiver la piété : la prière, les sacrements et le combat spirituel.

D'abord la prière. De même qu'il y a au séminaire de exercices scientifiques, multiples et variés, il y a aussi des exercices spirituels. Saint Paul veut qu'on s'exerce à la piété : *Exerce te ad pietatem. I. Tim. c. IV. v. 3.* La grâce de Dieu attire les jeunes séminaristes à la prière : on les fera prier. Il y a la prière du matin et du soir, la prière avant et après le repas, le travail, l'angélus trois fois le jour : ce sont les prières du chrétien. Tous les petits séminaires ont de plus, la messe quotidienne : on y prie à haute voix ou bien on chante, car la prière vocale utile pour tous est nécessaire pour les commençants. Ces messes avec prières en chœur, un cantique ou un motet au Saint-Sacrement, sont délicieuses; elles dilatent les âmes et les emportent dans une atmosphère surnaturelle. La visite au Saint-Sacrement, la lecture spirituelle dans la soirée, la récitation du chapelet quand elle n'a pas eu lieu durant la messe, complètent généralement les exercices de piété quotidiens des petits séminaires.

Les dimanches et les jours de fête, la prière prend une forme remarquablement belle; c'est celle des cérémonies et du chant liturgique. Les cérémonies sont parfaitement exécutées dans les petits séminaires, la liturgie y déploie toute sa pompe : messes solennelles avec diacre et sous-diacre, cérémoniaire, thuriféraire, acolytes, céroféraires nombreux ; les enfants de chœur, petits et grands ne manquent pas et ils sont admirablement formés. Le chant ne le cède en rien aux cérémonies. Les mélodies grégoriennes y sont interprétées avec intelligence et amour; c'est le beau chant d'église, le chant religieux dans toute sa pureté. Aussi les âmes d'élite, les natures artistiques font leurs délices des offices de nos petits séminaires.

L'éclat des fêtes n'est égalé que par la beauté des âmes, car l'âme, elle aussi, est un sanctuaire, qui a ses cérémonies, ses lumières, ses fleurs, ses chants spirituels; ce sanctuaire intérieur est purifié par la confession et sanctifié par la réception fréquente de la sainte Eucharistie.

La plus grande facilité est donnée aux élèves des séminaires pour se confesser. Chaque soir pendant et après les prières, un confesseur est à la disposition des jeunes gens; il en est de même chaque matin durant la messe. Le pieux apôtre de la communion fréquente en France, Mgr de Ségur, dit que certains enfants peuvent retirer un grand profit de la communion répétée plusieurs fois la semaine, et même de la communion quotidienne; or, ces enfants se trouvent surtout dans les petits séminaires. Aussi voit-on chaque jour s'approcher de la table sainte, un certain nombre d'enfants et de jeunes gens. Leur modestie, leur recueillement, leur esprit de foi sont l'édification de toute la communauté et comme un rayonnement de la présence réelle de Jésus dans l'Eucharistie. Chaque dimanche la communion est presque générale et il est difficile au prêtre célébrant de donner le pain des anges à cette multitude de jeunes chrétiens sans ressentir une émotion profonde qui va parfois jusqu'aux larmes (1). Il est facile de concevoir ce que seront la grand'messe, les vêpres, le salut, quand la messe de communion a eu ce degré de ferveur; comme l'on aime les cérémonies et le chant sacré, quand l'âme tressaille ainsi sous les touches de la grâce!

Mais il faut pénétrer plus avant encore à l'intérieur du voile. Assurément personne, sinon le confesseur, ne peut lire dans le cœur des jeunes novices du sacerdoce; mais leur tenue irréprochable à la chapelle, l'entrain de leurs récréations, la douce joie qui illumine leur visage, l'éclat qui brille dans leurs yeux, indiquent assez ce qui se passe au-dedans de leur âme et révèlent aux moins

---

(1) J'apprends avec autant de joie que d'édification, combien dans cette maison la tradition se fonde, de la communion hebdomadaire et même plus qu'hebdomadaire pour un bon nombre de Séminaristes. — Discours de M. l'abbé Planus, vicaire général au petit Séminaire mixte de Semur. 1893.

clairvoyants la beauté de l'homme intérieur. Jésus vit dans ces cœurs d'adolescents, il y règne, il les anime de son esprit : cela est évident. Y règne-t-il sans combat ? Assurément non. Voilà pourquoi la grande préoccupation des directeurs de ces âmes de prêtres, c'est de les exercer à la lutte, de les former au combat spirituel.

La vie de l'homme sur la terre est un combat : Jésus nous attire avec force et douceur. Rien n'égale la suavité qu'il répand dans une âme quand il la visite, mais il ne fait alors qu'oindre ses soldats pour la lutte et les préparer à la bataille. Il appelle tous les chrétiens au renoncement et à l'effort : « Que celui qui veut venir à ma suite se renonce. » « Faites des efforts pour entrer dans la voie étroite qui conduit à la vie. » Il appelle spécialement ses prêtres au dévouement et au sacrifice. Aussi, l'onction de la grâce fait-elle naître dans l'âme du jeune chrétien appelé au sacerdoce une véritable soif d'immolation : « Maître, je veux vous suivre partout où vous irez... jusqu'à la prison, jusqu'à la mort. » C'est la vocation de l'apôtre : « Voici que nous avons renoncé à tout et que nous vous avons suivi. » C'est pour cela que le directeur s'applique constamment à faire passer la piété de ses pénitents du sens dans la volonté, d'en faire une piété agissante et militante.

Il y a pour le jeune novice du sacerdoce deux espèces de champs de bataille : l'un public et l'autre privé ; le premier se trouve dans la vie extérieure et la règle du séminaire ; le second est relégué au fond de l'âme. Observation ponctuelle du règlement, silence, travail, obéissance ; voilà des lauriers qui se cueillent sur le champ de bataille public. Plus le jeune homme est pieux, et répond fidèlement à la grâce de sa vocation ; plus il est irréprochable dans sa vie extérieure, dans les pratiques de la vie commune et dans l'accomplissement de ses devoirs quotidiens. On a dit : « Ce n'est pas une petite chose que d'être fidèle dans les petites choses. » Ces petites victoires remportées chaque jour, à chaque heure du jour, sont, devant Dieu et en réalité, de grandes victoires.

Le cœur de chacun est un autre champ de bataille, et ici, c'est une lutte toute intime, dont Dieu seul avec le directeur de la conscience sont témoins. Car, le confesseur du jeune séminariste est en même temps son directeur (1). Il reçoit ses confidences les plus intimes, procure la facilité de les faire, les provoque au besoin et donne des conseils pour vaincre telle passion naissante, pour détruire le défaut dominant. Il trace une règle de vie en dehors du règlement général. Il indique tel sacrifice à faire, telle bonne œuvre à poursuivre. Il permet telle ou telle mortification que paraît réclamer la grâce. Il discerne la voix de Dieu de celle que pourrait faire entendre le démon. Il apprend à suivre la première, quoi qu'il en coûte. Tantôt il stimule, tantôt il retient, et toujours il travaille à

---

(1) A ces conditions favorables s'ajoute l'action prudente des directeurs... A mesure que l'enfant grandit et s'approche du terme, cette action s'affirme davantage. (M. l'abbé Planus. *ibidem.*)

faire prévaloir l'esprit de Dieu sur l'esprit propre. Il sait que ceux-là seuls sont les enfants de Dieu qui sont conduits par l'esprit de Dieu. « *Quicumque Spiritu Dei aguntur, hi sunt filii Dei.* » Rom. (c. VIII c. *14.*) N'est-ce pas la faveur la plus enviable que d'avoir un guide éclairé et prudent pour diriger nos premiers pas dans les voies de Dieu et nous former aux saints combats ? Que de faux pas évités et de fausses manœuvres écartées ! Combien les progrès sont plus sûrs et plus rapides !

Avec l'esprit de sacrifice, la vocation sacerdotale souffle encore dans les âmes l'esprit apostolique. Le jeune séminariste sent déjà poindre dans son âme la flamme du zèle. Soldat vaillant, il aspire à devenir conquérant. Il se fait apôtre auprès de ses camarades, apôtre auprès de ses parents ; apôtre par ses prières, apôtre par ses exemples, apôtre par ses lettres ; apôtre dans son travail, dans ses mortifications, dans ses souffrances. Les directeurs des séminaires constatent avec joie cet esprit d'apostolat qui est une marque presque infaillible de vocation. Ils n'ont rien de plus à cœur que de les développer et de les guider. Ils savent que c'est par le zèle apostolique du prêtre que Jésus, le divin Roi, envahit et conquiert le monde.

Le petit séminaire a aussi ses associations pieuses (1). Assurément elles ne sont pas nécessaires

___

(1) Les belles et entraînantes solemnités des jours de fête, les congrégations où la ferveur s'alimente. (M. l'abbé Planus, *ibidem.*)

pour chasser le respect humain : il a déjà fui bien loin. Mais elles ne sont pas moins utiles et le supérieur les favorise de tout son pouvoir. A quoi peuvent-elles bien servir? La réponse à cette question se trouve dans les paroles du saint Évangile : « *In Domo patris mei, mansiones multæ sunt.* » (*Joan. c.* xiv.) Il y a des degrés, même dans la grâces de la vocation sacerdotale. Notre-Seigneur avait lui-même formé une espèce de congrégation dans le collège apostilique : Pierre, Jacques et Jean la composaient. Et nous voyons qu'il les sépare des autres au jardin des oliviers et sur le Thabor. Les apôtres et les disciples forment aussi deux catégories distinctes. Les fleurs rares elles-mêmes ont des variétés de nuances. C'est pour cela que les séminaires ont des congrégations. Elles fonctionnent en plein soleil. Dans l'une on remarque la foi de saint Pierre, dans une autre, l'amour de saint Jean, dans une troisième, le zèle des fils du tonnerre. Ainsi le séminaire est une miniature de l'Église, dont le manteau d'or est orné de broderies aux formes et aux couleurs variées. D'ailleurs ces jeunes gens, devenus prêtres, ne seront-ils pas appelés à établir des associations pieuses dans les écoles ou les paroisses? Il est donc bon qu'il les connaissent, qu'ils en aient fait partie, ou du moins, les aient vues fonctionner au séminaire. Enfin, c'est surtout dans ces bataillons d'élite que se développe l'habitude d'agir par des vues de foi, avec courage en s'inspirant du zèle et de l'apostolat. Ainsi les âmes y puisent des convictions profondes, acquièrent une grande énergie pour le bien et posent les bases solides de la perfec-

tion sacerdotale, de la sainteté vraie, qui consiste à donner à toutes nos actions le motif
méritoire par excellence, celui de la pure charité.

En finissant ce chapitre nous voulons commettre une dernière indiscrétion qui projettera sa lumière sur toutes les autres.

Pour cela reportons-nous de quelque vingt ans
en arrière à la suite de deux prélats qui sont l'honneur de l'Église de France : ces deux prélats se
nomment Mgr de Ségur et Mgr Pie, mort cardinal
évêque de Poitiers. Ils se rendent ensemble au petit séminaire de Montmorillon ; nous allons les y
accompagner et les suivre pas à pas.

C'est l'époque de la retraite, Mgr de Ségur doit
la prêcher. Pendant ce temps-là, son illustre ami vivra quelques jours de la vie de communauté ; il
sera au séminaire comme un père dans sa famille ;
il entendra les confessions de ses petits enfants,
se fera le confident de leurs pensées les plus intimes ; il les éclairera de ses hautes lumières.

De son côté Mgr de Ségur prêche plusieurs fois
par jour (1), et tient son jeune auditoire sous le
charme. Il parle à ces jeunes chrétiens du mystère
de la grâce, de la piété, de la vie de Jésus dans

---

(1) Quelle sainte joie, quelles délicieuses fêtes, quelle ardeur
au bien pendant ces jours bénis de la retraite, sanctifié par la
présence, par la parole et la direction de l'aimable et pieux
prédicateur ! Avec quelle impatience on attendait sa venue !
Avec quel confiant empressement tous allaient lui ouvrir leur
âmes et recevoir le baume de sa charité ! (*Le petit Séminaire de
Montmorillon*, par l'abbé E. Ménard, pag. 382, et suivantes.)

leur âme. Il leur recommande de combattre le démon, l'ennemi de Jésus et leur implacable ennemi; il leur apprend à manier l'arme toute puissante de la prière. Il leur parle de la tentation, du péché; de la confession, remède du péché. Il leur dit les ineffables tendresses du divin Maître pour les enfants, les jeunes gens, et combien il désire les voir purs, fervents et généreux.

Puis leur montrant de la main le tabernacle. Voilà, dit-il, le divin soleil qui chasse des âmes les ténèbres du péché, qui les chauffe et les féconde. pour la vie éternelle. Et il raconte ce qui se passe dans sa petite chapelle de la rue du Bac, à Paris. « Chaque samedi, dit-il, je consacre de longues heures à entendre des confessions d'enfants et de jeunes gens. Ces enfants, ce sont des élèves des écoles laïques ou des apprentis; ces jeunes gens, ce sont des ouvriers ou des employés. Ils communient tous les dimanches. Voudriez-vous faire moins qu'eux ; vous, enfants de bénédiction, abrités dans une maison sainte; vous, appelés à l'insigne honneur du sacerdoce ? Voulez-vous que leur piété surpassé la vôtre, qu'ils aiment Jésus plus que vous ? Assurément non ; et, s'ils communient tous les dimanches, vous ne pouvez faire moins, vous devez même faire davantage.

Il y a aussi des réunions spéciales dans la chapelle des congrégations. Là, le zélé missionnaire parle séparément à chaque association. C'est d'abord l'association des SS. Anges : elle comprend les benjamins du séminaire. « Mes enfants, leur dit-il, les anges sont à la fois vos protecteurs et vos modèles. Vous devez les invoquer et les imiter.

Reproduisez dans votre vie leur pureté parfaite.
Évitez tout ce qui pourrait ternir la blancheur de
votre âme. Les anges entourent le tabernacle
plongés dans une adoration profonde : faites les
saintes cérémonies avec la religion des anges.
Ayez toujours à la chapelle la modestie des anges,
et chantez les louanges de Jésus aux saints offices,
comme les anges les chantent dans le ciel. A l'imi-
tation de saint Louis de Gonzague, soyez des
anges revêtus d'un corps, et gardez, oui, gardez
avec un soin jaloux la vertu des anges. »

A la confrérie du Saint-Sacrement le saint évêque parle avec effusion, du Cœur de Jésus et de
l'amour qu'il nous témoigne dans la sainte Eucharistie : « Enfants, dit-il, aimez Jésus comme il vous
aime. Votre cœur est brûlant dans votre poitrine, dirigez-en les flammes vers le tabernacle.
Prenez garde aux affections terrestres, sensuelles,
qui sont indignes du chrétien, enfant de Dieu, et
plus encore du prêtre, son ministre. Jésus vous
appelle à l'aimer seul, à l'aimer uniquement, ré-
pondez généreusement à son appel. Recevez-le
souvent ; qu'il vive constamment dans vos cœurs,
et que toujours par sa grâce, vous fouliez aux
pieds le démon, le monde et les passions. »

Mais voici l'élite du séminaire qui s'approche :
ce sont les membres de la congrégation de la sainte
Vierge. Ceux-là ont déjà combattu pour Dieu et
remporté de brillantes victoires. Ils ont traversé la
période et surmonté les difficultés de l'âge critique.
« Ce sont les forts, comme parle l'Apôtre bien-
aimé : *Scribo ad vos, juvenes, quia fortes estis.* »
(Joan. c. 11 v. 14.) Et précisément le pieux évêque

leur parle de saint Jean, fils adoptif de Marie. Eux aussi, comme saint Jean, sont devenus les enfants chéris de la Reine du ciel. Qu'ils consolent et réjouissent son Cœur en répondant à son affection maternelle. Le fils doit ressembler à la mère. Vous devez reproduire dans votre vie les vertus de votre mère : son humilité, sa pureté, son obéissance, son amour pour Jésus et l'Église, son zèle pour le salut des âme. Soyez des modèles, soyez des apôtres. Tout le séminaire a les yeux sur vous. Soyez des modèles à la chapelle, à la table sainte. Soyez des modèles à la cour, à l'étude, partout. Soyez apôtres par l'exemple, par la prière et commencez déjà votre vie apostolique. Alors, le zélé prélat leur parle de la France tombée sous le joug maçonnique, il leur recommande de prier pour elle, et de propager un jour l'association de saint François de Sales destinée à lui conserver la foi. Il parle de Rome, de l'Église, du grand pape Pie IX, son ami et son protecteur. Il parle du denier de saint Pierre, des écoles d'Orient, de la propagation de la foi. Et déjà plus d'un Théophane Vénard, déclare au saint Évêque, dans l'intimité du confessionnal, qu'il songe aux missions étrangères et aspire à devenir apôtre.

La retraite touche à sa fin, les instructions, les confessions, la direction des âmes ont absorbé tous les instants du prédicateur. Mgr Pie s'est réservé le discours de clôture. Toute la communauté est à la chapelle. « Mes enfants, leur dit le nouvel Hilaire, soyez toujours les enfants de Dieu, les enfants de l'Église, les dignes enfants de la France. N'oubliez pas que le pape est le père de vos âmes et le docteur infaillible de la vérité. Marchez toujours à ce flambeau et vous ne vous égarerez jamais. Joignez la piété à la science et la science à la piété. Par votre application à l'étude méritez de devenir un jour les maîtres de la science sacrée.

L'évêque avait apporté le pontifical ; on fait l'appel canonique de quelques élèves de seconde et de rhétorique ; ils viennent s'agenouiller aux pieds du pontife qui leur donne avec le cérémonial liturgique, la tonsure cléricale et l'habit ecclésiastique.

Puis les deux prélats quittent le séminaire, Mgr de Ségur revient à la rue du Bac pour ses confessions du samedi et Mgr Pie retourne à sa ville épiscopale.

Nous aussi, avec eux, nous quittons cet asile béni de la science et de la piété, en disant dans la sincérité de notre âme et l'émotion profonde de notre cœur : A la vérité, Dieu a beaucoup aimé son peuple en lui donnant les petits séminaires.

CHAPITRE VII

La Piété dans les Écoles aristocratiques et l'Enseignement supérieur.

Le mot aristocrate est passé de mode, mais la chose qu'il désigne est aussi vieille que le monde et durera autant que lui. En effet, tant que vivra l'humanité, il y aura des savants et des ignorants, des riches et des pauvres, des patrons et des ouvriers, des magistrats et des administrés, des supérieurs et des inférieurs. Ainsi le veut l'état social auquel l'homme est naturellement destiné. L'aristocratie ne cessera d'exister que le jour où les hommes viendront à la vie avec le plein usage de leurs facultés, lorsqu'ils naîtront égaux en force, en intelligence, et que, de plus, ils pourront vivre isolés et se passer entièrement les uns des autres. Lorsqu'il n'y aura plus ni pères, ni enfants, ni époux, ni épouses, ni familles, ni villes, ni bourgades, alors seulement disparaîtra l'aristocratie. Elle ne craint que le nihilisme ; elle vivra, ou rien ne vivra plus ; elle sera, ou l'humanité aura cessé d'être. Il y aura toujours des chênes et des roseaux dans la forêt, des fourmis et des lions au désert ; de même il y aura toujours des grands et des petits dans la société. Voilà pourquoi la fameuse parole : « Ni Dieu ni maître » est la plus grosse ânerie que l'on puisse formuler. Mais, puisqu'il y aura toujours une aristocratie, il y aura toujours des écoles aristocratiques et un enseignement supérieur. C'est de là que sortiront les grands propriétaires, les industriels, les commerçants, les professeurs, les magistrats, les officiers des armées de terre et de mer et les dépositaires de l'autorité publique. Or, nous nous demandons si la piété a quelque chose à voir dans ces régions supérieures et quelle serait cette piété ? Tel est le point à étudier présentement et la double question à résoudre.

I

OBLIGATION DE LA PIÉTÉ POUR LES CLASSES SUPÉRIEURES

Si par la piété on entend la vie chrétienne, évidemment les riches et les savants baptisés sont tenus de vivre selon leur baptême, c'est-à-dire chrétiennement, tout aussi bien que les petits et les humbles, les pauvres et les ignorants. Si la piété est l'obéissance à la loi de Dieu, si c'est l'accomplissement du devoir, qui donc est dispensé d'obéir à Dieu et de faire son devoir? Mais, si la piété est la perfection de la vie chrétienne, comme cela est en effet, qui sera tenu au mieux sinon celui qui sait mieux? Qui est obligé à plus de reconnaissance et d'amour envers Dieu sinon celui qui en a reçu davantage? Or, les riches et les savants ont reçu plus que les ignorants et les pauvres.

Dans ce cas, les hommes distingués, les grands professeurs, les députés, les ministres, les présidents de république devraient donc se mettre à genoux et faire leurs prières comme des enfants! Pourquoi pas? Pourquoi ne se prosterneraient-ils pas le front dans la poussière devant le souverain Maître du ciel de qui ils tiennent leur puissance? Ne sont-ils pas ses créatures, ses vasseaux, ses sujets? Ne sont-ils pas hommes comme les autres? Ne mourront-ils pas comme tout le monde? Le crâne d'un roi, dirait Lucien, diffère-t-il dans le tombeau de celui d'un berger?

Alors on les verra donc communier absolument comme des religieux, des religieuses, des jeunes filles? Assurément. Ils se confesseront en toute humilité et sincérité comme le font les chrétiens, et ils communieront, selon l'appel de la grâce et leurs besoins spirituels. Ils jeûneront et feront abstinence les jours prescrits; ils observeront ponctuellement tous les commandements de l'Église.

Il semble cependant qu'il y ait quelque chose de petit dans les pratiques de la piété chrétienne, comme le chapelet, le scapulaire, les médailles et autres choses semblables ? Cela peut paraître petit à notre siècle orgueilleux, rationaliste et voltairien, mais le jugement de l'orgueil est-il recevable ici ? Croyons-nous que O'Connell fut petit quand au parlement anglais, il interrompait son chapelet pour faire entendre sa parole toute vibrante d'éloquence et d'amour patriotique en faveur de sa chère Irlande ? Dieu ne dit-il pas par la bouche de saint Paul : « Le mystère de la croix, folie pour les juifs et scandale pour les gentils, est l'expression la plus haute de la force et de la sagesse de Dieu ? » (1 Cor. c. 1. v. 19 et suiv.)

D'ailleurs, les pratiques de piété ne sont pas la piété ; la piété est obligatoire, les pratiques de piété sont facultatives ; chacun prend celles qui lui conviennent et laisse les autres. Une seule chose est obligatoire, c'est de ne mépriser aucune des pratiques pieuses appouvées par l'Église.

Combien de grands hommes ont été sincèrement religieux, ont reconnu quelqu'un de plus grand qu'eux, se sont abaissés devant Dieu, l'ont adoré dans la plénitude de leur intelligence et de leur savoir, lui ont fait hommage de leurs richesses et de leur puissance.

Évidemment la piété qu'ont pratiquée Charlemagne, saint Louis, Bayard, Turenne, de Sonis, Garcia Moreno n'est pas indigne des élèves les plus aristocratiques, fussent-ils destinés à devenir députés, ministres, généraux, amiraux, présidents de république, rois ou empereurs. La piété est donc parfaitement à sa place dans les plus hautes écoles (1).

On peut aller plus loin et soutenir que c'est là surtout qu'elle doit être. La raison en est bien simple, c'est que l'exemple est un devoir rigoureux, on pourrait dire, le plus impérieux des devoirs pour les supérieurs. Le père et la mère doivent le bon exemple à leurs enfants, le maître de maison, à ses domestiques ; le patron, à ses ouvriers ; le magistrat, à ses administrés; le général, à ses soldats; le roi, à ses sujets.

Les grands doivent l'édification aux petits.

« Malheur à celui par qui le scandale arrive ! a dit Notre-Seigneur. « Malheur à celui qui scandalise un de ces petits qui croient en moi, il vaudrait mieux qu'on lui attachât une meule de moulin au cou et qu'on le précipitât dans la mer (2). La noblesse française avait manqué gravement au devoir de l'édification durant les xviie et xviiie siècle : le châtiment fut terrible. La bourgeoisie du xixe siècle n'est généralement guère plus édifiante ; n'y a-t-il pas lieu de craindre ? Dieu sera miséricordieux pour le petit : « *Exiguo conceditur misericordia* ». mais les grands seront sévèrement jugés et les puissants rigoureusement punis : *Judicium durissimum his qui præsunt fiet.., Potentes potenter tormenta patientur.* » (3) On dit que M. Gra-

---

nier de Cassagnac, député sous l'empire, ne manquait jamais la grand'messe du dimanche, quand il résidait à sa campagne, mais il ne communiait pas, tandis qu'aux grandes fêtes, une bonne partie de la population s'approchait de la table sainte. A la fin de sa vie au contraire, il communiait souvent. « Je veux, disait-il, réparer le scandale que j'ai donné à ces bons paysans, en me montrant moins pieux qu'ils n'étaient eux-mêmes. »

Pourquoi la terre de France est-elle désolée d'une grande désolation ? Pourquoi les chemins de l'église pleurent-ils de se voir constamment déserts ? *Viæ Sion lugent eo quod non sit qui veniat ad solemnitates.* (1) Parce que l'aristocratie sans piété est devenue scandaleuse. Où sont les pères qui prient avec leurs enfants dans la famille, qui les conduisent à la prière publique et les accompagnent aux sacrements ? Quels exemples nos magistrats, petits et grands, donnent-ils à leurs administrés, les supérieurs à leurs inférieurs ? N'est-ce pas le scandale partout ? Scandale à la ville, scandale à la campagne, scandale à l'atelier, scandale au magasin, scandale dans la rue, scandale au théâtre ; scandale par la parole, scandale par le journal et le livre, scandale les jours de travail, scandale surtout le jour du repos, par une profanation effrénée presque générale du dimanche. Aussi l'anathème du Seigneur est suspendu sur nos têtes. Ne finira-t-il pas par éclater et foudroyer une société toute pétrie de scandales ? « *Væ mundo a scandalis ! Væ homini illi per*

____

(1) Thren. c. 1. v. 4.

quem scandalum venit! (1) C'est précisément pour prévenir l'effet de ces terribles menaces que les écoles aristocratiques doivent être pieuses et former leurs élèves à la piété. Que sera cette piété? Elle aura des qualités essentielles pour être chrétienne et vraie; elle aura aussi des qualités spéciales, relatives à notre temps et à notre pays.

II

LA PIÉTÉ DES GRANDS DOIT ÊTRE ÉVANGÉLIQUE

Et d'abord toute piété doit être évangélique, parceque la piété, c'est la vie chrétienne telle que Jésus-Christ nous l'a enseignée dans son Évangile, telle que l'Église gardienne de l'enseignement du divin Maître la maintient dans le monde. Il n'y a pas d'autre piété que celle-là.

Elle a pour base, la foi. « Allez, dit le Sauveur aux apôtres, enseignez toutes les nations ; celui qui croira et sera baptisé sera sauvé. » (2)

L'aliment de la foi, c'est la parole de Dieu. (3)

« L'homme ne vit pas seulement de pain, mais de toute parole qui sort de la bouche de Dieu. » La foi, c'est la croyance aux choses supérieures qu'on ne peut percevoir d'une manière sensible. Saint Paul l'appelle : « Le raisonnement qui nous découvre l'invisible » ; *argumentum non apparentium.* » (4) « Ici-bas, dit saint Paul, nous voyons

---

(1) Matth. c. xviii. 7.
(2) Matth. c. xxviii. v. 19.
(3) Matth. c. iv. v. 4.
(4) Heb. c. xi. v. 1.

Dieu à travers le miroir de la création, *per speculum* », (1) et le psalmiste avait dit avant lui : « Les cieux chantent la gloire de Dieu : *cœli enarrant gloriam Dei* » (2) On sait que Newton avait lu le nom de Dieu et sa grandeur dans le concert des astres : c'est la connaissance naturelle que nous pouvons avoir du Créateur par la créature. Mais voici un autre miroir de perfections divines : c'est la parole du Christ, c'est la prédication des apôtres, en un mot, c'est la foi. « Personne n'a jamais vu Dieu, dit notre divin Sauveur, mais le Fils unique ·qui est dans le sein du Père l'a révélé au monde. » *Unigenitus Dei Filius qui est in sinu Patris, ipse enarravit.* (3) Et ce que le Fils unique a révélé, les Apôtres l'ont répété, car eux aussi, comme d'autres cieux, dit saint Ambroise, ont raconté partout le nom du Seigneur et sa gloire.

La racine de la vie chrétienne, et par conséquent de la piété, d'après le Concile de Trente, est la foi. Or, cette foi, quel en est l'objet ? Dieu, l'immortalité de l'âme, la vie future, la béatitude éternelle. Jésus nous déclare formellement qu'il est venu nous donner la vie éternelle par la foi. « *Hæc est vita æterna, ut cognoscant te solum Deum verum et quem misisti Jesum Christum.* » (4) (*Joan. c.* XVII *v. 3.*) Cette vie éternelle est la destinée de l'homme régénéré, le souverain bien auquel il doit tendre par de constants efforts, comme à sa fin dernière. Notre unique préoccupation doit être de nous procu-

------

(1) Cor. c. XIII. v. 12.
(2) Ps. XVIII.
(3) Joan. c. I. v. 18,
(4) Joan. c. XVII. v. 3.

rer cette vie éternelle et bienheureuse ; car, c'est la seule chose nécessaire : « *Unum necessarium* ». (1) « Que servirait en effet à l'homme de gagner l'univers s'il vient à perdre son âme ! Plutôt s'arracher l'œil, plutôt se couper le pied ou la main. (2) Il ne faut pas craindre ceux qui n'ont de pouvoir que sur le corps, mais il faut craindre celui qui peut perdre le corps et l'âme dans l'enfer. » La vie présente est subordonnée à la vie future ; elle nous est donnée pour acquérir « un poids immense de gloire » dit saint Paul. « Travaillez, reprend le Sauveur, pendant que le jour luit ; la nuit vient où l'on ne travaille plus (4). Travaillez, non pour la nourriture qui périt, mais pour celle qui demeure. Je suis le pain descendu du ciel, croyez en moi et vous opérerez les œuvres de Dieu. Car, en vérité, je vous le dis, celui qui mange ma chair et boit mon song aura la vie en lui et je le ressusciterai au dernier jour. » (Joann. c. xi. passim) « Venez les bénis de mon Père, posséder le royaume qui vous a été préparé dès le commencement du monde. » (5) Telle est la première base de la piété chrétienne : une foi sincère qui nous fasse regarder la vie présente comme un passage ; car notre véritable patrie n'est pas ici-bas ; elle est là-haut : « *Non habemus hic manentem civitatem, sed futuram inquirimus.* » (*Hebr. c.* xiii *v.* 14.) Cette foi

---

(2) Luc. c. x. v. 3.
(3) Matth. c. xviii, v. 17.
(4) Matth. c. x. v. 28.
(1) Joan. c. ix. v. 4.
(2) Matth. c. xxv. v. 34.

est le tombeau du naturalisme, qui, lui, ne voit que le temps, ne considère que les avantages de la vie présente. Le chrétien au contraire est prêt à sacrifier tous les intérêts du temps à ceux de l'éternité, selon cette autre parole du Sauveur : «L'homme a-t-il quelque chose qui vaille son âme immortelle?» *Quam dabit homo commutationem pro anima sua ?* Et dans ces dernières paroles, on voit déjà poindre le deuxième élément de la piété qui est le renoncement ou l'abnégation.

Aussi bien, Notre Seigneur en a fait une condition absolue de vie chrétienne: « Celui qui veut être mon disciple doit se renoncer lui-même, prendre sa croix et me suivre : » *Qui vult post me venire abneget semetipsum, tollat crucem et sequatur me. (Marc. XVI. 24 — Luc. IX. 23).* Pourquoi cette parole, dure en apparence ? En voici l'explication. « Pour être disciple de Notre Seigneur, il faut avoir en soi la vie chrétienne ; or cette vie chrétienne est en opposition avec la nature ; on ne peut la posséder que si la nature est corrigée, amoindrie, au moins assez pour que l'âme ne se laisse pas entraîner par ses inclinations. Il faut donc renoncer à suivre ses inclinations naturelles plus ou moins mauvaises: c'est ce que Notre Seigneur appelle se renoncer soi-même. La nature mauvaise, fruit du péché originel, veut sans cesse relever la tête et nous entraîner au péché ; il faut combattre chacune de ses aspirations, c'est-à-dire, corriger ses défauts, soit tous ensembles, au moins dans la mesure nécessaire pour qu'ils ne nous fassent pas commettre des péchés mortels, soit principalement le défaut dominant!

« Mais le mal peut venir du dehors. Les richesses, les plaisirs essaient d'entrainer l'âme qui a su maîtriser ses défauts. Que faire pour empêcher cette influence extérieure de nous être fatale? Il faut renoncer à ces choses extérieures, en détacher son cœur, au moins dans la mesure où c'est nécessaire pour ne pas commettre un péché. » De là cette autre parole de l'Évangile: « Celui qui ne renonce pas à tout ce qu'il possède ne peut être mon disciple. » (1) *(Luc. XIV. 33.)*

D'ailleurs la raison elle-même nous dit que l'effort est la loi de toute vie physique ou morale. C'est une vérité d'expérience. « Tu mangeras ton pain à la sueur de ton front. » Rien sans peine, sans travail intellectuel ou physique. Les incroyants eux-mêmes, comme Bayle, Taine, déclarent qu'il n'y a pas de vertu sans lutte contre la nature. Aussi Notre Seigneur dit encore ces autres paroles que nous ne saurions trop méditer: « Le royaume de Dieu est comme une ville qu'il faut prendre d'assaut: les vaillants seuls y pénètrent. » *Regnum Dei vim patitur et violenti rapiunt illud. (Matth. (c. XI v. 12).* « Faites donc des efforts, continue le Sauveur ; tachez d'entrer par la porte étroite. » *Contendite intrare per angustam portam.* « Il y a une voie large qui conduit à la mort; la porte étroite mène à la vie.» Hélas! le grand nombre prend la voie large et l'élite seule suit le sentier étroit de la vertu et du ciel! (2)» Et Saint Paul répétant la doc-

---

(1) *Questions sociales,* par M. Th. Garnier.

(2) *Intrate per angustam portam, quia lata porta et spatiosa via est quæ ducit ad perditionem et multi sunt qui intrant per*

trine du Maître dira : « Impossible d'être chrétien si l'on ne dompte ses vices et si l'on ne mortifie pas la concupiscence. » *Qui Christi sunt, carnem suam crucifixerunt cum vitiis et concupiscentiis suis.* (*Gal. c. V. v. 24*). N'allons pas nous récrier et dire comme les Capharnaïtes « Ce discours est dur, et qui peut l'entendre ? (1) ». Saint Bernard nous répondrait : « Comptez-vous pour rien la grâce et ses attraits puissants. Plantez vigoureusement la croix dans votre cœur et vous lui trouverez une suavité que n'ont pas tous les plaisirs de la terre. » *Crucem quidem videntes unctionem autem non sentientes.* A la vérité nous sommes faibles, mais Dieu est fort. Jésus nous précède portant sa croix et il nous donne la force de le suivre, non seulement avec courage mais avec allégresse ; cette force, il suffit de la lui demander. Voilà pourquoi le troisième élément essentiel de la piété chrétienne est la prière.

La prière est un précepte absolu, *Oportet orare et non deficere.* Il faut prier sans cesse. (*Luc. c. XVIII v. 1*). La prière est nécessaire parce que Dieu en a fait une condition de vie surnaturelle, comme la respiration est une condition de vie physique. Il faut toujours prier, parce qu'il faut toujours tendre au but, comme il faut toujours travailler parce qu'il faut toujours aimer. — D'un autrer côté, autant la prière est nécessaire, autant elle est efficace. Si Dieu en a fait le moyen d'obtenir des grâces, il a voulu,

---

eam. *Quam angusta porta et arcta via est quæ ducit ad vitam et pauci sunt qui inveniunt eam. (Matth. c. VII. v. 13. 14.)*
(1) Joan. c. VI. v. 61.

que ce moyen fût infaillible. « Demandez et vous recevrez, cherchez et vous trouverez, frappez et l'on vous ouvrira (1). Suppliez Jésus comme la Chananéenne, et vous êtes sûr d'obtenir la guérison de votre âme. A force d'importuner son juge la veuve le décida à lui rendre Justice. « En vérité, je vous le dis, tout ce que vous demandez à mon Père, en monnom il vous le donnera. Demandez et vous recevrez afin que votre joie soit parfaite. Un père donne-t-il un serpent à son fils qui lui demande un œuf; ou s'il lui demande du pain lui donnera-t-il une pierre? Si donc, vous qui êtes mauvais. vous savez donner de bonnes choses à vos enfants qui vous les demandent, combien plus votre Père céleste donnera volontiers le bon Esprit à ceux que l'en prieront. » (2). Quand les vagues des tentations menacent de nous submerger, disons avec les apôtres: « Seigneur, sauvez nous, nous périssons : » *Domine, salva nos, perimus,* et Jésus commandera aux flots et à la tempête, et il se fera un grand calme.

Une prétendue philosophie fait des objections contre la prière. — Dieu connait tous nos besoins; les décrets sont éternels et immuables. — Le bon sens nous répond : Nous devons à Dieu l'hommage de notre âme et de notre corps; nous le lui offrons par la prière du cœur et des lèvres. Les orgueilleux seuls méprisent la prière, or l'orgueil est ce qu'il y a de plus illogique et de plus insensé. L'homme humble et vraiment raisonnable prie.

---

(1) Matth. c. vii. v. 7.
(2) Evangile. Passim.

« Seigneur, dit-il, vous êtes mon Dieu, je vous adore ; vous êtes mon bienfaiteur, je vous aime. Je suis faible, aidez-moi ; je suis pauvre, enrichissez-moi. Pardonnez mes infidèlités et donnez-moi votre grâce. Conduisez-moi par la main dans la voie de vos saints Commandements. O vie de toutes les vies, vivifiez mon âme pour toute l'éternité ! La prière est surtout un cri du cœur. Donnez-moi un cœur qui aime, disait saint Augustin, et il me comprendra.

Toute piété chrétienne doit être e..ngélique, c'est-à-dire composée de foi, d'abnégation et de prière. La foi s'entretient et se développe part la lecture de la parole de Dieu qui se trouve dans la Bible, les écrits des saints et des auteurs spirituels. L'abnégation se nourrit de travail, de renoncement à ses aises et à sa propre volonté. La prière nous mène à Dieu, nous unit à Lui pour puiser en Lui la force qui lui manque ; elle nous conduit à la sainte communion qui est tout ensemble prière et nourriture, notre pain de chaque jour et la véritable manne de notre pèlerinage vers les cieux. La piété de notre jeunesse des écoles supérieures doit être évangélique, parce qu'elle doit être vraie ; mais, avec cette qualité générale elle aura encore les qualités spéciales que réclament nos besoins actuels.

III

LA PIÉTÉ DES CLASSES DIRIGEANTES DOIT AVOIR DES QUALITÉS SPÉCIALES.

Dans notre temps et dans notre pays, il faut que la jeune aristocratie entre dans la vie publique avec une piété zélée, humble, éclairée, catholique et paroissiale ; à ces conditions seulement, elle peut sauver la société aux abois.

§ I. — *Piété zélée*

D'abord piété zélée. Le zèle est un fruit de l'amour. « Là où il n'y a pas de zèle, dit Saint Augustin, il n'y a pas d'amour. » Au contraire partout où il y a amour, il y a zèle. Le zèle est donc obligatoire, comme la vertu de charité dont il découle. L'étendue de cette obligation est déterminée par le temps et les circonstances et par la position de chacun ; mais elle existe pour tous ; elle existe surtout pour les grands et les puissants. La raison de cette obligation, c'est qu'ils n'ont reçu de Dieu leur grandeur et leur puissance que pour le bien de leurs frères. Toute supériorité possédée par l'homme, dit saint Thomas, lui est conférée par Dieu pour en faire bénéficier les autres. » *Illud in quo homo excellit, datur homini a Deo ut ex eo aliis prosit. (2. 2. q. 131. art. 1er.)* L'obligation du zèle existe pour tous, car sans zèle que devient le précepte de la charité ? Et cependant il n'y a pas de précepte plus formel que celui-là. « Mon commandement, dit le Sauveur, est que vous vous aimiez les uns les autres, comme je vous ai aimés. (Joan. c. XIII. v. 34.)—« Celui qui n'aime pas son frère qu'il voit, dit saint Jean, comment aimera-t-il Dieu qu'il ne voit pas ? » (1. Joan. c. IV. 20). Celui qui pourrait secourir un pauvre mourant de faim et qui ne le fait pas, est responsable de sa mort. Celui qui peut sauver l'âme de son frère et qui ne la sauve pas, est responsable de sa mort éternelle.

La première condition du zèle c'est l'amour du travail. Si les classes dirigeantes s'endorment dans la mollesse, si toute leur activité se borne à toucher leurs rentes, percevoir le fermage de leurs propriétés et à faire quelques parties de chasse, il est évident qu'ils ne satisferont pas à l'obligation du zèle, qu'ils ne seront pas apôtres, qu'ils ne ramèneront pas à la religion les classes laborieuses, et n'empêcheront pas la société de courir aux abîmes. Que dis-je, ils vont eux-mêmes à l'abîme et à la ruine. Une voix autorisée le leur disait naguère dans une réunion importante des anciens élèves du collège de Vaugirard, dirigé avec tant de zèle et de succès par les RR. PP. Jésuites : « Peu importe la carrière, leur disait M. de Lorgeril, une seule chose est nécessaire, l'acceptation par tous de la loi du travail... Je ne me préoccupe d'ailleurs en aucune façon de ces jouisseurs de profession, aussi incapables de gérer un patrimoine qu'impuissants à le constituer. Car, en ce qui concerne ces « fils à papa » qui se sont fait une carrière de l'oisiveté plus ou moin dorée, leurs jours sont comptés. Les lois de Malthus, leur prophète, de concert avec certaine législation plus positive, en voie de formation, amèneront par la force des choses leur élimination. Qu'ils disparaissent donc d'une société où il n'y a plus de place pour les improductifs, nous ne les regretterons pas. »

Puis, l'ancien député d'Ille-et-Vilaine, membre du conseil de la société agronomique, recommande à ses auditeurs de s'adonner, soit à l'agriculture, soit à l'industrie, soit au commerce ; de se mettre en relation avec leurs fermiers, leurs ouvriers, leurs employés, d'en devenir les apôtres, comme le font déjà tant d'hommes éminents et zélés : dans l'industrie, les Laroche-Joubert, les Harmel, les Schneider ; dans l'agriculture, les Le Trésor de la Roque, Duport, Nilcent, Kergall, La Bouillerie, Le Conte, Larnage, Fontgallan, Rocquigny, La Chapelle, Laubier, Deusy « qui n'épargnent ni leur temps, ni leur talent pour organiser le service social dans la masse de la démocratie rurale. »

Ce qui empêche souvent nos catholiques français de s'occuper d'œuvres sociales, ou bien, s'ils s'en occupent, d'y mettre l'esprit chrétien, d'en faire des œuvres d'apostolat, c'est le libéralisme, hérésie infernale que nos écoles doivent combattre sans trève, ni merci. « Il ne faut pas violenter les consciences; chacun est libre. » Tel est le refrain qui est devenu axiôme. Chacun est libre, dites-vous ? Donc vos enfants sont libres de vous envoyer promener, quand vous leur commandez quelque chose, ou de vous cracher au visage, si cela leur convient ? Chacun est libre ! Voudriez-vous appliquer cette doctrine au gouvernement de votre maison ! La trouveriez-vous bonne pour une classe de seulement 20 élèves ? Et vous voulez l'appliquer à la société tout entière ? Malheur aux parents qui laissent leurs enfants libres ! Malheur aux supérieurs qui laissent leurs inférieurs libres ! Non, chacun n'est pas libre. L'homme n'est pas libre d'adorer Dieu ou de le blasphémer. Le chrétien n'est pas libre d'entendre la messe le dimanche ou de ne pas l'entendre, de communier à

Pâques ou de ne pas communier. Charlemagne allait plus loin encore. Il prétendait que les saxons n'étaient pas libres de rester païens, mais qu'il fallait les amener à la foi chrétienne par tous les moyens licites. La terre appartient à Jésus-Christ et toute puissance doit concourir à le faire régner sur les âmes. « Tout genoux doit fléchir devant lui sur la terre comme dans le ciel et les enfers. » — Alors, vous voulez nous ramener aux dragonnades ? — Non ; mais seulement à la vérité et au bon sens. (1).

Voudrions-nous, par hasard, nous autres catholiques, appliquer autour de nous les théories insensées de J. J. Rousseau ? Et n'est-ce pas ce que nous faisons, souvent à notre insu par un effet du préjugé courant ? « Tous les hommes naissent égaux et libres. » Voilà l'article fondamental du fameux contrat social. N'est-ce pas, dites-moi, une véritable moquerie ? — « Tous les hommes naissent égaux ! » — C'est le contraire qui est vrai, expérimentalement et incontestablement vrai : ils naissent tous inégaux en vigueur intellectuelle comme en force physique, et on trouve déjà là une des principales causes de l'inégalité des conditions pour plus tard. — Quant à prétendre que

---

(1) A propos de dragonnades, voici les sévères paroles que le Pape Innocent XI adréssait à Loius XIV : « Jésus-Chrsit ne s'est pas servi de cette méthode. Il faut condui.e les hommes dan le temple et non pas les y traîner. » (*Le Pape et la Liberté*, page 41, 2ᵐᵉ éd. note.) Aussi, nous ne demandons pas que les puissants *traînent* leurs subordonnés à la religion, mais seulement qu'ils les y conduisent par la persuasion et l'exemple.

(L'Auteur)

le petit enfant qui sort du sein de sa mère, que ce petit être chétif qui dépend de tout le monde est un être libre, c'est une dérision ! La vérité est donc que tous les hommes naissent inégaux et dépendants et qu'ils ne seront jamais ni égaux, ni libres. Ainsi le veut la nature et l'Auteur de la nature ; tous les sophismes de cervaux malades n'y changeront absolument rien. Bien plus, tandis que la vérité sauve, l'erreur ne sait qu'accumuler des ruines. Appliquez cette théorie de la liberté native à l'enfant ; faites comme le veut Rousseau et le pratiquent nos écoles neutres ; ne lui parlez ni de Dieu, ni de la religion, avant l'âge de 20 ans et vous verrez ce que nous voyons: que d'une source empoisonnée il n'en peut sortir que la ruine et la mort. De grâce ! revenons au vrai, et professons hautement la doctrine de l'autorité. L'homme est essentiellement soumis à Dieu selon sa nature ; il est soumis à tous ceux que Dieu associe à sa puissance pour le bien social et qui sont des supérieurs légitimes. L'autorité, quelle qu'elle soit, doit s'exercer en faveur du règne de Dieu qui est en même temps le bonheur de l'homme; faudra-t-il ici encore, que les enfants des ténèbres soient plus prudents que les fils de la lumière ?

Un patron impie exerce sur ses ouvriers et employés une influence impie ; il maintient autour de lui une atmosphère irréligieuse à laquelle personne n'échappe.

Tel châtelain est riche, député et franc-maçon ; tout le village dépend de lui ; aussi personne dans ce pays n'aborde l'Église, sinon quelques familles indépendantes : on craint de déplaire au château. Pourquoi nos patrons catholiques, nos châtelains pieux, n'exercent-ils pas dans le sens opposé la même influence? Parce qu'ils sont infectés de l'hérésie libérale. Les impies sont logiques, les croyants sont illogiques. Tel M‍ʳ de Rothschild possède une propriété dans la banlieue de Paris. Or, tous les domestiques, tous les employés et ouvriers de la maison assistent à la messe et font leurs devoirs de catholiques ; c'est la consigne du maître et en même temps du bon sens, « J'ordonne dit un jour Constance Chlore à ses officiers que tous, vous renonciez au Christ. » Les uns se soumirent et apostasièrent, d'autres résistèrent. Alors l'empereur renvoya les apostats et garda les autres. « Quittez mon palais, dit-il, vous avez été infidèles à votre Dieu, je n'ai plus de confiance en vous. » C'est avec cet esprit que les jeunes gens doivent sortir des écoles supérieures afin de mettre leur autorité, leur influence au service de Jésus-Christ et de son Égiise, pour le bien de leurs frères et le salut de la société. (1)

Il fut un temps où le peuple français était foncièrement chrétien dans toute sa masse ; il suffisait alors au prêtre de vouloir exercer son ministère et tout le monde accourait, à l'office, aux prédications, aux sacrements. Il n'en est plus de même

(1) Léon XIII disait un jour : Autrefois les princes étaient nos auxiliaires, et, pour ce motif on les appelait les Évêques du dehors; il nous faut, à nous, des Évêques du dehors, aux curés, des pasteurs du dehors : prêtres et laïcs doivent travailler ensemble au renouvellement de la foi.

aujourd'hui ; il faut travailler non seulement pour conserver, mais pour reconquérir. Il ne suffit plus que le prêtre soit pasteur il faut qu'il devienne apôtre. Il faut aussi que les dépositaires de l'autorité ou de l'influence civile se fassent apôtres avec lui. Ils doivent tous être les auxiliaires zélés de l'action sacerdotale pour rendre au peuple le bienfait de la foi et préserver d'une ruine imminente l'édifice social. Est-ce à dire que dans ce travail de conquête spirituelle et apostolique, on procédera uniquement par voie d'autorité ?

Assurément non ; car il s'agit surtout de gagner les cœurs pour les donner à Dieu. Voilà pourquoi nous disons qu'à la piété zélée il faut ajouter la piété humble.

§ II. — *Piété humble*

Il semble vraiment qu'il y ait une espèce de fascination dans la richesse, le pouvoir et la grandeur. Il suffit d'être élevé au-dessus des autres pour se croire d'une autre nature qu'eux. C'est pour cela sans doute que Dieu se plaît à exalter les petits et que l'Église a souvent l'occasion de placer sur les autels les pauvres et les humbles. C'est une leçon donnée à l'orgueil humain. Qui sait aujourd'hui les noms des supérieurs qu'avaient à Rome, au couvent de l'Ara Cœli, Saint Félix de Cantalice ? Pendant 40 années que le pauvre franciscain quêtait, pieds nus, il y eut sans doute dans la ville des papes, de savants professeurs, de grands prédicateurs ; leurs noms sont oubliés, tandis que celui de Félix vit dans le souvenir des générations chrétiennes. Pourquoi mettre au Bréviaire, des saints comme saint Didace, saint Paschal Baylon, pauvres frères inconnus et ignorants? N'y a-t-il donc pas des saints plus illustres qui ont un nom dans l'histoire et qui ont rendu des services plus considérables à l'Église et à la société? Pourquoi? Parce que les dignitaires ecclésiastiques, prêtres, évêques, cardinaux, sans en excepter le Pape, ont besoin de trouver dans l'office divin des leçons d'humilité. L'aristocratie laïque a besoin, elle aussi, d'avoir une piété humble. Il faut, pour ramener le peuple, qu'elle se rapproche du peuple. Autrefois, du fond de son manoir, le seigneur pouvait exercer une influence sociale, réelle et puissante, aujourd'hui l'influence est au prix du contact. Que le riche vive isolé du peuple, qu'il se tienne à l'écart, et le voilà complètement annihilé: il est mort socialement; or, il faut avouer qu'on a besoin d'un certain courage pour faire sa société des humbles et des petits, pour serrer cordialement le main de l'ouvrier, entrer dans sa cabane ou sa mansarde. Et cependant, n'est-ce pas le plus pur esprit de l'Évangile? N'est-ce pas la grande leçon que Jésus nous a donnée? Il était riche, il s'est fait pauvre. N'a-t-il pas fréquenté les ouvriers? Quand il était ouvrier comme eux, n'a-t-il pas cent fois mis sa main dans la leur? Et lorsqu'il a voulu se préparer des successeurs, et former le collège apostolique, il ne s'est pas adressé au Sénat de Rome, à l'Aréopage d'Athènes, ni même à la synagogue juive; il a choisi des pauvres pêcheurs pour en faire ses disciples, les compagnons habituels de sa vie. Quelle société pour le

Dieu du ciel, le Roi des Rois, que cette société de
gens grossiers et sans éducation! et cependant
notre divin Sauveur, notre maître et notre modèle,
vit avec eux pendant trois ans, partage leur table,
leur demeure de jour et de nuit. La piété hautaine
et dédaigneuse est une piété pharizaïque, ce
n'est pas une piété chrétienne. Or, il nous
faut une piété chrétienne, c'est-à-dire, celle dont
Notre-Seigneur a donné le précepte et l'exemple ;
une piété qui aille au peuple pour le ramener à la
religion et à Dieu. Pénétrons de cette vérité l'aristocratie de fortune ou de naissance. Quelle apprenne
à donner non seulement son or et son temps,
mais surtout sa main et son cœur. Quelle s'approche
de l'ouvrier pour le ramener au bercail, et lui présente un bras pour le soutenir dans la voie du
ciel. Mais pour ramener les classes laborieuses
dans le chemin de la vérité, il faudra dissiper les
préjugés et faire la lumière dans les âmes, voilà
pourquoi la piété des grands devra encore être
éclairée.

§ III. — *Piété éclairée*

« Comment voulez-vous que nous dissipions les
préjugés populaires, disait un jour un catholique zélé,
docteur en droit et fort intelligent, nous avons bien
de la peine de nous en débarrasser nosu-mêmes.
Nous avons la foi du charbonnier ; nous croyons,
parce que nos mères nous ont appris à croire.
Quant à faire aux autres une leçon d'histoire ec-
clesiastique, de théologie, c'est difficile. » Disons
que ce Monsieur avait quitté le lycée pour l'école

de droit, et qu'il ne connaissait ni les collèges, ni les facultés catholiques.

Les jeunes gens qui sortent de nos écoles supérieures ne doivent pas seulement avoir la foi du charbonnier, autrement il seraient voués à l'impuissance dans le travail de notre restauration sociale. Il faut qu'ils connaissent la religion pour eux et pour les autres. Malheureusement nous nous heurtons ici aux mêmes obstacles que dans l'enseignement secondaire. Les programmes pour l'admission aux écoles gouvernementales, pour les licences et aggrégations, sont conçus en dehors de toute idée religieuse. Ils demandent des connaissances considérables, soit en littérature, soit en linguistique, soit en mathématiques, soit en physique, en chimie et en histoire naturelle. Ils tendent à former des érudits, des spécialistes, mais laissent de côté la philosophie et encore plus la théologie, qui cependant sont seules capables de faire des hommes et de véritables savants. Encore si l'on donnait une place sérieuse à la littérature chrétienne, mais elle est à peu près littéralement passée sous silence. Les ouvrages d'Homère, de Virgile, de Cicéron sont-ils authentiques? il faut le savoir. Le Pentateuque et l'Évangile sont-ils authentiques? On ne demande pas de prouver la négative, ce qui serait difficile, mais on ne s'en occupe pas. Il faudra expliquer une ode de Pindare ou un passage d'Hésiode; mais vient-il jamais à la pensée de demander quelle est la valeur littéraire du livre de Job, de l'ode de Moyse sur le passage de la Mer Rouge ou du Cantique de Débora? Les ouvrages philosophiques de Platon et d'Aristote ont une place d'honneur; saint Augustin est inconnu. Les études de droit elles-mêmes, ne tiennent plus compte des principes chrétiens ; elles sont devenues rationalistes et païennes. Il n'y a pas jusqu'aux sciences morales et politiques qui soient entrées dans cette voie: le code évangélique et le dogme chrétien sont pour elles une quantité négligeable. Il s'ensuit que les savants français savent tout, exepté la religion. La science même n'est plus pour eux ce qu'elle devrait être : la connaissance des choses par leurs causes: *Cognitio rerum ex causa,* comme parle saint Thomas, puisqu'ils mettent de côté la cause première, qui est Dieu. Ainsi la science religieuse disparait, ou est réduite aux notions les plus rudimentaires, même chez les savants chrétiens. Dans ces conditions, il est difficile que la lumière de la foi soit vive dans leur âme, et leur piété bien éclaircie.

En dehors de nos écoles catholiques, la génération savante ne daigne plus lire la Bible, le livre par excellence; il faut la faire lire à nos élèves des cours supérieurs : les livres historiques d'abord, les livres sapientiaux ensuite et enfin les livres prophétiques qui ont chacun leur genre de beauté et des difficultés spéciales. L'histoire de l'Église est, à l'Université de France, ou entièrement ignorée ou affreusement travestie ; il faut que nos futurs conférenciers des classes populaires sachent en déployer devant leurs auditeurs les admirables feuillets. Les ouvrages apologétiques doivent être étudiés sérieusement de tous ceux qui veulent rechristianiser la science et la société. Les grades canoniques de philosophie, de théologie et de droit ecclésiastique, doivent cesser d'être l'apanage exclusif du clergé; il nous faudrait de nouveaux Condés sachant au besoin, dans un tournoi théologique, rompre des lances avec de nouveaux Bossuets. Quel champ immense que le champ de ce qu'on appelle la science ecclésiastique, mais qu'il faudrait appeler désormais la science chrétienne; et surtout, la science de l'aristocratie chrétienne, des évêques du dehors, comme elle est la science des évêques du dedans : Écriture sainte et exégèse, théologie dogmatique, positive et scolastique, théologie morale et ascétique, droit canonique et liturgique, histoire ecclésiastique, patristique, philosophie thomiste ou catholique. C'est là que rayonne la lumière de Celui qui éclaire tout homme venant en ce monde. C'est à ces flambeaux que la classe élevée doit s'éclairer d'abord pour éclairer ensuite les humbles et les petits. Que votre lumière brille devant les hommes, dit le Sauveur. Soyez, ajoute saint Paul, des flambeaux au milieu du monde pour éclairer ses ténèbres. D'autant plus qu'en puisant à ces sources la piété savante sera nécessairement catholique, car nous avons dit que c'était encore une condition nécesssaire de son efficacité sociale.

§ IV. — *Piété catholique*

Il faut que les classes élevées aient une piété catholique ; qu'est-ce à dire ? Il y a donc une piété qui n'est pas catholique ? Mgr de Ségur compte en dehors de la piété catholique ou vraie, huit

espèces de piété fausse. Les principales sont:
la piété protestante ou sans règle; la piété janséniste, la piété mondaine ou relâchée, et la piété
égoïste.

« La piété janséniste, dit-il, est une piété sans
amour; sous une apparence humble, elle est pleine
d'orgueil, entêtée, absolue dans ses idées, raide et
désagréable. La piété janséniste a une secrète aversion pour les trois grandes dévotions qui sont
l'âme de la piété catholique : la communion con-
fiante et fréquente, la dévotion à la Sainte Vierge,
la dévotion pratique au Pape et à son autorité. »

« La piété mondaine, continue Mgr de Ségur, est
un art qui croit avoir trouvé le secret par trop commode d'allier ensemble l'esprit et la chair, la pénitence et le plaisir, l'amour de Jésus-Christ et l'a-
mour déréglé de soi-même. Elle nous donne une
race mêlée de demi-chrétiens et de demi-chrétien-
nes, des chrétiens mondains et frivoles, des chrétiens corrompus qui passent pour pieux et qui
n'ont pas de mœurs; qui joignent le communion
fréquente à la rage du plaisir, et qui s'imaginent
en passant la journée à l'église, acheter la permission de passer la nuit dans les bals et dans les
spectacles. O piété bâtarde et falsifiée, combien tu
perds de jeunes gens et de vierges folles ! Piété à
la mode, piété de luxe, tu n'es qu'un faux or qui
brille au soleil, mais qui ne dure pas dans le feu,
mais qui s'évanouit dans le creuset!

Vienne une épreuve, une tentation sérieuse,
et tu disparais comme un fantôme, parce que,
sous tes formes agréables, il n'y a rien, rien que
la sensualité, la vanité, la légèreté d'esprit. »

La piété égoïste ne songe qu'à soi. C'est une piété qui voudrait se contenter d'adorer et de servir le bon Dieu en laissant de côté le précepte de la charité fraternelle et de l'aumône. L'amour effectif du prochain est aussi essentiel à la piété chrétienne que l'amour effectif de Dieu. « Celui qui prétend aimer Dieu et qui n'aime pas son frère, est un menteur, » dit l'apôtre saint Jean (1); et saint Jacques ajoute : « La religion pure et pratique devant Dieu, notre père, la voici : « Se dévouer aux veuves et aux orphelins dans leur affliction, et se préserver de la contagion du monde (2). »

« La piété catholique est celle qui se règle non seulement quant au fond, mais encore quant à la forme, sur les enseignements, sur les principes proposés par l'Église Romaine, Mère et Maîtresse de toutes les églises du monde : c'est une piété qui entend la pratique de la religion, la pratique des sacrements et tous les exercices de dévotion, comme l'entend le Saint-Siège ; qui approuve ce que Rome approuve, adopte ce qu'elle conseille, rejette ce qu'elle condamne. L'Église Romaine est, en effet, la dépositaire des traditions de la vraie piété, non moins que de la vraie foi ; et toutes les

----

(1) *Si quis dixerit quoniam diligo Deum, et fratrem suum oderit, mendax est. Qui enim non diligit fratrem suum quem videt, Deum, quem non videt, quomodo potest diligere ? Et hoc mandatum habemus a Deo : ut qui diligit Deum, diligat et fratrem suum. (1 Joan. IV.)*

(2) *Religio munda et immaculata apud Deum et Patrem hæc est. Visitare pupillos et viduas in tribulationibus eorum et immaculatum se custodire ab hoc sæculo. (Jacob. 1.)*

autres églises doivent aller puiser à cette source toujours pure ». (1).

La piété catholique s'alimente dans le clergé par l'usage des livres liturgiques, surtout par le missel et le bréviaire; il serait à souhaiter que les laïques instruits, comme ceux dont nous parlons en ce moment, s'en servent aussi pour nourrir leur piété. Suivre la messe au missel comme le faisaient jadis les rois chrétiens; réciter le saint office du bréviaire, à l'exemple de Saint Louis: voilà des pratiques éminemment catholiques. Elles étaient fréquentes autrefois dans les châteaux, elles en chassaient l'ennui, ennemi de tout bonheur; elles emportaient l'âme au-delà des étroites limites du temps; elles nourissaient la foi qui console, l'espérance et l'amour qui dilatent le cœur. On les rencontre encore çà et là. Mademoiselle d'Ars récitait régulièrement le bréviaire avec un de ses vieux serviteurs. On pourrait citer tel père de famille, vénerable patriarche au milieu de ses nombreux enfants, qui récite également l'office chaque jour. Rien de tel que la prière catholique pour produire et entretenir la piété catholique.

La piété catholique marche la main dans la main avec le Pape et avec ses représentants directs, qui sont les évêques et les curés; voilà pourquoi elle est diocésaine et paroissiale.

---

(1) *La Piété et la Vie intérieure* par Mgr. de Ségur. (V. Traité.

§ V. — *Piété paroissiale.*

Rien de plus nécessaire aujourd'hui dans les classes élevées que la piété paroissiale. Si les princes et les gouverneurs sont les évêques du dehors dans les états et les provinces, les riches, les hommes influents par leur savoir ou leur position, doivent être les pasteurs du dehors dans les paroisses. Il faut que nos écoles aristocratiques et supérieures favorisent cette piété paroissiale, d'où l'on peut dire que dépend le salut de la France à l'heure actuelle.

Pour nous en convaincre, supposons une conférence faite sur ce sujet par un vénérable religieux éducateur. Il a devant lui les descendants des plus illustres familles mêlés aux fils de la bourgeoisie industrielle et commerciale ; il y a autour de sa chaire toute une germination de magistrats, d'officiers, de médecins, d'ingénieurs, de négociants, de grands propriétaires : ce sont les autorités de l'avenir. Le vénérable conférencier leur parle du règne social de Jésus-Christ, et de la nécessité suprême de le rétablir en France. Sans cela, dit-il, les âmes se perdront de plus en plus et le pays va à sa ruine. Vous devrez, continue-t-il, y contribuer tous. Comment le ferez-vous ? Par la piété que j'appelle paroissiale.

La division de l'Église en diocèses et en paroisses est d'institution apostolique. C'est la perfection de l'organisation catholique. Dès qu'un pays est suffisamment évangélisé, on y érige les diocèses avec leurs évêques et les paroisses avec leurs curés. Pie ix a rétabli cette hiérarchie en Hollande, en Angleterre et dans la plupart des pays hérétiques où elle était tombée durant le xvi siècle. Cette organisation, Dieu merci, existe encore en France, conservons-la soigneusement, et ne laissons pas tomber nos paroisses vieilles de 15 siècles. D'ailleurs pourrait-on les remplacer par autre chose, et si la restauration chrétienne doit se faire, ce que nous espérons, n'est-ce pas autour du clocher paroissial qu'elle se fera? Quel ordre religieux, quelle congrégation oserait prétendre se substituer aux évèchés et aux paroisses ? Les congrégations, les ordres religieux ne sont que des corps auxiliaires. Les cadres réguliers de la grande armée catholique se trouvent dans la hiérarchie sacerdotale, établie par Jésus-Christ et conservée par l'Église. Les congrégations religieuses peuvent bien mettre de la variété et de la beauté sur cette trame, mais elles ne sauraient s'en passer. L'Église de France ne sera jamais ni bénédictine, ni franciscaine, ni dominicaine, ni jésuite, ni salésienne, ni eudiste ; elle sera catholique. Les chapelles particulières auront beau être riches et nombreuses, elles ne remplaceront jamais l'église paroissiale, qui est l'église du peuple français et où il faut à tout prix le ramener. Voilà, mes amis, dit le vénérable conférencier, une vérité dont il faut que vous soyez bien pénétrés, afin d'en faire la règle de votre conduite pour l'avenir.

Là dessus, un des jeunes gens se lève et demande à poser une question. — Je voudrais bien savoir, mon père, s'il y a obligation de fréquenter l'Église paroissiale ? A la maison nous n'y allons jamais. Dans la petite ville que nous habitons, il y a un hôpital et toute la famille va y entendre la messe de 8 heures ; moi, je n'ai jamais mis le pied à l'église paroissiale, et je n'ai jamais vu ni papa ni maman y aller. — Un autre se lève et dit : « Notre château est éloigné de 25 minutes de l'église du bourg. Mon père fait venir un curé d'une paroisse voisine très rapprochée. Ce prêtre nous dit la messe, à 8 h. 1/2, et nous n'allons jamais aux offices de la paroisse. Mon père dit que de cette façon, moyennant une légère dépense, nous sommes davantage chez nous. — Un troisième qui habite le voisinage de Nantes dit à son tour : « Autrefois, l'église paroissiale était contigüe à notre château ; elle était très vieille ; nous y allions par une porte de communication et nous y possédions une chapelle. Depuis trois ans, on a bâti une église à 2 kilomètres, dans un centre de population plus considérable , mais nous ne la fréquentons pas. Ma famille va chaque dimanche entendre la messe à Nantes ; on part de bonne heure, en voiture, et tout le monde est rentré pour le déjeuner. — Enfin, un quatrième ajoute : Quand j'étais au château, mon précepteur était prêtre ; il disait sa messe à notre chapelle privée et personne n'allait à la paroisse. Nous nous confessions à monsieur le curé, mais il ne nous a jamais refusé l'absolution pour cela.

« Mes amis, reprend le conférencier, vous avez, je crois, mal compris ma pensée. Je ne parle pas en ce moment, de l'obligation théologique d'entendre la messe à la paroisse. Tout le monde sait que l'on peut satisfaire au précepte dominical en entendant une messe quelconque ; mais je dis : « Voulez-vous ramener le peuple à la religion ? allez à l'église paroissiale. » — Dans quelle mesure, me direz-vous, sommes-nous obligés de ramener le peuple à la religion ?

— Vous y êtes rigoureusement obligés, et cela, sous peine de mort. — Pourquoi ? — Parce que c'est à cette condition là seulement que vos têtes tiendront sur vos épaules. Vous êtes jeunes, vous ne voyez pas ce que voient les cheveux blancs. — Vous ne voyez pas le flot du socialisme qui s'avance, qui monte, monte encore et va tout engloutir. Or, sachez-le bien, vous ne l'endiguerez, qu'en ramenant le peuple à la religion, en lui faisant reprendre le chemin de l'église paroissiale. Mais ne savez vous pas que l'avènement du socialisme, c'est votre arrêt de mort. Vous connaissez son mot d'ordre: « Ni Dieu ni maître » or vous êtes maître, donc — vous devez disparaître. Telle sera son impitoyable logique. — Nous fuirons a l'étranger. — Et vos biens ? Et la France ? Voudriez vous, lâches déserteurs, sacrifier vos familles, abandonner votre pays ?

Cette raison me parait péremptoire, mais, comme il y a des aveugles obstinés qui ne voient le péril que lorsqu'ils y sont tombés; j'en ajouterai une autre: « Vous êtes obligés de donner le bon exemple au peuple, sous peine de péché grave et de damnation éternelle. » — Mais nous remplissons nos devoir religieux. — Le sait-on ? Quand vous allez à Nantes, par exemple, vous voient-ils, ces petits qui ne croient qu'à leurs yeux? — Mais l'on sonne la messe au château, chaque dimanche, et plusieurs personnes y assistent. — C'est-à-dire que tout le monde sait une chose; c'est que vous entendez la messe chez vous, dans votre maison, et que tout le monde, je vous assure, est bien disposé à vous imiter en cela. — Quel mal y aurait-il? — Attendez, nous allons approfondir ce sujet qui est capital, et, je l'espère, la lumière se fera dans votre esprit. Raisonnons un peu.

Le culte public et social n'est-il pas obligatoire comme le culte domestique et privé? Impossible de le nier. Vous satisfaites chez vous, en famille, à l'obligation du culte domestique; rien de mieux. Mais n'oubliez pas que vous faites partie d'une communauté qu'on appelle la paroisse, que vous en êtes une partie importante, la tête, peut être. Or, la paroisse rend à Dieu le culte social, les dimanches et les fêtes dans l'église paroissiale, et c'est là que vous devez être. N'est-ce pas cette obligation du culte social qui donne aux offices paroissiaux, et à la grand'messe du dimanche surtout, une si haute importance; d'où il suit que les chrétiens, même indifférents, même impies, y tiennent tous d'instinct? Ils y assistent rarement, mais ils seraient fort mécontents, si elle n'avait pas lieu très régulièrement.

Voici la seconde raison non moins forte que la première. Le respect humain est la honte et la prévarication de la France. En évitant de vous rendre ostensiblement aux offices paroissiaux, vous agissez comme si vous aviez du respect humain, comme si vous aviez peur de vous montrer chrétien. De plus, votre manière de faire entretient le respect humain que vous avez mission spéciale de combattre; car, le respect humain chez le peuple vient de l'exemple des grands. Le paysan, l'ouvrier n'osent pas aller à la messe, parce que le député n'y va pas, parce que le maire n'y va pas; parce que le médecin ou le chatelain du village n'y vont pas. Votre exemple seul peut détruire l'empire de ce tyran.

D'ailleurs, croyez vous que cette obstination que vous mettez à vous singulariser, à vous créer des privilèges est faite pour vous attirer les sympathies du peuple ? elle ne peut que vous aliéner les cœurs. Le peuple a le sens chrétien de l'égalité, il ne comprend pas ces distinctions et ces faveurs, même dans les choses religieuses ; il y voit de la morgue, de l'orgueil, et une espèce de dédain qui l'indispose et l'irrite.

La troisième raison que nous avons déjà touchée en commençant, et à laquelle vous ne pouvez pas échapper, c'est l'obligation du bon exemple. « Malheur à celui par qui le scandale arrivera! et vous donnez le scandale. « Malheur à ceux qui scandalisent les petits »! et vous scandalisez les petits. — Pourquoi donc, père Mathieu, je ne vous vois jamais à la messe ? — Monsieur le curé, je prie le bon Dieu chez moi. — C'est à l'église qu'il faut le prier, le dimanche, mon ami. — Le monsieur et la dame du château, qui sont bien sages, n'y vont pas non plus, à l'église le dimanche; je fais comme eux. — Je ne vous vois plus guère aux offices, Françoise, disait un jour un vénérable pasteur à la fermière de sa paroisse — Monsieur le curé, je n'ai pas le temps, je dis ma messe chez nous — C'est à l'église, mon enfant, qu'il faut la dire, le dimanche. — Notre jeune dame n'y va bien pas — Oui, mais vous savez que depuis son arrivée je dis la messe au château — Monsieur le curé, si j'étais riche, je ferais comme elle : je ferais dire la messe au coin de mon feu ; comme cela je pourrais y assister — Voilà, mes chers amis, les raisonnements du peuple. Dites, si vous voulez, qu'ils sont absurdes, j'en conviens ; cependant il est difficile de n'y pas voir une apparence de logique. Quoiqu'il en soit, nous savons que les théologiens parlent d'une espèce de scandale, qu'ils appellent le scandale des faibles, et nous savons aussi que ce scandale peut être péché mortel. Malgré cela, combien de chrétiens influents s'en rendent coupables! Aussi l'herbe pousse sur le chemin de l'église paroissiale ; personne n'y passe plus et nos populations vont à la mort ; craignons d'y aller avec elles. — Le curé de notre paroisse est singulier, objecte un auditeur, il ne plaît pas à maman ; nous ne le voyons jamais et nous ne voulons pas aller à ses offices — Mes amis, ce n'est pas l'homme qu'il faut voir dans le prêtre, c'est le ministre de Dieu ; les offices paroissiaux ne sont pas ses offices, ce sont les offices du peuple chrétien, les vôtres — Mais il dit si mal la messe ; les cérémonies et les chants son déplorarables ; puis, c'est fort long — Je vous réponds : Le chrétien qui ne sait pas se gêner n'est pas de la race des élus ; et d'ailleurs : « Noblesse oblige » ; c'est ici le cas; vous êtes obligés par votre position à la générosité et à la condescendance. — Le curé prêche mal ? Il ne prêche pas l'erreur : cela suffit. Le pain de la vérité est dur parfois, mais Dieu sait y mettre le condiment nécessaire. Et quand il faudrait le manger à la sueur de son front ; quel grand mal à cela ? Les offices paroissiaux vous imposeront je suppose, quelques sacrifices le dimanche. Pensez-vous que le peuple des travailleurs qui vous entoure n'en fait pas encore de plus grands que vous, durant ses six jours de labeurs. Je reconnais que les offices des paroisses rurales ne sont pas toujours ce qu'ils devraient être ; mais cela vient précisément de ce qu'ils sont délaissés. Que les classes élevées y prennent part, qu'elles les rehaussent de leur présence ; que l'on fasse pour les églises rurales quelques sacrifices : en formant des chantres, en habillant les enfants de chœur, en procurant un harmonium, un organiste volontaire, et alors le culte se fera avec plus de décence ; Dieu sera glorifié, les populations édifiées, les consciences en paix; car ceux que Dieu a fait riches et puissants se seront faits à leur tour les auxiliaires de Dieu, et, dans le sens le plus élevé du mot, les bienfaiteurs de leurs frères.

En terminant, le conférencier interpella un de ses jeunes auditeurs qui paraissait suivre la discussion avec le plus vif intérêt. — Dites nous, Raoul, comment les choses se passent chez vous, car votre père est bien connu dans le monde des œuvres catholiques. — « Au château, dit Raoul de B..., nous allons tous à la messe de paroisse, chaque dimanche, sans y manquer jamais ; nous allons aussi tous, à vêpres, les jours de grandes fêtes. Nos domestiques nous accompagnent ainsi que nos principaux ouvriers. Un certain nombre d'hommes bien intentionnés, mais jusque là timides, ne craignent plus de se joindre à nous. Comme papa donne généralement rendez-vous à ses nombreux clients, le dimanche après la messe, ils viennent le trouver sur la place de l'Église. Peu à peu ils prennent l'habitude d'assister à la messe avec nous. Mon frère tient l'harmonium et fait chanter les garçons de l'école; mes sœurs avec les jeunes filles répondent. Ma sœur aînée est présidente de la Congrégation du Rosaire et ne manque aucun office paroissial. Mon frère va régulièrement au patronage du dimanche que monsieur le curé et papa ont établi à côté du presbytère. Depuis qu'il s'occupe assidûment des jeunes garçons de la paroisse, mon frère aîné est devenu extrêmement pieux et il parle de se faire prêtre. Moi, je vais quelquefois au patronage avec papa, quand il est libre.

Le dimanche nous ne déjeunons qu'à midi, et souvent notre père n'arrive qu'à midi et demi ou une heure. Monsieur le Curé félicite papa et l'encourage à continuer, en lui disant qu'il fait plus de bien que lui dans la paroisse. Aussi papa est très aimé dans le village ; il est président du syndicat agricole et a fondé une caisse de familles ; il passe presque toutes ses journées du dimanche avec les paysans ; on vient le trouver même des paroisses voisines. Ma mère a établi un petite association de dames de charité et je vais souvent avec mes sœurs visiter des familles nécessiteuses. Une fois par mois, et aux grandes fêtes, nous allons communier à l'église paroissiale; Monsieur le Curé dit que ça donne le bon exemple, et effectivement nous voyons le nombre des communions aller toujours croissant. »

Tout le monde avait écouté avec intérêt, presque avec émotion, le jeune orateur improvisé, et une grosse larme perla sous la paupière du vénérable conférencier qui ajouta : « Eh bien! mes amis, qu'en pensez-vous ? Pour la plupart, vous connsaisiez déjà M. le Comte de B*** ; maintenant vous le connaissez mieux encore. »

«Je vous le propose pour modèle. Soyez comme lui des catholiques zélés et militants, généreux et dévoués, vous posséderez vite autour de vous une influence considérable, la France entière vous appartiendra sous peu et vous pourrez ainsi la rendre à Notre-Seigneur qui veut règner sur elle par vous, pour son bien et le vôtre. »

A mesure que nous écrivions ce chapitre et que nous sentions plus vivement l'indigence de notre plume en pareille matière un regret naissait dans notre cœur. Pourquoi, pensions-nous, n'y a-t-il pas à notre place une autre compétence? Pourquoi les lignes que nous écrivons ne tombent-elles pas, par exemple, de la plume d'or de Mgr Baunard, l'éloquent recteur des facultés catholiques de Lille ? Il nous aurait dit dans un langage digne du sujet, comment on entend, mieux que cela, comment on pratique la piété dans le magnifique groupe des hautes écoles dont l'Université de Lille est la tête et le cœur. Il nous aurait parlé de cette pieté zélée, humble, éclairée, catholique et populaire que les illustres professeurs des collèges catholiques et des facultés, s'efforcent de développer chez leurs élèves, autant par leurs exemples que par leurs leçons. L'éminent recteur nous aurait dit les œuvres de zèle auxquelles se livre cette jeunesse ardente : visite des pauvres, instruction des enfants, collaboration aux Patronages, aux cercles ouvriers. Il nous les aurait montrés puisant à la vraie source, c'est-a-dire, dans le Cœur adorable du divin Maître, leur soif d'immolation pour l'Église et pour la France, car, à l'Université de Lille, la piété eucharistique est en honneur; elle se manifeste par des communions fréquentes, par des adorations nombreuses et ferventes.

Aussi la grande École du Nord a-t-elle reçu l'éloge le plus autorisé qu'elle pouvait attendre, puisqu'il est tombé de la bouche même de Léon XIII.

« La piété, dit le grand et savant Pape, marche de pair avec la science dans cette institution, de telle sorte que ceux qui la fréquentent, entrant dans la vie, se trouvent armés pour conserver et défendre la foi chrétienne en un siècle plein d'erreurs. » (1) Ces courtes paroles résument tout ce que nous avons voulu dire dans ce long chapitre, et tracent en deux mots le programme de toutes les écoles d'enseignement supérieur.

L'on comprend après cela quel ravissant tableau la plume de Mgr. Baunard nous aurait fait de ces chrétiens de 20 ans, vivifiant leurs études du jour par les prières de la nuit, et allant chercher en Dieu, la lumière, la force et la constance nécessaires pour remplir parfaitement leurs devoirs d'écoliers; préludant ainsi aux devoirs sociaux qui les attendent, lorsque la France catholique s'appuiera sur eux pour reprendre sa marche conquérante à travers le monde, afin d'étendre le règne du Christ, son divin Roi, jusqu'aux extrémités de la terre. (2)

____

(1) *Motu proprio* du 12 Avril 1895

(2) Voir le magnifique discours du P. Lacordaire sur la Vocation de la nation française.

CHAPITRE VIII

La piété dans les écoles publiques

Malgré la prospérité toujours croissante des écoles libres en France, les écoles officielles donnent encore l'instruction à un nombre considérable d'élèves; car, si dans l'enseignement secondaire la majorité est en faveur des écoles catholiques, il est loin d'en être ainsi pour l'enseignement primaire et supérieur. Or, presque tous les élèves des écoles publiques sont catholiques par leur famille et leur baptême. Il est donc très important d'examiner dans quelle mesure nous pouvons les faire participer au grand bienfait de la piété chrétienne. Dans ce but nous allons dire : 1° l'état des écoles publiques en France; 2° les moyens dont nous disposons pour atteindre leurs nombreux élèves.

I

ETAT DES ECOLES PUBLIQUES EN FRANCE

Toutes les écoles publiques en France sont aujourd'hui officiellement athées: toutes, sans exception, depuis l'école normale supérieure jusqu'à la petite salle d'asile. L'athéisme officiel a été implanté dans notre pays avec l'avènement de la branche cadette des Bourbons, en 1830, et il s'y est maintenu sans interruption jusqu'à nos jours. La religion catholique n'est plus la religion de l'état, mais seulement la religion de la majorité des Français. Or, comme le gouvernement est maître d'école, qu'il a son enseignement officiel, l'université n'étant autre chose que la hiérarchie de ses professeurs à tous degrés ; il s'ensuit que depuis 1830, l'enseignement en France est officiellement athée. Cependant jusqu'à la troisième République, cet athéisme officiel n'avait pas atteint complètement l'école primaire ; la loi de 1882 a comblé cette lacune, en établissant ce qu'on est convenu d'appeler: « la laïcité de l'enseignement primaire, » ou bien encore, « l'école primaire neutre. » Et, pour bien faire voir que la laïcité n'était autre chose que l'athéisme, le nom de Dieu a été rigoureusement écarté de la loi, malgré les efforts du Sénat qui momentanément avait constitué, pour l'y maintenir, une faible majorité autour du nom célèbre de Jules Simon. D'où il suit que ces mots :

« école laïque, enseignement laïque » sont aujourd'hui parfaitement synonymes de ces autres: « école athée, enseignement athée. »

« Satan, dit le P. Monsabré, s'est emparé de l'instruction des enfants. Il a décrété et fait décréter qu'elle sera laïque, c'est-à-dire, il a décrété et fait décréter l'imbécillité et l'impuissance de quiconque porte un caractère sacré et se tient plus près des lumières divines ; il a décrété et fait décréter qu'il fallait écarter de l'enseignement public tous ceux qui, s'engageant à Dieu par des vœux de religion, ont obtenu la grâce d'un plus grand dévouement dans la tâche laborieuse et ingrate de l'instruction de l'enfance ; il a décrété et fait décréter qu'il fallait soustraire à la bénédiction du Christ les petits enfants, qu'il appelle à Lui par la voix de l'Église; qu'il fallait étouffer dans la bouche de ces innocents, d'où s'échappe une louange parfaite, l'*Hosanna* qui importune les pharisiens de la libre-pensée; il a décrété et fait décréter que la science pure se sépare de tout dogmatisme religieux ; que Dieu est de trop dans les écoles et qu'il faut l'en chasser; que l'enseignement doit être athée et qu'il doit former dans l'enfant une raison sans Dieu, une conscience sans Dieu, afin d'obtenir pour l'avenir des familles sans Dieu, une société sans Dieu (1). »

Ainsi, dans la patrie de Clovis et de saint Louis, dans un pays, resté en immense majorité catholique, l'école publique obligatoire a proscrit Dieu ; et il est interdit à tous les maîtres, à toutes les maîtresses qui enseignent dans ces écoles d'en pro-

---

(1) Discours de Clermont. 16 Mai 1895.

noncer le nom. Rien peut-être de semblable ne s'était vu depuis que l'homme est sur la terre ; ce qu'il y a de certain, c'est qu'aucun historien n'a conservé le souvenir de rien de pareil. Cicéron, qui paraît être l'écho fidèle de la tradition ancienne sur ce point, dit que les différentes nations du globe ont pu se diviser sur la manière de concevoir Dieu, mais que toutes sans exception, s'accordent à reconnaître et à honorer Dieu (1). Aussi voyons nous que chez les Grecs et les Romains, les athées étaient proscrits comme des êtres dangereux, et que les écoles surtout avaient le plus grand soin d'entrenir l'esprit religieux dans le cœur des enfants et des adolescents. Alors on croyait à la célèbre parole de Plutarque : « qu'il est plus facile de bâtir une ville en l'air que de fonder une société sans religion (2). »

La haute sagesse des législateurs français en a disposé autrement, et depuis 13 ans, en vertu d'un texte de loi très explicite, voté par les représentants de la nation, toutes les petites écoles françaises sont obligatoires et athées !!!

---

(1) Cicéron de Legibus. 1. 24. Tuscul. 1. 3o. De Natura deorum. 1. 43. 44.

(2) N'avoir dans les affaires publiques aucun souci de Dieu et ne tenir pas plus compte de Dieu que s'il n'existait pas, dans la conduite et l'administration des choses de la cité, c'est une témérité inconnue aux païens eux-mêmes ; dans l'esprit et la pensée desquels non seulement l'idée de Dieu, mais la nécessité d'un culte public, était tellement encrée, qu'ils estimaient plus facile de trouver une cité sans sol que sans Dieu... C'est pourquoi, ceux qui veulent une société sans lien d'aucun devoir religieux, sont convaincus, non seulement d'injustice, mais d'ignorance et d'absurdité dans leur entreprise. (Léon XIII. Encyclique *Humanum genus.)*

L'école française est donc athée, ou comme l'on dit : « neutre en religion. » S'en suit-il pour cela qu'elle n'ait pas une doctrine suprême, un enseignement modérateur, comme la théologie est la science modératrice des écoles libres ? Ce serait se tromper beaucoup que de le croire. L'école française, comme l'État, a une doctrine : c'est le rationalisme. Le rationalisme est l'évangile nouveau qui doit faire le bonheur et le salut des générations à venir, Or, l'obstacle à ce bonheur, c'est l'idée religieuse, c'est surtout la religion catholique, « la plus religieuse des religions, » comme nos ennemis se plaisent à le dire, et par conséquent la plus opposée au progrès et au bonheur de l'humanité. Donc, guerre à la doctrine catholique ; guerre prudente pour qu'elle soit plus efficace, en vertu de l'opportunisme, mais guerre implacable, sans trêve ni merci. En conséquence : Interdiction absolue de quitter l'école pour un exercice religieux quelconque, pour entendre la messe, la servir, pour assister à un pèlerinage, à une adoration perpétuelle, mais surtout pour assister au catéchisme ; défense formelle de porter à l'école un livre de religion, sous peine de le voir déchirer, jeter au feu ou dans la boite aux ordures ; prohibition de faire à l'école le moindre acte de religion, même le signe de la croix durant un orage. Il entre dans les attributions des inspecteurs primaires de veiller à la parfaite pureté de cet enseignement rationaliste et athée ; le nom de Dieu peut encore pénétrer dans les écoles secondaires avec les auteurs classiques : Racine, Corneille, Bossuet ; à l'école primaire il

mettrait la patrie en danger: *Caveant consules!*
le prêtre lui-même n'y entre pas : il rappelle une
idée religieuse, il est ministre de Dieu, sa présence
serait une atteinte a la neutralité !!! Nous sommes
loin, comme on le voit, des école neutres établies
dans certains pays mixtes, où l'on réserve à l'école
une heure par jour d'instruction religieuse : là,
c'est la liberté; chez nous, c'est la proscription.

Et pour implanter le rationalisme dans les âmes,
la France officielle éprouve une véritable fièvre de
zèle que n'arrêtent ni dépenses ni sacrifices; c'est
pour cela que le budjet de l'instruction publique
a monté depuis 1876, de 60 à 200 millions.

La nouvelle doctrine ne peut codifier une
morale ; elle augmente la criminalité ; des fonctionnaires commencent à s'alarmer de ses résultats ; le nombre des élèves diminue dans les
écoles officielles ; n'importe. Le rationalisme,
c'est le vrai, c'est le bien, c'est le salut, c'est
le progrès, c'est un principe de régénération ; on
ne fera jamais assez pour lui. Périsse la France
plutôt que ce principe ! Il faut que l'homme soit à
lui-même son Dieu ; il ne doit plus y avoir désormais sur notre belle patrie, qu'une seule déesse:
la déesse Raison. Écoutons là-dessus une déclaration autorisée et toute récente : elle est de M. Poin-
caré, ministre de l'instruction publique. « Le point
d'appui de notre morale, dit-il, c'est la conscience
intime, c'est la conscience humaine avec ses notions naturelles du bien et du mal. C'est dans le
développement intégral, dans la culture méthodi-
que de la conscience que nous faisons consister
l'enseignement moral, laïque et civique... »

D'un autre côté Léon XIII nous a parlé, après saint Augustin, de deux amours qui ont fondé dans le monde deux sociétés ; savoir : l'amour de Dieu jusqu'à la haine de soi, et l'amour de soi jusqu'à la haine de Dieu.

Le premier amour est l'auteur de la cité de Dieu, le second, de la cité du monde. Or, le rationalisme remplace le culte de Dieu par le culte de l'homme, l'amour de Dieu par l'amour de l'homme; il travaille uniquement pour la cité du monde qu'il veut faire prévaloir en France. Mais, Jésus-Christ, ne nous a-t-il pas dit quel est le prince de ce monde ? c'est le démon, c'est Satan. Quoi! faut-il croire que Lucifer est le Dieu des écoles françaises? Une pareille conclusion nous fait horreur! Non, empêchons cette usurpation monstrueuse et pour cela, prenons tous les moyens possibles pour faire participer les élèves des écoles officielles au bienfait de la piété chrétienne.

II

MOYENS D'ATTEINDRE LES ÉLÈVES DES ÉCOLES PUBLIQUES

Ces moyens sont principalement : le catéchisme paroissial, les écoles de catéchisme, la première communion, le certificat d'instruction religieuse, le patronage et les associations catholiques.

§ I. — *Le catéchisme paroissial.*

Par une grâce inappréciable et une protection spéciale de Dieu sur la France, la presque totalité

des élèves de l'enseignement officiel, suit encore
le catéchisme paroissial. Il nous semble cependant
qu'il y a une modification dans la pratique des curés depuis la loi de laïcisation. Avant cette loi, on
faisait le catéchisme tous les jours de 11 heures à
midi, ou même de 7 à 8 heures du matin. Or
maintenant on ne le fait plus que le jeudi et le dimanche. Il doit y avoir des raisons à cela, car, on
ne peut supposer que le zèle diminue en présence
de besoins plus urgents. Le catéchisme ne serait-il que de 3/4 d'heure, ou même 40 minutes par
jour, n'y aurait-il pas avantage pour l'instruction
des enfants? Cette goutte de rosée quotidienne ra-
fraîchirait des petites âmes desséchées par un enseignement sans vie et sans élévation. Dans ce
cas, le jeudi et le dimanche seraient réservés à des
réunions spéciales comme les patronages, les
classes de catéchisme ou autres choses semblables.

§ II. — *Écoles de catéchisme.*

« Quand on ne peut pas avoir d'école libre, dit
M. l'abbé Garnier, faute de ressources, faute de
maîtres ou pour toute autre raison, on peut réaliser quelque chose du même bien avec une école
de catéchisme. On appelle ainsi une institution
des plus simples qui commence à se répandre et
qu'il serait fort utile de généraliser dans la France
entière.»

« Les écoles de catéchisme ne seront soumises à
aucune espèce de formalité, aucune autorisation
comme déclaration, ni comme surveillance. C'est

une grande supériorité sur les écoles proprement dites. On peut de plus les établir dans des locaux qui ne remplissent pas les conditions réclamées pour les bâtiments scolaires. N'importe qui, prêtre ou laïque, peut en établir une et l'installer où il veut. Parfois, c'est dans l'église ou dans la sacristie, d'autres fois au presbytère ou dans un autre local. Il ne faut s'y occuper de quoi que ce soit qui fasse partie du programme scolaire. »

« On y apprend la prière, le catéchisme, la manière de répondre à la messe, la lecture du latin, le chant des psaumes et des cantiques, l'Évangile, l'histoire sainte, en un mot, tout ce qui fait partie d'une bonne éducation chrétienne. »

« Souvent c'est une bonne personne de la paroisse, ancienne institutrice ou autre, qui prend la charge de l'école de catéchisme. M. le Curé en a la direction et assiste le plus qu'il peut aux réunions. Il est bon d'avoir deux cours, l'un pour les enfants, qui ne vont pas encore en classe et l'au pour les enfants qui y vont. Le premier se fait sur tout dans la belle saison, les enfants viennent une ou deux fois par semaine, on leur apprend le si gne de la Croix, les premières prières, l'*Apostolat des enfants*, (1) quelques cantiques très faciles. Ils s'en vont au moment où les enfants sortent de la classe. C'est alors le tour de ces derniers; on les réunit encore, si on le juge convenable, le jeudi et le dimanche. »

« On se plaît à relever le prestige de l'école de ca

(1) Petit Catéchisme, 1. rue Feydau. Paris.

téchisme par toutes sortes de moyens : on y attache une très grande importance, on y décerne des récompenses, une croix d'honneur, et si les enfants plus âgés font des résumés, on les met en lumière. »

« Parfois l'école de catéchisme devient une véritable garderie pour les enfants qui n'ont pas l'âge scolaire. D'autres fois, dans les paroisses très étendues, il y en a plusieurs dans la paroisse, une pour chacun des principaux hameaux. Le local sert alors à faire des réunions pieuses par hameau, à l'époque de l'Avent, du Carême, du Mois de Marie. L'homme ou la femme qui dirige l'école de catéchisme dirige ces réunions du soir. On y fait la prière en commun, puis une lecture avec quelques cantiques.

Plus les lois de la vie seront fidèlement observées dans nos écoles de catéchisme (1), et plus nous en retirerons les fruits de salut individuel et social que nous pouvons en attendre. Gardons-nous de mépriser ces moyens simples et faciles ; s'ils n'atteignent pas la foule, ils permettent de travailler sérieusement et à fond les quelques âmes qui seront plus tard le levain de la masse. » (2).

§ III. — *La première Communion.*

La première communion solennelle, telle qu'elle se pratique en France a sans doute plus d'un in-

---

(1) Ces lois de la vie sont : la lecture de l'évangile, la prière, les sacrements et l'apostolat, fruit de la charité fraternelle. (*Questions sociales*, c. III. et IV.)

(2) *Questions sociales.* (page 91. et suiv.)

convénient : elle retarde pour beaucoup d'âmes précoces le moment de se nourrir de Dieu dans l'Eucharistie ; elle est une occasion de dépense et de fêtes mondaines ; elle favorise la vanité dans l'acte humble par excellence ; elle afflige le divin Cœur par de nombreux sacrilèges ; mais c'est un usage social, passé dans nos mœurs, et, chose précieuse, c'est un usage auquel tiennent les familles les moins chrétiennes. Cette disposition d'esprit, donne aux curés une influence considérable sur les élèves des écoles laïques. Comme préparation à la première communion, ils peuvent les convoquer à des instructions réglées et prolongées ; ils peuvent exiger l'assistance aux offices du dimanche et des jours de fêtes ; ils peuvent les confesser souvent. Ainsi, ils maintiennent ces jeunes âmes en contact avec le Dieu de leur baptême ; ils y font pénétrer la lumière surnaturelle qui les éclaire, les féconde et y laisse les traces les plus profondes, traces que les ténèbres des passions auront dans la suite bien de la peine à effacer entièrement. Voilà pourquoi, un but important du zèle sacerdotal est de faire participer le plus parfaitement possible, les élèves des écoles laïques au bienfait de la première communion. Ne pourrait-on pas pour cela s'inspirer plus généralement d'une décision récente émanée de Rome qui, tout en respectant la liberté des âmes, donne une espèce de consécration solennelle à notre usage français (1). Il y a dans les écoles laïques des

---

(1) Voir aux documents.

enfants de familles fort chrétiennes; soit parce que dans la petite localité qu'on habite il n'y a que l'école communale; soit parce que les parents sont rivés par leur emploi à la chaîne administrative. Ces enfants de bénédiction pourraient très bien communier avec leur père ou leur mère dès l'âge le plus tendre et prendre part ensuite à l'âge de 11 ou 12 ans à la première communion solennelle. On pourrait peut-être agir encore ainsi, avec des enfants appartenant à des parents moins pieux, mais d'une précocité effrayante et dont le démon va s'emparer dès l'aube de la raison, si Notre-Seigneur ne le prévient pas. En entrant dans cette voie, l'école neutre serait incontestablement beaucoup moins désastreuse pour ces âmes d'élite, que Dieu semble avoir prévenues d'une manière spéciale des bénédictions de sa grâce.

§ IV. — *Le Certificat d'Instruction religieuse.*

Puisque le vent est aux certificats et aux diplômes, pourquoi n'en pas faire bénéficier l'instruction religieuse? Assurément on peut abuser des certificats, car on abuse de tout, mais il est certain que la perspective d'un examen est un stimulant au travail. L'Église a consacré les grades théologiques et ne réprouve nullement les certificats d'instruction religieuse. Plusieurs évêques les ont établis dans leurs diocèses et il est désirable qu'ils se généralisent. Ils suppléent à la lacune de l'enseignement laïque. Nous devons donc employer toute notre influence, user de toutes les industries pour faire apprécier ces certificats aux familles, et y préparer le plus grand nombre possible des élèves de nos catéchismes, soit qu'ils viennent des écoles libres, soit qu'ils fréquentent les écoles laïques.

§ V. — *Le Patronage.*

Croirait-on que dans les villes, les meilleurs enfants des patronages sont les enfants des écoles laïques ? Cependant il en est ainsi. On peut donner de cela, deux raisons. La première, c'est que les élèves des frères fréquentent peu les patronages établis en dehors de leur école. La seconde raison, c'est que les élèves des écoles laïques qui viennent au patronage appartiennent généralement à des familles chrétiennes. Privés à l'école d'exercice et d'enseignement religieux, ces enfants ont soif de Dieu, et de tout ce qui leur donne Dieu : la prière, la prédication, les offices, les sacrements, les associations de piété. Il faut de plus en plus soigner et développer nos patronages, les faire attrayants et pieux. Les familles même peu religieuses poussent leurs enfants vers le patronage; elles sentent d'instinct que c'est pour eux un supplément de l'école laïque. C'est ainsi que les patronages de Paris regorgent d'élèves appartenant aux écoles publiques: petites âmes affamées qui viennent demander le pain spirituel qu'on leur refuse ailleurs. Au patronage les élèves des écoles libres se mêlent sans inconvénients à ceux des écoles laïques, car l'on y exerce une surveillance rigoureuse et l'esprit foncièrement pieux qui y règne écarte tout danger.

§ VI. — *Les Associations catholiques*

Les moins favorisés parmi les élèves des écoles officielles sont les pensionnaires. Ceux-là échappent presque complètement à l'influence de la religion qu'ils ne connaissent pas, ou qu'ils ne connaissent que sous un aspect odieux, propre à leur en inspirer le mépris et la haine. On ne peut vraiment songer qu'avec effroi à ces internats sans culte religieux d'aucune sorte, sans prière du matin et du soir, sans offices du dimanche; à ces écoles normales d'instituteurs d'où il faut sortir isolément pour se rendre à un exercice religieux le dimanche; à ces lycées de filles, où de jeunes françaises, de futures mères de famille, sont élevées en dehors de toute religion, de toute instruction et de toutes pratiques chrétiennes; à ces orphelinats, genre Cempuis, où des petits garçons, où de toutes petites filles ne reçoivent aucune notion religieuse, où ils n'apprennent à connaître ni Dieu, ni sa crainte, ni son amour, ni la dignité de leur âme et son immortelle destinée; où ils vivent uniquement de la vie des sens, de la vie des appétits naturels; hélas ! hélas! On conçoit l'horreur instinctive que les mères ont de pareils établissements, même dans les milieux les moins difficiles, comme sont les faubourgs de Paris. Or, tous ces nourrissons de l'athéisme officiel, baptisés pour la plupart, échappent complètement à l'action de la sainte Église, leur mère. Elle ne peut leur donner que ses prières et ses larmes.

Quant aux élèves externes, ils peuvent fréquenter les patronages et s'enrôler dans les autres associations chrétiennes. C'est ainsi que de nombreux élèves des lycées, des collèges, des écoles supérieures de droit, de médecine, de sciences, de lettres, font partie des conférences de Saint-Vincent-de-Paul, des cercles catholiques, ou participent en d'autres assemblées religieuses; là ils se forment à la piété zélée, humble, éclairée, catholique, et paroissiale comme nos élèves des écoles libres, pour travailler avec eux au moment voulu et dans la mesure de leur influence, à la restauration chrétienne et sociale (1) de la France.

---

(1) Qu'il nous soit permis d'espérer la rentrée prochaine de Dieu et de la religion dans les écoles publiques, car ce ne sont pas seulement les catholiques qui gémissent de l'enseignement actuel, mais les penseurs sérieux qui voient le niveau moral baisser avec une rapidité effrayante. On lit en effet, dans la *Revue des Deux-Mondes*, sous la plume de M. Brunetière le trait suivant qui peint au vif le désarroi du monde officiel:

« Comment nous y prendrons-nous pour rendre une âme à l'école? Conseillerons-nous au maître d'hypnotiser l'élève indocile ? Il y en a qui l'ont fait. Ou bien imiterons-nous un haut fontionnaire de l'intruction publique ? C'est très sérieusement qu'il proposait, l'année dernière, à une assemblée réunie tout exprès, de chercher avec lui sous quel pseudonyme on pourrait, réintégrer le « nommé Dieu » dans les écoles... La discussion fut longue : les plus timides hasardèrent l'*Idéal*, ou l'*Au-delà* ; de plus hardis et de plus naïfs *le Père*, et, finalement on se sépara sans avoir rien décidé... Je crois rêver moi-même en écrivant cette chose... C'est par la grande porte qu'il faut que Dieu rentre dans les écoles, et si quelqu'un croit aujourd'hui ne pouvoir plus s'en passer, il faut qu'il nous le disc et qu'on le sache! *Revue des Deux-Mondes*, n° du 15 Mai 1895.

ÉPILOGUE

Un mot de foi et d'espérance.

Les œuvres d'éducation sont des œuvres de charité. Il faut beaucoup aimer son prochain, ses compatriotes, sa patrie, pour fonder une école ; et pour diriger avec zèle, avec persévérance, l'école fondée, un amour plus grand encore est nécessaire. D'un autre côté, il est impossible d'implanter et de faire fleurir la piété dans une école, petite ou grande, sans un amour de Dieu aussi ardent que profond. Or, la charité prend naissance dans la foi, dans une conviction solide, et se nourrit d'espérance. Voilà pourquoi nous voudrions terminer ce travail sur la piété dans l'école par un mot de foi et d'espérance.

Pour cela nous nous servirons d'un article de la Revue des deux Mondes qui a eu un retentissement considérable. Il a paru le 1ᵉʳ Janvier 1895, sous la signature du directeur même de la Revue, monsieur Ferdinand Brunetière, de l'Académie française. Cet article intitulé : « *Après une visite au Vatican* » est une nouvelle page d'apologétique, aussi docte que réconfortante pour notre foi, en même temps que c'est un hommage rendu à la cause de l'éducation chrétienne. Nous voulons également y voir un motif d'espérer le retour prochain de la France à des idées plus saines, à l'alliance de la science et de la religion, qui rendrait bien vite à notre chère patrie sa force et sa grandeur d'autrefois. Nous allons commenter ce travail en y faisant de larges extraits, accompagnés de quelques observations.

L'article de Monsieur Brunetière a trois parties : dans la première, il expose comment la science a failli à ses promesses et fait une véritable banqueroute ; dans la deuxième, il met en relief la grande figure de Léon XIII, le chef de l'Église catholique, le pape des questions sociales ; enfin, dans la troisième partie, il demande pourquoi la science ne donnerait-elle pas la main à l'Église, au lieu de s'obstiner à la combattre.

I

LA BANQUEROUTE DE LA SCIENCE

Depuis le dernier siècle, les ennemis du nom chrétien s'étaient proposé de biffer l'Évangile et son

enseignement. La religion chrétienne, disaient-ils,
nous parle de mystères ; la science va lui montrer
qu'il n'y a plus de mystères. Le christianisme pense
avoir seul la clef de ces grandes questions: D'où
venons-nous? Que sommes-nous ? Où allons-nous ?
La science les résoudra en dehors de lui, avec la
clarté de l'évidence. La religion chrétienne s'arroge
une autorité divine. Appuyée sur la loi mosaïque,
elle prétend remonter jusqu'au berceau du genre
humain. La science fera voir que le christianisme
n'a, pas plus qu'une autre religion, le droit de s'imposer à la raison et à la volonté humaine; elle va
faire la lumière dans son histoire et . délivrer le
genre humain de son joug usurpé. Or, M. Brunetière constate que, sur tous ces points, la science
a fait une lamentable banqueroute.

« Le temps n'est pas très éloigné de nous, dit-il,
où l'incrédulité savante passait communément
pour marque et pour preuve d'intelligence et de
force d'esprit. On ne méconnaissait pas l'importance « des religions » et surtout celle de « la religion ou du sentiment religieux » dans le développement de l'humanité ... mais on n'en voyait
pas moins, dans « l'état théologique », ce que
j'appellerai volontiers la phase embryonnaire de
la vie de l'intelligence .. »

« Que s'est-il donc passé ? Quel sourd travail s'est
accompli dans les profondeurs de la pensée contemporaine et à ce propos parlerons-nous, à notre tour, de la banqueroute de la science ? »

La science en effet avait fait des promesses avec
Condorcet au dernier siècle et Renan de nos jours;
elle avait promis plus d'une fois de renouveler « la

face du monde » : or ce sont ces promesses auxquelles Mr Brunetière prétend que la science à fait banqueroute.

« Serrons la question de plus près, continue-t-il. En fait, les sciences naturelles avaient promis de supprimer le mystère. Or, non seulement elles ne l'ont pas supprimé, mais nous voyons *clairement* aujourd'hui qu'elles ne l'éclairciront jamais. Elles sont impuissantes, je ne dis pas à résoudre, mais à poser convenablement les seules questions qui nous importent : celles qui touchent à l'origine de l'homme, à la loi de sa conduite et à sa destinée future. L'inconnaissable nous entoure, il nous enveloppe, il nous étreint, et nous ne pouvons tirer des lois de la physique, ou des résultats de la physiologie, aucun moyen d'en rien connaître. » *D'où venons-nous ?* — « A cette question : D'où venons-nous, la science ne peut donner de réponse ; Darwin lui-même ne la résout pas, » car, continue M. Brunetière, « pour descendre d'un singe, ou le singe et nous d'un même commun ancêtre, — en sommes-nous plus avancés sur la vraie question de nos origines ? » Au contraire « l'hypothèse mosaïque de la création nous donne une réponse à la question de savoir d'où nous venons, que la théorie de l'évolution ne nous donnera jamais. »

Que sommes-nous ? « Ni l'anthropologie, ni l'ethnographie, ni la linguistique ne nous en donneront jamais une à la question de savoir ce *que nous sommes*. Ce que nous sommes, en tant qu'animal, elles nous l'apprendront peut-être. Elles ne nous apprendront pas ce que nous sommes en tant qu'homme. »

Où allons-nous ? « Ai-je besoin d'ajouter qu'à plus forte raison les sciences naturelles ne décideront par la question de savoir où nous allons ?

Qu'est-ce que l'anatomie, qu'est-ce que la physiologie nous ont appris de notre destinée ? Elles nous avaient cependant promis de nous expliquer, ou de nous révéler notre nature, et de la connaissance de notre nature, devait suivre celle de notre destinée qui détermine la vraie nature d'un être. Mais leurs recherches et leurs découvertes, — dont je ne méconnais pas au surplus l'intérêt — n'ont abouti finalement qu'à fortifier en nous notre attache à la vie : ce qui semble, en vérité, le comble de la déraison dans un être qui doit mourir. »

La divinité du christianisme. — Après avoir ainsi constaté l'impuissance de la science à expliquer l'origine, la nature et la destinée de l'homme, M. Brunetière va nous dire ce qu'a fait cette même science pour ébranler l'autorité de la religion chrétienne qui, elle, a résolu depuis longtemps ces questions capitales. La critique historique a-t-elle arraché les assises divines sur lesquelles le christianisme prétend reposer ? Qu'ont fait les hellénistes pour enlever à l'Évangile son merveilleux ou pour détruire son authenticité ? A quoi ont abouti les hébraïsants et les orientalistes contre le Pentateuque et la divine mission de Jésus-Christ ?

Écoutons M. Brunetière.

Les sciences philologiques ont-elles mieux tenu leurs promesses ? Hélas ! en ce moment même, je les ai sous les yeux, tous ces livres, fameux naguère, où nous avons avidement cherché la réponse à nos doutes, et en somme, qu'ont-ils établi ? Dans la philosophie de la Grèce, les hellénistes s'étaient formellement engagés à nous montrer le christianisme tout entier ! Mais ils n'ont oublié qu'un point, c'est de nous

·dire pourquoi, si le christianisme était déjà tout entier dans l'hellénisme, il n'en est pas sorti. Là pourtant
était la question, et quand on retrouverait l'un après
l'autre, dans les pensées de Marc-Aurèle, ou dans le
manuel d'Épictète, les « membres épars » du *Sermon
sur la montagne*; quand l'inspiration stoïcienne,
essentiellement aristocratique, ne serait pas, à vrai
dire, le contraire de l'Évangile, il restera encore et
il restera toujours que le sermon sur la montagne a
conquis le monde, et que ni le *Manuel*, ni les *Pensées*, n'ont rien engendré. Après comme avant les
travaux des hellénistes, il demeure dans le christianisme quelque chose d'inexplicable par l'hellénisme,
une vertu singulière, une puissance unique de propagation et de vie. »

M. Brunetière aurait pu observer que Marc-Aurèle et Épictète sont postérieurs à saint Paul et à
Jésus-Christ. Ne pouvaient-ils pas avoir connu l'É-
vangile et son divin commentaire : les épîtres du
grand apôtre ? Est-ce qu'ordinairement les prédécesseurs font des emprunts à leurs successeurs ?
N'est-ce pas le contraire qui arrive ? N'a-t-on pas
soutenu avec une certaine probabilité que Sénèque
s'était inspiré de saint Paul ? Or Épictète et Arrien,
le rédacteur de son manuel, ainsi que Marc-Aurèle,
sont postérieurs à Sénèque. Au temps de Marc-Aurèle, saint Clément pape avait déjà écrit sa lettre
aux Corinthiens, et saint Ignace, évêque d'Antioche, martyr sous Trajan, l'an 106, avait jeté dans le
monde grec ses sept immortelles épîtres.

Quoi qu'il en soit, dans le passage ci-dessus,
M. Brunetière a repris en faveur de la divinité du
christianisme la preuve tirée de sa propagation,

inexplicable en effet, pour tout esprit droit, sans l'intervention d'une force surnaturelle et divine.

Quant aux hébraïsans, continue M. Brunetière, ils nous avaient promis de dissiper ce qu'il y avait d'«*irrationnel*» et de merveilleux dans les origines du christianisme et dans celle du « peuple de Dieu ». Ils devaient nous montrer dans la Bible un livre comme un autre — le *Mahabahrata* du sémitisme, l'*Iliade* ou *l'Odyssée* d'Israël — et il est vrai que jusqu'à ce jour tous les efforts de la philologie n'ont pu réussir à dater avec certitude, ni l'*Odyssée* ni le *Mahabahrata* Mais c'est surtout à l'occasion de la Bible que leurs systèmes, aussi nombreux qu'arbitraires, se sont heurtés les uns les autres, et qu'après avoir vainement tenté de les concilier sous la loi d'une indifférence voisine du scepticisme, ils ont dû reconnaître que leur érudition avait plutôt embrouillé ce qu'elle s'était flatté d'éclaircir. C'est ainsi qu'il n'y a pas moins de six ou sept opinions sur l'origine ou sur l'auteur du Pentateuque... Comptez encore ce qu'il y a de théories sur la date et sur l'auteur du quatrième évangile ! Et au bout de tout cela, quand on se demande quels sont enfin les résultats de cette débauche de critique, les fortes paroles de Bossuet sont encore celles qui reviennent invinciblement à la mémoire : « Qu'on me dise s'il n'est pas constant que, de toutes les versions et de tout le texte quel qu'il soit, il en reviendra toujours les mêmes lois, les mêmes miracles, les mêmes prédictions, la même suite d'histoire, *le même corps de doctrine et la même substance* (1) ? Il a raison ! même substance et « même histoire » ! Histoire unique, de l'aveu même d'un

____

(1) *Discours sur l'Histoire universelle*, Part. II, c. xxviii.

Renan, substance irréductible. Quoi qu'il en soit il y a quelque chose dans l'histoire du pleuple, de Dieu, qui se ne trouve dans aucune autre. Quelque ambition qu'on ait affectée de la « rabattre», pour ainsi parler, sur le plan des autres histoires, elle y a résisté, elle en a triomphé. Si, par un détour imprévu d'elle-même, l'exégèse, un jour ou l'autre, se trouvait avoir ainsi confirmé ce qu'elle avait prétendu détruire, il ne faudrait pas s'en étonner, puisque, après tout, c'est aujourd'hui la seule espérance de salut. »

« Comme les hébraïsans et les hellénistes, les orientalistes n'ont apporté, eux troisièmes, qu'un élément de trouble dans la discussion, d'autres raisons de douter, non de croire, et des commencements d'hypothèses plutôt que des solutions. »

« Les quelques ressemblances qu'on a signalées entre le boudhisme et le christianisme, pour être d'ailleurs infiniment curieuses, ne sauraient en effet masquer la différence profonde, la différence intime qui les sépare ou qui les oppose. »

« J'arrive enfin aux sciences historiques — si ce sont des sciences — et, comme les sciences naturelles, je ne puis m'empêcher d'observer qu'elles nous ont appris assurément beaucoup de choses. mais aucune de celles que nous attendions de leurs progrès... La grande question est de savoir s'il existe une *loi de l'histoire*, et dans quelle mesure nous y sommes asservis. Cependant c'est justement ce que nous ignorons et je crains qu'on ne doive ajouter: c'est ce que nous ignorerons toujours. Sommes-nous nos maîtres? ou sommes-nous les esclaves de quelque force majeure? Nous acheminons-nous vers quelque but apparent? ou l'histoire n'est-elle que le lieu, pour ainsi parler, du désordre et de l'incohérence? Ni la paléographie, ni la diplomatique, ni l'archéologie ne nous ont donné là-dessus de réponse. »

Or, cette réponse que la science cherche en vain, la révélation la donne ; car la révélation nous apprend ce qu'est l'homme, d'où il vient et où il va. Comment établir une loi de l'histoire sans connaître la nature de l'homme ? sans connaître son origine et sa destinée ? Voilà pourquoi Jésus-Christ dans l'Église est le soleil de l'histoire ; i! en éclaire le passé et l'avenir. La déchéance de l'homme et sa réhabilitation, la responsabilité morale, la sanctification des âmes, leur salut éternel, la lutte du bien et du mal ,le triomphe final du bien sur le mal : voilà des vérités d'où découle la loi de l'histoire. Saint Augustin, dans sa *Cité de Dieu*, expose magistralement cette loi que cherche la science rationaliste de nos jours. Elle a fourni à Bossuet la matière d'un chef-d'œuvre dans son *Histoire naturelle*, et le Pape Léon XIII la rappelait naguère dans son encyclique sur les *Études historiques*.

Cette loi de l'histoire, M. Le Play l'a trouvée également, quand ses études sociales l'ont amené à constater que la prospérité des peuples dépend de leur observation plus ou moins parfaite du Décalogue, de sorte que ce qui est un principe de notre foi de chrétien, est en même temps une conclusion de l'étude expérimentale des sociétés actuelles.

« Cependant, continue M. Brunetière, le christianisme est une puissance tellement vivante, et la question de ses origine implique de si fortes conséquences pour le présent, qu'il faudrait plaindre l'imbécillité des critiques qui ne porteraient à ces questions qu'un intérêt purement historique. Ces paroles sont de J.-F. Strauss. Mais, nous dirons, nous, que même quand on a écrit sur les « Pharaons d'Égypte » ou sur les « maîtres de Ninive », on est tenu d'une autre obligation plus haute, mais non moins rigoureuse, que de rétablir la succession des rois pasteurs ou de décrire avec exactitude le palais de Khorsabad. Si c'est donc l'obligation à laquelle nous avons vu, depuis cinquante ou soixante ans, les sciences historiques s'efforcer de se soustraire, il ne faut pas qu'ells s'étonnent de se l'entendre quelquefois reprocher. Le zend ou l'assyrien n'ont pas été créés pour qu'on l'enseignât dans une chaire du Collège de France, ou à l'Université de Berlin; l'érudition n'a pas son objet en elle-même; et de même que les sciences juridiques ne sauraient se détacher d'une philosophie du droit, les sciences historiques ne sont qu'une curiosité vaine, si leurs moindres recherches ne tendent pas à une philosophie de l'histoire. »

« Si ce ne sont pas là des « banqueroutes totales », ce sont au moins des faillites partielles, et l'on conçoit aisément qu'elles aient ébranlé le crédit de la science. Qui donc a prononcé cette parole imprudente... « que la science n'a vraiment commencé que le jour où la raison s'est prise au sérieux et s'est dit à elle-même : Tout me fait défaut, de moi seule viendra mon salut? » Taisez-vous, raison imbécile, aurait sans doute répondu Pascal ; et, à la vérité, nous ne saurions dire ce qu'il en sera dans cent ans, dans mille ou deux mille ans; mais, pour le moment et pour longtemps encore, il semble que la raison soit impuissante à se délivrer seulement de ses doutes, bien loin de pouvoir faire elle-même son salut. »

« S'il est vrai que, depuis cent ans, la science ait

prétendu remplacer la religion, *la science pour le moment et pour longtemps encore a perdu la partie.* Incapable de nous fournir un commencement de réponse aux seules questions qui nous intéressent, ni la science en général, ni les sciences particulières — physiques ou naturelles — philologiques ou historiques — ne peuvent plus revendiquer, comme elles l'ont fait depuis cent ans, le gouvernement de la vie présente. »

D'autant plus qu'on ne gouverne la vie humaine que par la morale. Or, la morale découle du dogme comme le ruisseau de la source. La science n'ayant pu constituer le moindre corps de doctrine philosophique ou religieuse, il n'est pas étonnant qu'elle ait été impuissante à créer une morale. Aussi est-il impossible d'appeler de ce nom « la morale indépendante » qui ne peut régler le moindre de nos actes, puisque la règle lui manque ; ni la morale civique enseignée dans les écoles laïques, puisque, de l'aveu même de ses inventeurs, elle n'a fait qu'augmenter la criminalité dans la nouvelle génération.

Il est vrai que Taine a essayé de « souder les sciences morales aux sciences naturelles » ; mais cet essai, loin d'être un progrès, dit M. Brunetière, n'a été qu'un « recul ». D'un autre côté, ajoute M. Brunetière « si nous demandions des leçons de « morale au darwinisme, il ne pourrait nous en « donner que d'abominables… Mais, en attendant, « il faut vivre d'une vie qui ne soit pas purement « animale, et la science, aucune science aujour- « d'hui ne saurait nous en fournir les moyens. »

M. Brunetière voit, dans cette impuissance de la

science, la raison de l'esprit nouveau qui souffle
sur la France et semble présager une ère nouvelle.
« C'est, dit-il, la raison de la révolution ou de
« l'évolution que nous voyons se produire et dont
« on trouverait les preuves, au besoin, dans la
« *Bibliographie de la France.* »

Sans attacher une trop grande importance à certaines productions littéraires du genre religieux,
« il n'en est pas moins vrai que l'évolution se pro-
« duit et nous commençons d'en discerner quel-
« ques-uns des effets. Deux mots suffisent à les
« résumer : LA SCIENCE A PERDU SON PRESTIGE ; LA
« RELIGION A RECONQUIS UNE PARTIE DU SIEN. »

II

IL FAUT REVENIR AU CATHOLICISME

De ce qui vient d'être dit, la conclusion s'impose :
il faut revenir au christianisme. Or, choisira-t-on
le protestantisme ou le catholicisme ? Le catholicisme, répond sans hésiter M. Brunetière, parce
que le catholicisme est un gouvernement, parce
que c'est une autorité doctrinale, parce que c'est
un pouvoir social ; et, après avoir fait jusqu'ici un
traité de la *vraie religion*, il va nous esquisser à
grands traits un traité de la *vraie Église,* voici
comment il raisonne.

Pour tous ceux qui ne pensent pas qu'une démocratie se puisse désintéresser de la morale... il ne
s'agit plus que de choisir entre les formes du christianisme celle qu'on pourra le mieux utiliser à la

régénération de la morale et je n'hésite pas à dire que c'est le catholicisme, et cela pour trois principales raisons : la première, c'est que le catholicisme est un gouvernement ; la seconde, c'est qu'il est une autorité doctrinale ; et enfin parce qu'il est une puissance sociale.

1° *Le catholicisme est un gouvernement.* — Le catholicisme est un gouvernement et le protestantisme n'est que l'absence de gouvernement. C'est ce que prouve son histoire qui n'est, à proprement parler, que celle de ses divisions. Représentez-vous une armée, dont les soldats refuseraient l'obéissance à leurs officiers, comme différant avec eux d'opinion sur une question de discipline ou de service: telle est l'image du protestantisme. N'est-ce pas peut-être une grande chose, pour gouverner, que de commencer par être un gouvernement ?

2° *L'Église est une autorité doctrinale.* — « Étant un gouvernement, le catholicisme a aussi une « doctrine » et une « tradition », dont j'ai reconnu toute la force en lisant le dernier écrit de Tolstoï sur *la Guerre de l'Esprit chrétien.* Combien, me disais-je, le catholicisme n'a-t-il pas été sage, et politique même, en refusant toujours de livrer l'Écriture aux interprétations du sens individuel ! car il est écrit : « Si quelqu'un vient à moi, et ne hait pas son père et sa mère, sa femme et ses enfants, ses frères et ses sœurs, il ne peut être mon disciple. » Oui, cela est écrit. Et il est écrit ailleurs : « Je vous le dis encore une fois, il est plus facile qu'un chameau entre dans le trou d'une aiguille, qu'un riche entre dans le royaume des cieux ». Mais, si la lettre de ces paroles n'est pas développée par l'esprit de la tradition, quel effet ne produiront-elles pas sur un humble lecteur *infimæ sortis, paupercula domus,* puisqu'elles ont fourvoyé dans ce dédale d'erreurs le plus grand écrivain de la Russie contemporaine. »

«J'entends maintenant ce que l'on voulait dire autrefois quand on réduisait toute la querelle entre protestants et catholiques, à la «matière de l'Église.» La notion même et, pour ainsi dire, le concept d'une Écriture, ou d'un Livre, ne se sépare pas de l'institution d'une autorité qui l'explique. « Eh quoi ! disait déjà saint Augustin, tandis qu'il n'est pas de science et d'art si faciles qu'ils ne réclament un guide et un maître, la religion, seule au monde, n'aurait pas besoin qu'on l'enseigne et qu'on la dirige!» Se peut-il rien de plus contradictoire ? Qui ne voit que, si l'Écriture était assez claire de soi pour toute intelligence, elle ne contiendrait rien qui surpassât les lumières de l'homme, auquel cas nous n'avions pas besoin d'un Dieu pour nous la révéler ? Mais si la « révélation » était entière, et qu'elle n'eût pas besoin d'être perpétuellement éclairée d'en haut, alors nous serions Dieu lui-même. »

3° *Le catholicisme est une puissance sociale* (1). — Et il a, enfin, de n'être pas seulement une « théologie » ou une « psychologie » mais une sociologie», si j'ose ainsi dire, et c'est là, sachons-le bien, A L'HEURE CRITIQUE OU NOUS SOMMES, son plus grand avantage. Essayez, en effet, d'atteindre et de définir l'essence du protestantisme : c'est le salut individuel qui est sa grande affaire...

« Mais dans le catholicisme, la doctrine des indulgences renferme en elle une véritable fécondité sociale. Les mérites des uns « s'appliquent » au salut des autres. La carmélite aux pieds nus pleure dans son cloître les péchés du mondain, les efface. Le moine qui s'en va mendiant sur les grandes routes, rachète la femme adultère au prix des humiliations

---

(1) Voyez TAINE, *Littérature anglaise; t. II Renaissance chrétienne.*

qu'il essuie. Il s'établit ainsi, dans la société catholique idéale, une circulation de perpétuelle charité. Les vivants y prient pour les morts, les morts y intercèdent pour les vivants. Une justice plus clémente, un Dieu plus tendre à la faiblesse humaine y accorde aux élus la grâce des réprouvés. Et du centre à la circonférence de ce cercle infini, où l'humanité se trouve enveloppée tout entière, il n'est personne en qui ne retentissent, pour le désoler, les péchés, mais aussitôt, et pour le consoler, les mérites des autres... »

Aussi bien, est-ce le côté social du catholicisme que Léon XIII aujourd'hui travaille merveilleusement à mettre en relief. La société menace de s'écrouler; il faut la raffermir en la replaçant sur les bases solides de la religion, de la charité fraternelle, de la morale et du respect de l'autorité. Le progrès des sciences physiques a supprimé les distances, les frontières des peuples ont disparu, il faut unir l'humanité tout entière dans les liens de la paix et de l'amour. Léon XIII travaille à ce beau dessein, il veut rapprocher les riches des pauvres, les patrons des ouvriers; il appelle les communions dissidentes à l'unité d'une même foi; il veut réaliser la fraternité des peuples, en faisant de tous les hommes la grande famille de Dieu, et réaliser ainsi la prophétie du Sauveur : « Il n'y aura plus qu'un seul bercail et un seul pasteur « *Fiet unum ovile et unus pastor* (Joan. c. X, v. 16). La manière dont Léon XIII poursuit cette grande œuvre, et travaille à développer la « vertu sociale » du christianisme, excite l'admiration de M. Brunetière; aussi est-ce avec des accents émus et une véritable éloquence, qu'il parle du grand Pontife dont la main ferme et hardie tient en ce moment le gouvernail de l'Église. Écoutons-le.

« Toute réaction religieuse profitant d'abord au catholicisme, » c'est du moins Renan qui l'a dit, — il n'est pas étonnant qu'un Pape politique, s'inspirant le premier des nécessités de l'heure présente, ait conçu l'espérance et formé le projet de diriger le mouvement. C'était assurément son droit. *Multæ sunt mansiones in domo Patris mei* : et il y a aussi plusieurs aspects, ou, pour ainsi parler, plusieurs faces du christianisme. Puisque jadis, en des temps étrangement confus, l'Église avait triomphé de cette espèce d'éruption de l'instinct et de cette révolte de la nature, qui fut sans doute l'un des caractères essentiels de la Renaissance, et qu'elle avait même arraché l'empire de l'art au paganisme du xve siècle ; — puisque, cent cinquante ou deux cents ans plus tard, elle avait pu contre-balancer la redoutable influence du cartésianisme, en l'absorbant, et même en s'en aidant pour développer ce qu'il y a de substance rationnelle dans son propre enseignement ; — et puisque enfin, au début du siècle où nous sommes, elle n'avait pas refusé de traiter avec la Révolution, et qu'elle l'avait pu, sans rien abandonner de ses droits ou céder de son dogme ; — pourquoi, dans un temps comme le nôtre, s'il y a dans sa tradition quelque vertu sociale, et qu'aucune considération de l'ordre temporel n'en gêne plus le libre développement, pourquoi n'essaierait-elle pas de se présenter aux peuples sous ce nouvel aspect d'elle-même ? et pourquoi n'y réussirait-elle pas ? Évoluer n'est pas changer, a dit un ancien Père. *Quod evolvitur... non ideo proprietate mutatur* : c'est l'expression même de saint Vincent de Lérins. L'épanouissement des frondaisons de l'arbre n'est pas une « variation » du germe; et ce n'est pas « changer », ce n'est pas devenir autre, que de développer le contenu de sa loi, puisque, au contraire, c'est achever de devenir soi-même. On ne l'avait pas oublié, mais d'autres soucis, plus pressants, — notamment celui de soutenir et de repousser l'assaut de la science laïque, — avaient surtout préoccupé les prédécesseurs de Léon XIII. Autre temps, autres soins ! Qui se détacherait aujourd'hui de la communion de l'Église pour des raisons philologiques » ? Et, d'un autre côté, si l'impuissance de la science physique ou naturelle à supprimer le « mystère » est prouvée, remontons donc maintenant à la source. Invoquons l'esprit de conciliation et de paix. Libres et dégagés des nécessités d'une lutte qui avait réclamé jusqu'ici toute notre activité, ne prolongeons pas d'inutiles controverses. Et après avoir prouvé la vérité ou la « divinité » de la religion par la continuité de son dogme immuable, prouvons-la maintenant par le bien qu'elle peut faire encore à ce monde inquiet et troublé. »

C'est ainsi, ou à peu près, que l'on peut essayer de se représenter les intentions du Pape Léon XIII, et il semble que, depuis dix-sept ans, tous ses actes comme toutes ses paroles aient tendu à ce grand dessein. Certes, il n'a rien abandonné, ni des droits de l'Église, ni de l'autorité du dogme, le pontife qui a écrit les mémorables *Encycliques* du 28 décembre 1878, *sur les Erreurs modernes;* et du 11 août 1879 *sur la Philosophie chrétienne;* et du 10 février 1880 *sur le Mariage chrétien.* Même, la seconde a scandalisé tous ceux à qui sans doute elle apprenait pour la première fois que saint Thomas est un des beaux génies dont se puisse honorer l'histoire de la pensée humaine. Mais, en proclamant l'indép ndance de

l'Église à l'égard des formes de gouvernement :
comme en s'occupant des questions ouvrières avec
une sollicitude particulièrement active ; et comme
en travaillant à préparer dans un lointain avenir la
réconciliation en une, des diverses communions
chrétiennes ; il fait trois grandes choses, — dont la
première conséquence a été de rendre au catholicisme, et généralement à la religion, leur part de l'action sociale. »

« Les catholiques, — écrivait-il dans son *Encyclique sur l'origine du pouvoir civil*, du 23 juin
« 1881, — vont chercher en Dieu le droit de com-
« mander, et le font dériver de là comme de sa
« source naturelle, et de son principe nécessaire...
« Toutefois, il importe de remarquer ici que, s'il
« s'agit de désigner ceux qui doivent gouverner la
« chose publique, cette désignation pourra, dans
« certains cas, être laissée au choix et au jugement
« du plus grand nombre, *judicio multitudinis*,
« sans que la doctrine catholique y fasse le moin-
« dre obstacle, *non adversante neque repugnante*
« *doctrina catholica*... Il n'est pas question davan-
« tage des différents régimes politiques, et il
« n'existe pour l'Église aucune raison de ne pas
« approuver le gouvernement d'un seul ou celui
« de plusieurs, pourvu seulement qu'il soit juste
« et qu'il s'applique au bien commun. Aussi
« n'est-il point interdit aux peuples de se donner
« telle forme politique qui s'adaptera mieux ou à
« leur génie propre, ou à leurs traditions et à leurs
« coutumes.

« Son langage n'a pas été moins net, ni moins conciliant sur la question ouvrière. Dans l'*Encyclique* du 29 juin 1881, après avoir défini l'inquiétude qui travaille les sociétés modernes, il poursuivait en ces termes hardis : »

« Ce qu'il y a de plus grave, c'est que, au milieu
« de tant de périls, les chefs des États ne semblent
« disposer d'aucun remède propre à rétablir la
« paix dans les esprits et l'ordre dans la société.
« On les voit s'armer de la puissance des lois et
« sévir avec vigueur contre les perturbateurs du
« repos public. Mais, s'il n'y a rien de plus juste,
« ils feraient bien de considérer qu'un système de
« pénalité, quelle qu'en soit la force, ne suffira
« jamais à sauver les nations : *vim nullam pœna-*
« *rum futuram tantam quæ conservare respublicas*
« *sola possit.* « La crainte, comme l'enseigne
« excellemment saint Thomas, est un fondement
« infirme. » Vienne l'occasion qui permet d'espé-
« rer l'impunité, ceux que la crainte seule a soumis,
« se soulèveront avec d'autant plus de passion
« contre leurs chefs que la terreur les avait jus-
« que-là contenus avec plus de violence. D'ailleurs
« la terreur même jette ordinairement les hommes
« dans le désespoir ; le désespoir leur inspire l'au-
« dace ; et l'audace les précipite dans les attentats
« les plus monstrueux. »

« Mais, si le remède est dans le retour aux princi-
pes chrétiens, ces principes ont des applications immédiates et pratiques, et le Pape les a mis en lumière dans la célèbre *Encyclique* du 15 Mars 1891 *sur la Condition des ouvriers :* »

« La raison formelle de toute société est une et

« commune à tous ses membres, grands et petits.
« Les pauvres, au même titre que les riches, sont
« de par le droit naturel, des citoyens, c'est-à-dire
« du nombre des parties vivantes dont se compose,
« par l'intermédiaire des familles, le corps entier
« de la nation, pour ne pas dire qu'en toutes les
« cités ils sont le grand nombre... Comme donc il
« serait déraisonnable de pourvoir à une classe de
« citoyens, et d'en négliger l'autre, il devient évi-
« dent que l'autorité publique doit prendre les me-
« sures voulues pour sauvegarder le salut et les
« intérêts de la classe ouvrière...

.« Pour ce qui est des intérêts physiques et cor-
« porels, l'autorité publique doit tout d'abord les
« sauvegarder, en arrachant les malheureux ou-
« vriers aux mains de ces spéculateurs qui, ne
« faisant point de différence entre un homme et
« une machine, abusent sans mesure de leurs per-
« sonnes pour satisfaire d'insatiables cupidités.
« Exiger une somme de travail qui, en émoussant
« toutes les facultés de l'âme, écrase le corps et en
« consume les forces jusqu'à l'épuisement, c'est
« une conduite que ne peuvent tolérer ni la justice
« ni l'humanité...

« La violence des révolutions politiques a divisé
« le corps social en deux classes et creusé entre
« elles un abîme immense. D'une part, la toute-
« puissance dans l'opulence : une faction qui,
« maîtresse absolue de l'industrie et du commerce,
« détourne le cours des richesses et en fait affluer
« en elle toutes les sources... de l'autre, la faiblesse
« dans l'indigence : une multitude, l'âme ulcérée,
« toujours prête au désordre. Que l'on stimule

« l'industrieuse activité du peuple par la perspec-
« tive d'une participation à la propriété du sol, et
« l'on verra se combler peu à peu l'abime qui sé-
« pare l'opulence de la misère, et s'opérer le rap-
« prochement des deux classes.

« Citons encore ce passage de la *Lettre sur la Question ouvrière*, à M. G. Decurtins, du 7 août 1893: »

« S'il y a un motif grave et juste pour lequel
« l'autorité publique ait le droit d'intervenir pour
« protéger par des lois la faiblesse des ouvriers, on
« ne pourra pas assurément en trouver de plus grave
« et de plus juste que la nécessité de venir en aide à
« la faiblesse des enfants et des femmes.

« Et d'autre part, il est évident pour tous com-
« bien serait imparfaite la protection donnée au
« travail des ouvriers, si elle l'était par des lois diffé-
« rentes que chaque peuple élaborerait pour son
« compte, car les marchandises diverses venues de
« divers pays se rencontrant sur le même marché,
« certainement la réglementation imposée ici ou là
« au travail des ouvriers, aurait cette conséquence
« que les produits de l'industrie d'une nation se
« développeraient au préjudice d'une autre. »

« Mais déjà sans doute, quand il écrivait cette dernière phrase, une idée encore plus hardie s'élabo-
rait dans l'esprit de Léon XIII, et déjà son active
imagination voyait s'ouvrir les perspectives de l'*Encyclique* du 20 juin 1894 *sur l'Unité catholique:* »

« Pendant que notre esprit s'attache à ces pen-
« sées, — de réconciliation des Églises protestantes

« et des Églises orientales avec l'Église latine, — et
« que notre cœur en appelle de tous ses vœux la
« réalisation, nous voyons là-bas, dans le lointain
« de l'avenir, se dérouler un nouvel ordre de choses,
« et nous ne connaissons rien de plus doux que la
« contemplation des immenses bienfaits qui en
« seraient le résultat naturel. L'esprit peut à peine
« concevoir le souffle puissant qui saisirait soudain
« toutes les nations, alors que la paix et la tran-
« quillité seraient bien assises; que les lettres se-
« raient favorisées dans leurs progrès; et que
« parmi les agriculteurs, les ouvriers, les indus-
« triels, il se fonderait sur les bases chrétiennes que
« nous avons indiquées, de nouvelles sociétés ca-
« pables de réprimer l'usure, et d'élargir le champ
« des travaux utiles, *quarum ope vorax reprimatur*
« *usura, et utilium laborum campus dilatetur.* »

« Et dans un autre endroit : »

« Nous n'ignorons pas ce que demande de longs
« et pénibles travaux l'ordre de choses dont nous
« voudrions la restauration, et plus d'un pensera
« peut-être que nous donnons trop à l'espérance...
« Mais nous supplions les princes et les gouver-
« nants, au nom de leur clairvoyance politique et
« de leur sollicitude pour les intérêts de leurs peu-
« ples, de vouloir équitablement apprécier nos des-
« seins et les seconder de leur autorité... Le siècle
« dernier laissa l'Europe fatiguée de ses désastres,
« tremblante encore des convulsions qui l'avaient
« agitée. Le siècle qui marche à sa fin ne pourrait-il
« pas, en retour, transmettre comme un héritage,

« au genre humain, quelques gages de concorde,
« et l'espérance des grands bienfaits que promet
« l'unité de la foi chrétienne ? »

« Ce sont là de nobles paroles, dont la noblesse
n'est égalée que par la sincérité qui les anime, et certes aucun rêve, — si les expressions du Saint-Père
lui-même nous autorisent peut-être à nous servir de
ce mot, — ou aucune espérance ne saurait mieux
convenir et aux aspirations de cette fin de siècle, et
au caractère de l'illustre vieillard qui gouverne à
peu près souverainement la croyance de 200 millions
d'hommes. Il a compris ce que l'on attendait du plus
grand pouvoir moral qui soit parmi les hommes, et
le plus ancien. Résolument, il a lancé la barque de
saint Pierre sur la mer orageuse du siècle, et ni l'im-
pétuosité des vents, ni le tumulte des flots, ni la cla-
meur même des passagers effrayés de sa tranquille
audace ne l'ont un seul jour détourné de son but.
Et si d'ailleurs il ne l'atteignait pas, si cette Providence, dont il ne se regarde que comme l'instrument,
ne lui permmettait pas de l'atteindre, il n'en aurait
pas moins l'impérissable honneur de se l'être à lui-
même marqué.

L'avenir lui saura surtout gré de s'être souvenu
que le christianisme a commencé par être une religion de pauvres. L'Évangile ne rebute point les
grands, ni les puissants, ni les sages ; il ne les rejette
pas ; mais il les « diffère ». Si c'est justement l'honneur du christianisme, si ç'a été sa force à ses débuts, si peut-être il n'a pas donné de signe plus écla-
tant ni de preuve plus convaincante de sa mission,
que de s'être adressé d'abord aux humbles de ce
monde, là aussi est son avenir et, pour ainsi parler,
dans la société que nous a faite la philosophie du
siècle dernier, là est sa promesse d'éternité. Aucun

pontife ne l'a mieux senti que le Pape Léon XIII, et, l'ayant senti, ne l'a dit avec plus d'abondance de cœur et d'ardeur de persuasion. Aucun ne l'a redit avec plus d'insistance. Et aucun surtout, en enseignant à ceux qui peinent l'inutilité de la violence ou de la révolte, et aux heureux du jour ce que leurs obligations envers leurs « frères » ont d'impérieux et d'absolu, ne l'a fait avec un plus vif sentiment de la fraternité humaine, de l'égalité chrétienne, et de la liberté apostolique. »

III

BASES DE L'UNION ENTRE L'ÉGLISE ET LA SCIENCE

Il faut donc que la science donne la main à l'Église catholique et seconde les vues de son chef, pour conjurer la crise sociale qui nous menace.

L'accord est possible; voyons à quelles conditions il nous est proposé.

L'Église déclare que la question sociale est surtout une question morale; nous sommes de son avis, et sur ce point l'accord est fait. L'Église nous dit qu'il n'y a point de morale sans lutte contre soi-même; quel est le moraliste qui, aujourd'hui, oserait le nier au nom de la science? L'Église soutient qu'il faut séparer les sciences morales des sciences naturelles, comme appartenant à deux ordres de choses tout différents: l'esprit et la matière; l'expérience lui donne raison, tandis qu'au contraire la morale est inséparable de la religion. Enfin, l'Église laisse à la raison pleine liberté de s'exercer dans son domaine, et, loin de condamner la science, elle la favorise de tout son pouvoir. Écoutons M. Brunetière traiter ces différents points.

« 1° *La question sociale est surtout une question morale.* — C'est le titre qu'un philosophe allemand donnait naguère à un de ses livres, et assurément ce serait un grand point de gagné, si jamais nous en comprenions toute la signification : »

« *La question sociale est une question morale* (1). Cela veut dire, en effet, que l'on aura beau s'en flatter, il n'existe pas, il n'y aura jamais de moyens scientifiques de détruire l'inégalité des conditions entre les hommes, — et après tout, faut-il souhaiter qu'il y en eût ? — Mais il y aura toujours et il y a toujours eu des moyens moraux d'atténuer ce que les conséquences de cette inégalité ont de plus troublant encore pour l'esprit que de douloureux pour le cœur. Cela veut dire que le « contrat social » n'est pas un contrat d'assurances, et que, par suite, aucun de nous ne pourrait se décharger sur un pou-voir anonyme du fardeau de ses devoirs envers ses semblables, ni profiter des avantages de la société sans en subir ou sans en acquitter que les charges de finances. Et cela veut dire, enfin, qu'indépen-damment des obligations de ne pas faire, il y en a pour nous d'agir, dont la première est de travailler à détruire en nous la racine de l'égoïsme, qui est notre attache animale à la vie... Mais je ne traite pas ici la « Question sociale », et il me suffit d'avoir indiqué ce que l'on veut dire quand on la trans-forme en une question morale. Car on voit la consé-quence, et qu'au lieu d'en chercher la solution dans les analogies de l'histoire naturelle, comme font nos sociologues, ou dans l'extension tyrannique des pou-

---

(1) Th. ZIEGLER. *Die soziale Frage eine sittlige Frage,* 1870.

voirs de l'État, comme font les socialistes ; ou dans la destruction de toute société, comme font les anarchistes, on ne la trouvera pas non plus, cette solution chimérique, mais on n'en approchera qu'en le demandant « à la morale et à l'effort individuel ».

Ces dernières paroles sont le verdict de l'expérience et du bon sens, en même temps qu'elles expriment la pure doctrine catholique.

« 2° *La morale a pour fondement la lutte contre soi-même.* — « L'erreur peut-être la plus grave que la philosophie du dernier siècle ait commise, — en la personne de Diderot, autant et plus que de Rousseau, — c'est d'avoir substitué le dogme de la bonté naturelle de l'homme à celui de sa perversité foncière. Ici ou ailleurs, j'ai tâché plusieurs fois de montrer ce qu'un sceptique tel que Bayle, qu'on n'accusera pas de timidité d'esprit, appelait « la nécessité d'un principe réprimant ». Si la nature est immorale, elle l'est en nous comme hors de nous. Nous qui le croyons d'une certitude absolue, comment donc serions-nous étonnés ou choqués de ces paroles de l'Encyclique *Humanum genus :*

« La nature humaine ayant été viciée par le
« péché originel, et, à cause de cela, étant devenue
« beaucoup plus disposée au vice qu'à la vertu,
« l'honnêteté est impossible si l'on ne réprime pas
« les mouvement tumultueux de l'âme, et qu'on
« ne place pas les appétits sous l'empire de la rai-
« son... Mais les naturalistes nient que le père du
« genre humain ait péché, et par conséquent que
« les forces du libre arbitre soient, en aucune
» façon, débilitées ou inclinées vers le mal. Tout

« au contraire, ils exagèrent la puissance et l'excel-
« lence de la nature, et mettant uniquement en
« elle le principe de la règle et de la justice, ils ne
« peuvent pas même concevoir la nécessité de
« faire de constants efforts et de déployer un grand
« courage pour contenir et gouverner ses instincts
« désordonnés. »

« C'est ici la vérité même. On n'est, en le recon-
naissant, ni protestant ni catholique ; on peut être
évolutionniste. Que dis-je ? c'est surtout aux évolu-
tionnistes qu'il est impossible de se former une autre idée de la nature humaine. Le sang qui coule
dans nos veines n'est-il pas, en effet, pour eux, celui qui coulait, aux temps préhistoriques, dans les
veines de leurs ancêtres, et n'y charrie-t-il pas toujours en quelque sorte le feu de leurs instincts lu-
briques ou féroces ? Si l'apologétique orthodoxe a
sans doute ses raisons pour n'avoir pas tiré plus de
parti de cet argument, quelques partisans de l'évolution, — y ont été en partie, séduits par cet argument même... Aussi depuis deux mille ans, tout ce
que l'on fait d'efforts pour « laïciser » la morale ou
la séculariser, n'a jamais été qu'une transformation
ou une altération de quelque « idée chrétienne ».
Bayle autrefois, et Taine de nos jours ont essayé de
la fonder sur la perversité naturelle de l'homme, et,
conséquemment, sur l'obligation de réfréner, de
dompter, d'anéantir en nous les impulsion de l'instinct animal: c'est une idée chrétienne, si c'est le
dogme même du péché « originel »; on le voit bien
par cette belle page des *Élévations sur les mystères,*
si littérale et si symbolique tout à la fois: « Conte-
« nons les vives saillies de nos pensées vagabondes...
« nous commanderons en quelque sorte aux oi-

« scaux du ciel ; empêchons nos pensées de ramper
« toujours vers les nécessités corporelles, comme
« font les reptiles de la terre... Ce sera dompter les
« lions que d'assujettir notre impétueuse co-
« lère. Nous dominerons les animaux venimeux,
« quand nous saurons réprimer les haines, les jalou-
« sies et les médisances. Nous mettrons le frein à
« un cheval fougueux, quand nous réprimerons en
« nous les plaisirs. » C'est donc un second point
dont nous pouvons tomber d'accord : la vertu n'est
que la victoire de la volonté sur la nature. Ce qui revient à dire, sans métaphore, que la volonté ne se
détermine qu'en se dégageant de la nature. »

. « *3° On ne peut rattacher la morale aux sciences naturelles ; lien de la morale avec la religion.* — « Je
ne vois pas, d'ailleurs, ce que nous objecterions bien
à la doctrine catholique sur la séparation des
« sciences morales », par exemple, et des « sciences
naturelles ». Ç'a été la chimère de Taine, on le sait,
que de vouloir à tout prix, comme il disait, les
« souder » les unes aux autres, et rien n'est plus
laborieux, ni plus triste en un sens, dans ses derniers écrits, que la peine qu'il se donne pour se per-
suader à lui-même qu'il y a réussi. Mais quand tous
nos instincts seraient en nous d'origine purement
animale, — ce que d'ailleurs on peut refuser absolument d'admettre, — ils ne laisseraient pas de différer étrangement d'eux-mêmes, depuis six mille ans
que l'objet de la civilisation a été de nous soustraire aux servitudes de la nature. Nous n'en forme-
rions pas moins dans l'univers, en dépit de Spinoza,
comme « un Empire dans un Empire », et ce nouveau déterminisme, ce déterminisme moral, étant la
condition de l'humanité, n'aurait rien de commun
avec celui qui « conditionnne » les phénomènes des
sciences physiques et naturelles. On a reproché jadis

au spiritualisme officiel, — celui de Cousin et de Jouffroy, — qu'il voulait partout et à tout prix mettre de la morale. Si le positivisme contemporain est tombé dans l'excès contraire, et s'il a prétendu, lui, traiter la morale comme il faisait la physiologie, il ne s'est pas moins écarté du vrai but. Rien ne l'autorisait à opérer cette confusion... C'est « encore » un point dont nous pouvons convenir avec l'enseignement de l'Église. »

Comme on le voit, M. Brunetière, dans ce passage, se sépare à la fois des panthéistes et des matérialistes. D'après les panthéistes, une force universelle, qu'ils appellent « l'âme du monde », produit tous les phénomènes particuliers, même les déterminations de la volonté humaine, qui perd ainsi toute liberté; car cette force universelle est aveugle et nécessitante. Or, dit M. Brunetière, n'en déplaise à Spinoza, notre volonté est « un empire dans cet empire » du monde; c'est un empire indépendant et autonome; le sens intime l'atteste en chacun de nous, malgré les sophismes d'une fausse science.

D'un autre côté, les positivistes matérialistes ne sont pas mieux fondés dans leurs conclusions; car il y a dans l'homme autre chose que des forces et une vie physiques; il y a un principe qui repose dans le corps, il est vrai, mais qui lui est supérieur: c'est l'intelligence, c'est la volonté libre, source et raison de toute moralité.

« Quoi qu'on fasse, dit M. de Broglie (1), morale et liberté seront toujours sœurs, puisque nul ne

_____

(1) *Éloge de Taine*, 7 février 1895.

peut être coupable s'il n'a pas la liberté de ne
l'être pas. »

M. Brunetière professe donc le pur spiritualisme,
tel que l'enseigne la vraie philosophie confirmée
par la révélation. Car, si l'homme est soumis à
une force nécessitante, s'il n'est que le rouage
d'une immense machine, comme le veut Spinoza ;
s'il n'est qu'un animal aux instincts irrésistibles,
comme paraissent le croire M. Comte et les positivistes ; c'en est fait de la morale. Or, sans morale
que devient la société, que devient l'humanité ?

Mais si la morale est indépendante de la matière
et des forces physiques, elle est au contraire intimement liée à la religion ; en sorte que l'on peut
dire qu'elle en est inséparable.

« Sachons voir les choses comme elles sont, dit M.
Brunetière avec Edmond Schérer, dont il embrasse
l'opinion : « La morale, la vraie, la bonne, l'ancienne, l'impérative, *a besoin de l'absolu ;* elle aspire
à la transcendance ; elle ne trouve son point d'appui
qu'en Dieu... La conscience est comme le cœur, il
lui faut un au-delà. Le devoir n'est rien s'il n'est
sublime ; et la vie devient chose frivole, si elle n'implique des relations éternelles (1) ». C'est la vraie
manière de poser le problème et de le résoudre,
peut-être. Il n'importe qu'en fait la morale soit sortie
de la religion ou la religion de la morale... la question est oiseuse pour le moment... Mais ce qui est
essentiel et ce qui est certain, c'est que la morale
et la religion ne prennent tout leur sens, elles ne
réalisent la totalité de leurs définitions, pour ainsi

____

(1) *Études sur la littérature contemporaine,* t, VIII, page 182,
183.

parler, qu'en se pénétrant l'une l'autre; et, si j'ose le dire, qu'en s'amalgamant.

On sait que l'Église est plus catégorique que M. Brunetière sur ce point; car elle enseigne absolument que la morale dépend de la religion et en découle; néanmoins on aime à voir un homme droit, un savant consciencieux s'approcher ainsi de la vérité, la pressentir, la deviner en quelque sorte par les seules forces de la raison.

4° *Liberté laissée à la science dans son domaine.* — On connaît la doctrine de l'Église sur cette matière. Léon XIII la rappelait naguère dans son encyclique sur l'*Étude des saintes Écritures*. La raison et la foi sont deux sources de vérités et de connaissances; l'une et l'autre viennent de Dieu; elles peuvent se prêter un mutuel appui et marcher la main dans la main, comme deux sœurs; elles peuvent s'éclairer l'une l'autre, et de fait, elles se communiquent souvent leurs lumières, mais elles ne peuvent se contredire; car Dieu ne peut se mentir à lui-même et toute vérité vient de son éternelle vérité. Pleine liberté est donc laissée dans l'ordre naturel aux investigations de la science, selon la parole de l'Esprit Saint: *Mundum tradidit disputationi eorum* (Eccl. III, 2). Les lois de la pesanteur n'ont rien à voir avec l'Eucharistie. Si l'on croit voir une contradiction entre la Bible et une prétendue découverte archéologique, ou géologique, c'est, dit Léon XIII, ou parce que l'on interprète mal l'Écriture, ou parce que la découverte n'a pas les caractères d'une incontestable certitude;

c'est un point obscur à éclaircir, ce n'est pas une contradiction réelle. Au temps de Bossuet les physiciens disaient : « Le soleil est pour notre globe l'unique foyer de lumière ». La Bible, au contraire, affirmait à sa première page que la lumière avait été créée avant le soleil. Qui se trompait, de la science ou de l'Écriture ? Demandons-le à la physique moderne. N'enseigne-t-elle pas, aujoud'hui, que la production de la lumière est tout à fait indépendante de l'action solaire ?

Évidemment, dit M. Brunetière, que nous allons encore citer textuellement, tout en faisant quelques réserves, évidemment nous ne sacrifierons ni la science, et encore moins l'indépendance de notre pensée. Si nous n'admettons pas que la science puisse jamais remplacer la religion — et nous en sommes convenu peut-être avec assez de franchise — nous n'admettrons pas non plus qu'on oppose la religion à la science. L'Église aussi bien ne le demande pas à personne ... J'ajoute que l'impuissance radicale de la science à résoudre les questions d'origine, et de fin semble avoir désormais opéré la séparation du domaine respectif de la certitude « scientifique » et de la certitude « inspirée ». Tenons-le donc pour dûment acquis : la physique ne peut rien contre le miracle même, puisqu'il se définit par une dérogation à la nature de ses lois ; l'exégèse ne peut rien contre la révélation ; et j'ose bien avancer que, si l'on fonde jamais une morale purement laïque, une morale indépendante, — je ne dis pas de toute métaphysique, mais de toute religion, – ce n'est pas dans la physiologie que nous lui trouverons une base. L'indépendance de notre pensée n'aura donc à souffrir que dans la mesure où la foi serait affaire d'expérience et de raisonnement. Mais précisément la foi n'est affaire ni de raisonnement ni d'expérience. On ne démontre pas la divinité du Christ: on l'affirme ou on la nie, on y croit ou l'on n'y croit pas, comme à l'immortalité de l'âme, comme à l'existence de Dieu. C'est pourquoi, comme je disais, si l'on examine froidement la question, nous n'avons rien à sacrifier. Il n'appartient pas plus à la science d'infirmer ou de fortifier les « preuves de la religion » qu'il n'appartient à la religion de nier ou de discuter les lois de la pesanteur ou les acquisitions de l'égyptologie. Chacune d'elles a son royaume à part; et puisqu'il ne dépend que de nous de nous rendre sujets de l'une ou de l'autre, ou de toutes les deux à la fois, que veut-on, que peut-on demander davantage ?

« Nous ne sacrifierons pas, dit M. Brunetière, l'*Indépendance de notre pensée*. » Ce sera sur ces paroles que nous ferons notre première remarque : Ne semble-t-il pas que tous, laïques et prêtres d'un certain âge, et comme tels, disciples de Descartes et du Cartésianisme, nous soyons portés à exagérer l'indépendance de la pensée ?

La pensée humaine peut-elle être dite vraiment « indépendante » ? Elle dépend en premier lieu des organes qui la servent ; elle dépend des sens extérieurs qui lui apportent les impressions des objets environnants et lui révèlent les phénomènes du monde physique. Elle dépend des sens intérieurs, l'imagination, la mémoire, qui lui imposent leurs images et leurs souvenirs. Elle dépend du sens intime par lequel elle se révèle à elle-même ses connaissances, ses volitions et ses affections de tout genre. Sommes-nous libres de nier la présence du soleil quand il nous éblouit les yeux ? Sommes-nous libres d'oublier notre mère quand elle nous a pressés mille fois sur son cœur? Sommes-nous libres d'affirmer que deux et trois font six ? Que le tout est moindre que sa partie ? Que le fils qui outrage son père fait une bonne action ?

La vérité, d'où qu'elle vienne, s'impose à la pensée humaine, et loin qu'il y ait là une servitude, il y a au contraire une liberté. Notre-Seigneur n'a-t-il pas dit : « Si vous croyez ma parole, vous deviendrez mes disciples, vous connaîtrez la vérité et la vérité vous délivrera » ? *Cognoscetis veritatem et veritas liberabit vos* (St Jean, VIII, 32, 33) (1). Ainsi la vérité délivre, elle n'asservit pas. Au contraire l'erreur asservit, car il en est de l'intelligence comme de la volonté. Le péché est un tyran et celui qui le commet devient esclave : *Qui facit peccatum servus est peccati* (v. 34). Au contraire, l'obéissance à la loi de Dieu est une liberté. Plus nous avons de moralité, plus nous sommes libres. Plus nous avons de vices, plus nous sommes esclaves. Les hommes les plus libres qu'il y ait sur la terre, ce sont les saints et ceux qui peuvent dire avec eux :

Je crains Dieu, cher Abner, et n'ai pas d'autre crainte.

---

(1) *Dicebat ergo Jesus ad eos qui crediderunt ei Judæos : Si vos manseritis in sermone meo, vere discipuli mei eritis. Et cognoscetis veritatem et veritas liberabit vos.*

C'est la liberté des enfants de Dieu que Jésus nous a acquise : *Qua libertate Christus vos liberavit.* Et cette liberté est parfaite pour les élus dans la gloire.

Plus le Verbe de Dieu nous illumine de ses clartés, plus nous sommes plongés dans la vérité, plus nous sommes libres. La vérité est l'élément de notre âme, comme l'eau est l'élément du poisson. Dira-t-on que le poisson n'est pas libre, parce qu'il ne saurait franchir les limites de l'Océan? Dira-t-on qu'il est moins libre dans l'immensité de la mer que dans l'exiguité d'un ruisseau? La vérité, loin de nous asservir, nous délivre. Elle nous délivre de l'ignorance, des préjugés, de l'erreur. Il n'y a donc pas lieu de craindre pour l'indépendance de notre pensée, quand nous devenons disciples de Jésus-Christ, qui est la souveraine vérité : *Ego sum Veritas.* (Saint Jean, XIV, 6.)

« On ne démontre pas la divinité de Jésus-Christ, dit encore Mr Brunetière, on l'affirme ou on la nie, on y croit ou l'on n'y croit pas, comme à l'immortalité de l'âme, comme à l'existence de Dieu. »

Évidemment il doit y avoir ici *confusion dans les termes,* car ce langage est en plein désaccord avec celui de nos chaires de philosophie et de théologie. L'existence de Dieu, l'immortalité de l'âme, la liberté humaine font partie de ces vérités qu'on appelle *préambules de la foi* et que l'on démontre rigoureusement. L'existence de Dieu est logiquement démontrée par saint Thomas (1) et le Con-

---

(1) *Summa theol.*, P. 1, q. 2 a. .. .. — *Contra gentes*, P. I, c. XI.

cile du Vatican a fait de ce point un article de foi
(1). Nos traités de philosophie élémentaires développent les preuves données par le grand docteur
pour les mettre à la portée de toutes les intelligences (2). En voici deux des plus frappantes :

Nous constatons dans le monde un mouvement;
or, il n'y a pas de mouvement sans premier moteur : ce moteur nous l'appelons Dieu : donc Dieu
existe.

Un ordre admirable brille dans tout ce qui nous
entoure, dans l'œil d'un ciron comme dans les
globes lumineux qui roulent sur nos têtes. Or, il
n'y a pas d'ordre sans ordonnateur; cet ordonnateur, nous l'appelons Dieu ; donc Dieu existe.

Cette preuve tirée de l'ordre du monde est tellement frappante que l'Écriture appelle « insensés »
ceux qui ne la comprennent pas (3). « Non seulement les objets qui nous entourent nous révèlent Dieu, dit saint Paul, mais ils sont encore un
miroir fidèle de ses perfections : *Invisibilia enim illius, per ea quæ facta sunt intellecta, conspiciuntur.*
Les attributs de Dieu, dit le grand et savant Apôtre,
sont vus par raisonnement, « *Intellecta conspiciun-*

---

(1) *Si quis dixerit Deum unum et verum, Creatorem et Domi-
num nostrum, per ea quæ facta sunt, naturali rationis humanæ
lumine certo cognosci non posse, anathema sit.* (Concil. Vatic.,
can. I.) M. Brunetière qui connaît si bien les encycliques de
Léon XIII trouverait profit à lire les décrets du Concile du
Vatican.

.(2) Voir M. Vallet, t. II. Lecoffre, libraire.

(3) *Vani autem sunt omnes homines, in quibus non subest scientia Dei; et de his quæ videntur bona, non potuerunt intelligere
eum qui est, neque operibus attendentes agnoverunt quis esset
eorum artifex.* (Sagesse, XIII, 6.)

tur. » Donc, il y a une démonstration proprement dite de l'existence de Dieu. Aussi blâme-t-il vertement les philosophes païens qui, dit-il, ayant connu Dieu, ne l'ont pas glorifié comme Dieu, et il les menace de sa justice, parce qu'ils n'ont pas suivi la lumière naturelle qui brillait dans leur cœur. (Rom. i.)

Nous nous sommes servi à dessein du mot *démontrer ;* car ce doit être sur ce terme que porte la confusion. Effectivement l'illustre académicien dit : « On ne *démontre* pas la divinité de Jésus-Christ. » Mais que devient alors le *rationabile obsequium* de saint Paul ? Notre foi chrétienne, dit l'apôtre, doit être raisonnable. Est-ce que par hasard M. Brunetière voudrait dire que nous ne nous servons pas de notre raison pour croire en Jésus-Christ ? Cependant certains professeurs disent que la foi repose sur un syllogisme.

Dieu mérite créance.

Or Jésus-Christ est Dieu.

Donc Jésus-Christ mérite créance :

Serait-ce la mineure de ce syllogisme qui ne se démontrerait pas, au sens de M. Brunetière ? Mais puisqu'elle n'est pas évidente par elle-même, il faut bien qu'elle soit démontrée, autrement la créance que nous donnons à la parole de Jésus-Christ ne serait pas une foi raisonnable : *rationabile obsequium vestrum.*

Aussi, il me semble que nous faisons une démonstration rigoureuse et M, Brunetière essaie de le faire lui-même dans l'article qui nous occupe.

Le Père Lacordaire a consacré six de ses conférences de Notre-Dame de Paris à prouver la divinité de Jésus-Christ. — « Jésus-Christ, dit-il, a vécu en Dieu, il s'est préexisté en Dieu, il s'est survécu en Dieu ». Et il établit ces trois points avec une vigueur de logique qui n'a d'égal que l'éclat du style.

M. Brunetière n'a-t-il pas, lui aussi, constaté du divin dans la préexistence du Christ, dans le peuple des ancêtres de Jésus ? « Il y a quelque chose, dit-il, dans l'histoire du peuple de Dieu qui ne se retrouve dans aucun peuple ». Ne dit-il pas encore que « le christianisme a quelque chose d'inexplicable... une *vertu singulière*, une *puissance unique* de propagation et de vie, » que « le sermon sur la montagne a conquis le monde ? » Or, de qui est le sermon sur la montagne, d'où lui vient cette efficacité conquérante, sinon de la vertu toute puissante de celui qui l'a prononcé ? M. Brunetière n'est donc pas loin de reconnaître avec le Père Lacordaire que Jésus a vécu et a parlé en Dieu. Et Léon XIII, que M. Brunetière exalte si fort, ce pape étonnant, chef d'une Église plus étonnante encore, n'est-ce pas la survivance divine du Christ ? Que M. Brunetière lise le Père Lacordaire (1846, Conférences), il y trouvera sa propre thèse éloquemment développée, et la divinité de Jésus-Christ péremptoirement démontrée.

D'ailleurs, faut-il être si grand clerc pour s'élever jusque-là, et n'est-ce pas un enseignement de tous les cours élémentaires d'instruction religieuse ?

L'existence de Jésus-Christ est historiquement prouvée. Nier ce point, serait nier le soleil.

Jésus-Christ a existé, l'histoire est là. Jésus-Christ a parlé et agi en Dieu : c'est un autre fait aussi certain que le premier. « Je me connais en hommes, disait Napoléon Ier à Sainte-Hélène, et je déclare que Jésus-Christ n'est pas un homme. » J. J. Rousseau n'a-t-il pas dit lui-même : « Si la vie et la mort de Socrate sont d'un sage, la vie et la mort de Jésus sont d'un *Dieu?* » C'est cette vérité capitale que les apologistes de la religiou chrétienne se sont partout et toujours appliqués à démontrer. Saint Jean n'a pas eu d'autre but en écrivant son Évangile. Le concile de Nicée l'a défini contre les Ariens, l'an 325, et saint Athanase, l'illustre patriarche d'Alexandrie, a souffert quarante ans de persécution pour soutenir cette vérité. Mgr Bougaud l'a développée dans ses belles conférences de Sainte-Croix d'Orléans. L'*Homme-Dieu* de Mgr Besson est une suite de discours sur la divinité de Jésus-Christ. Mgr de Ségur lui-même, l'écrivain catholique populaire par excellence, a voulu également mettre cette vérité à la portée de tous dans son opuscule intitulé : *Jésus-Christ.* Pourquoi faut-il que l'homme s'obstine ainsi à · douter de l'amour de Dieu à son égard ? *Sic Deus dilexit mundum ut filium suum unigenitum daret* : Dieu a tant aimé les hommes, dit l'apôtre de la charité, qu'il leur a donné son propre Fils » (Joan. III, v. 16).

Les arguments historiques, il est vrai, sont des arguments moraux qui diffèrent, *quant à leur base*, des arguments physiques, métaphysiques ou mathématiques, et c'est sûrement ce que, par ces paroles : « La divinité de Jésus-Christ ne se démontre pas », M. Brunetière a voulu dire. En cela nous sommes d'accord avec lui. Néanmoins, ces vérités : Jésus-Christ a vécu ; Jésus-Christ a déclaré qu'il était Dieu ; Jésus-Christ a vécu et agi en Dieu, sont pour le chrétien qui raisonne sa foi, aussi certaines que celles-ci : Le tout est plus grand que sa partie ; deux et deux font quatre ; les trois angles d'un triangle valent deux angles droits.

Dieu, il est vrai, nous assiste par sa grâce dans l'acte de foi, mais cet acte n'en reste pas moins un acte de l'intelligence qui voit la vérité et l'embrasse par conviction autant que par amour.

M. Brunetière, lui aussi, paraît vouloir l'embrasser par conviction et par amour. Sa conclusion est digne d'un grand cœur, d'une âme droite et généreuse. Car, quelle que soit l'auréole de gloire qui rayonne autour de la grande figure de Léon XIII ; quelle que soit l'influence reprise en France par la religion, le chemin qui mène à Jésus-Christ est loin d'être encore le chemin de la fortune et des honneurs, si tant est que cela puisse jamais arriver !

Voici cette conclusion que nous citons tout entière :

La conclusion est évidente. Lorsque l'on tombe d'accord de trois ou quatre points de cette importance, il n'y a même pas besoin de discuter les conditions ou termes d'une entente; elle est faite. Si les bonnes volontés conjurées ou continuées de plusieurs générations d'hommes ne suffiront certainement pas pour mettre ces trois ou quatre points hors de doute, ce serait une espèce de crime, et, en tous cas, la plus impardonnable sottise, que d'essayer de diviser ces bonnes volontés contre elles-mêmes, ou de les dissocier pour des raisons d'exégèse et de géologie. Supposé d'ailleurs que le progrès social fût au prix d'un sacrifice passager, qui ne coûterait rien à notre indépendance, non plus qu'à notre dignité, mais seulement quelque chose à notre vanité, l'hésitation ne serait pas permise. Il faut vivre d'abord, et la vie n'est pas contemplation, ni spéculation, mais action. Le malade se moque des règles, pourvu qu'on le guérisse. Lorsque la maison brûle, il n'est question pour tous ceux qui l'habitent que d'y éteindre le feu. Ou si l'on veut encore quelque comparaison plus noble à la fois et peut-être plus vraie, ce n'est ni le temps ni le lieu d'opposer le caprice de l'individu aux droits de la communauté, quand on est sur le champ de bataille.

Espérons que cet appel sera entendu et que dans notre chère France, la science va cesser de combattre la religion chrétienne pour faire avec elle une alliance cordiable et durale. C'est alors que nous verrions des choses merveilleuses! La France redevenue librement chrétienne, faisant profession officielle de la foi catholique, la protégeant, la favorisant sans cependant l'imposer à personne ; une faculté de théologie canonique réintégrée dans l'immeuble dû à la générosité du chapelain de saint Louis, Robert de Sorbon, et qui est devenu le palais de la science, digne de la capitale d'une grande nation ; le crucifix et le catéchisme reprenant leur place d'honneur dans toutes les écoles ; la liberté d'enseignement pleine et entière, ne créant plus qu'une émulation féconde ; le dimanche respecté des pouvoirs publics, des grandes industries et des compagnies de chemin de fer, de toutes les autorités constituées donnant à leurs subordonnés le salutaire exemple des pratiques religieuses ; les riches se rapprochant des pauvres, les patrons des ouvriers, pour n'être plus sous le regard de Dieu qu'une grande famille, où l'on s'aime, où l'on s'entr'aide, au lieu de se jalouser et de se faire la guerre. N'est-ce pas un rêve? Non, c'est un espoir réalisable que peuvent hâter nos prières et nos efforts. Or la France rendue à sa voie première retrouverait vite le chemin de la grandeur!

Car, qu'est-ce qui fait la force de l'Angleterre, de la Russie, de l'Allemagne même, et des États-Unis ? Qu'on ne s'y trompe pas, c'est en grande partie leur constitution religieuse. C'est la « vertu singulière du christianisme » que proclame M. Brunetière et que Taine lui-même a entrevue à la fin de sa vie (1). Supposez en effet l'Angleterre sans christianisme: elle ressemblera à l'ancienne Carthage, république de marchands avides, destinée à une prompte ruine. Otez à la Russie sa foi chrétienne, et vous n'aurez plus qu'une horde de Tartares. Les ois de l'Empire allemand protègent la religion dans les États catholiques et jusqu'en Alsace-Lorraine où nos écoles neutres eussent porté le trouble et le ravage ; croyons-le, c'est une bonne partie de sa force. Sans leur esprit religieux, les États-Unis ressembleraient à un vaisseau privé de lest, qui ne peut que bondir sur les flots et courir à un naufrage inévitable.

Cependant, direz-vous, ces nations sont hérétiques, à votre sens? Oui, mais dans leur hérésie elles conservent plus de christianisme que n'en a conservé la France. Pourquoi? parce qu'elles sont

---

(1) Discours de M. de Broglie à l'académie française, 7 février 1895

officiellement chrétiennes, que chez elles l'autorité est restée religieuse, tandis qu'en France l'autorité est officiellement athée et pratiquement antichrétienne (1). Or, ôtez la religion de la tête, il faut qu'elle disparaisse de tout le corps. Une société sans religion est comme un corps sans âme ; il est voué à la décomposition, à la désagrégation, pour ne pas dire à la putréfaction. Aussi le fait est-il inouï dans l'histoire de l'humanité. Demandons-nous maintenant ce que peut faire la France au milieu des nations chrétiennes dont elle était jadis la reine? Ce qu'elle fait? hélas! nous ne le voyons que trop. Elle se suicide lentement et n'était la forte organisation de l'Église catholique qui reste encore debout au milieu d'elle, son suicide serait déjà consommé. Voyez-la favorisant l'Islamisme en Algérie, et préférant au chrétien catholique, le

---

(1) En arrivant à Paris la première visite de l'amiral Avellan et de son état major fut pour l'église russe de la rue Daru. Le chef de l'administration des Prisons en Russie, Galkine Wraskoy, visitant dernièrement Montesson, la nouvelle petite Roquette, s'étonnait de ne pas y voir de chapelle et déclarait hautement à ses Cicéroni, les conseillers municipaux de Paris, qu'il était impossible de ramener les jeunes gens au bien sans la religion.

Le président des Etats.Unis, ouvre chaque année les séances du parlement par la prière, et les lois de l'état prescrivent rigoureusement le repos dominical. Les soldats Anglais catholiques sont conduits en corps à la messe tous les dimanches et les jours de fête. Le ministre de l'instruction publique à Berlin fixe le nombre d'enfants de chœur qui devront pendant les classes être envoyés à l'office religieux, pour les mariages, inhumations, anniversaires ?... c'est-à-dire que ces gouvernements favorisent le plus possible, chez eux, la pratique de la religion, tandis qu'en France depuis cent ans, le gouvernement fait tout ce qu'il peut pour détruire cette pratique. Il y a, comme on le voit, une petite différence !!

musulman fanatique, ennemi acharné de sa domi-
nation. Dans notre belle colonie du Tonkin, elle
envoie le bouddhiste Paul Bert entraver l'œuvre
de civilisation commencée par les missionnaires.
Il semble que son influence chrétienne en Orient
lui pèse et déjà elle fonde de ses deniers des écoles d'Islamisme au Soudan. N'a-t-on pas dit, dans
une proclamation tristement célèbre, qu'on voulait, en 1870, passer le Rhin pour semer, sous le
ciel brumeux du Nord, les immortels principes de
l'impiété officielle? Pendant que ces choses se passent au dehors, que voyons-nous au dedans? Les cent
milles bouches de la presse répandant le mensonge,
l'immoralité, exportant jusqu'aux plus humbles
hameaux la démoralisation et la mort; le crayon
et la plume s'évertuant à étouffer notre population
dans la boue du libertinage. Et en même temps la
France officielle épuise ses finances à combattre
l'enseignement chrétien et l'influence de la religion.
N'est-ce pas de la démence? Au lieu de servir Dieu,
la France met toute son influence, ses forces de
terre et de mer, le peu d'or qui lui reste, son ardeur, sa générosité, son esprit chevaleresque, son
prosélytisme au service du Juif, l'ennemi de Dieu,
le déicide! Est-t-il étonnant après cela de voir les
ruines morales et physiques s'amonceler, et avec
elles le malaise, la souffrance, les divisions, un état
voisin de l'anarchie.

Puisse donc la voix de M. Brünetière être entendue! Puissent les savants, qui ont égaré la
France, la ramener dans la voie de la religion, de la
moralité, de la prospérité et de la grandeur!

En attendant, que ferons-nous? Comme par le

passé et avec un nouveau zèle, nous continuerons à dire à nos enfants, les Français de l'avenir, que la religion, destinée à nous conduire au bonheur de la vie future, fait encore le bonheur de la vie présente; que Jésus-Christ est la pierre angulaire de la société. Nous leur apprendrons à connaître sa doctrine, à aimer son Évangile et à pratiquer sa loi. Nous leur dirons que le décalogue est le code de toute morale, et la condition de toute prospérité. Oui, avec une ardeur soutenue et une patience invincible, nous travaillerons, sous l'œil de Dieu, à former nos enfants, nos élèves, petits et grands, à une solide piété, à la piété que recommande saint Paul, quand il dit : « Exercez-vous à la piété, car la piété est utile à tout ; elle a les promesses de la vie présente et celles de la vie future : *Exerce te ad pietatem, pietas enim ad omnia utilis est, promissionem habens vitæ quæ nunc est et futuræ.* » (I Tim. c. V, v. 8.)

APPENDICE

I

Manuels classiques chrétiens ou de provenance chrétienne

Un ouvrage qui traite de l'éducation est un ouvrage essentiellement pratique. Or, l'expérience apprend combien il est difficile parfois de se procurer un bon livre de classe dont on connaît l'existence sans savoir précisément où il se trouve. Voilà pourquoi nous donnons une courte nomenclature de livres chrétiens ou de provenance chrétienne, soit pour l'enseignement primaire, soit pour l'enseignement secondaire, avec indication des libraires de Paris ou des province où l'on peut se les procurer.

En outre, pour établir pratiquement que l'on peut faire un cours primaire sans emprunter quoi que ce soit aux productions maçonniques et rationalistes, nous avons rédigé un programme de l'enseignement primaire, divisé en cinq classes.

Ce programme peut convenir à toutes les écoles primaires françaises, soit de garçons, soit de filles.

On le trouve à la librairie salésienne de Paris, 29, rue du Retrait. **M. l'abbé Joseph Ronchail,** éditeur du présent ouvrage.

PREMIÈRE SECTION

LIVRES DE L'ÉLÈVE

Enseignement primaire

Tous les ouvrages des Frères des écoles chrétiennes.	Procure générale, rue Oudinot, 27. Paris. Poussielgue, 15, rue Cassette, Paris.
Les ouvrages des Frères Maristes.	**Vic et Amat,** 11, rue Cassette, Paris. **Vitte et Perrussel,** 3, place Bellecour, Lyon.

Enseignement religieux

L'apostolat des petits enfants.	**Abbé Garnier**, 1, rue Feydau, Paris.
La religion enseignée aux petits enfants par Mgr de Ségur.	**Haton**, 35, rue Bonaparte, Paris.
L'histoire sainte enseignée aux petits enfants. Abbé Fourrière.	**Bricon**, 19, rue de Tournon, Paris.
L'histoire sainte abrégée des écoles. Idem.	Ibidem.
Notions d'histoire ecclésiastique. Idem.	Ibidem.
Notions d'histoire ecclésiastique. Idem.	Ibidem.
Catéchismes diocésains.	Librairies des diocèses.
Épîtres et Évangiles du dimanche.	**Procure des Frères des écoles chrétiennes**, rue Oudinot, 27, Paris.
Histoire sainte. Ancien Testament. Petite vie de Jésus-Christ. Petite histoire de l'Église. Petit manuel de liturgie.	**Wattelier**, 5, rue du Cherche-Midi, Paris.

Petit questionnaire sur le catéchisme.	Haton, 35, rue Bonaparte, Paris.
Histoire ecclésiastique de Don Bosco. Histoire sainte par le même.	Patronage S.-Pierre, 1, Place d'Armes, Nice. Oratoire salésien, 29, rue du Retrait. Paris.
Petite Bible illustrée. Petite histoire de l'Église illustrée par Mgr L. C. Bourquard.	Einsiedlen Suisse, en librairie, Paris.

Livres de lecture

Premier livre de lecture faisant suite au syllabaire. Lectures courantes faisant suite au premier livre de lecture. Lectures courantes, cours moyen.	Frères des écoles chrétiennes, Procure générale, rue Oudinot, 27, Paris. Poussielgue, 15, rue Cassette, Paris.
Livre de lectures, cours supérieur, par Sengler. S. J.	Lefort, 3o, rue des Saints-Pères, Paris.
Enseignement civique.	Frères des écoles chrétiennes.
Évangile d'une grand'mère par la Comtesse de Ségur.	Hachette, 79, boulevard St-Germain, Paris.
Exercices de mémoire et de style par Belèze.	Delalain, 66, rue des Écoles, Paris.
Le fabuliste chrétien par M. J. M. Villefranche.	Delagrave, 15, rue Soufflot, Paris.

Fables choisies de La- fontaine. (Frères).	**Poussielgue.** **Procure**, rue Oudinot, 27, Paris.

Grammaire

Leçons de langue fran- çaise des Frères des éco- les chrétiennes. Cours préparatoire. Cours élémentaire. Cours moyen.	**Procure**, rue Oudinot, 27, Paris. **Poussielgue**, 15, rue Cassette, Paris.

Histoire de France

L'histoire de France, cours élémentaire. L'histoire de France, cours moyen. L'histoire de France, cours supérieur.	par l'abbé Bailleux et Martin. **Putois Crellé**, 90, rue de Rennes, Paris.
Histoire de France avec récits, cours moyen. Histoire de France avec récits, cours élémentaire par F. T. D. Mariste.	**Vic et Amat**, 11, rue Cassette.
Chronologie sur l'his- toire de France. (Frères)	**Procure** **Poussielgue**
Histoire de France : cours élémentaire, moyen et supérieur, par M. Melin.	**Bloud et Barral**, rue Madame, Paris.

Géographie

Atlas, géographie, cours élémentaire par F. T. D. Mariste. Atlas, géographie, cours moyen, par le même.	**Vic et Amat,** 11, rue Cassette, Paris.
Petite géographie, Frères des écoles chrétiennes.	**Procure Poussielgue**

Arithmétique

Exercices de calcul. Problèmes sur les 4 règles Abrégé d'arithmétique décimale. Arithmétique, cours moyen. Arithmétique, cours supérieur.	**Procure des Frères des écoles chrétiennes. Poussielgue**

Littérature

Méthode pratique de style, cours élémentaire, cours supérieur par F. T. D.	**Vic et Amat,** 11, rue Cassette, Paris.

Enseignement secondaire

Les livres de l'alliance des maisons d'éducation. Catalogue général et catalogue pour classe.	**Poussielgue,** 15, rue Cassette, Paris.

Classiques chrétiens

Nouveau choix de Pè-res latins par M. F. Düb-ner. Traduction française accompagnée de notes à l'usage des professeurs par M. Anot de Maiziè-res.	**J. Lecoffre**, 80, rue Bonaparte, Paris.
Collection Gaume La-tins et grecs. Collection de l'abbé Monnier.	**Gaume**, libraire, 3, rue de l'Abbaye, Paris.
Classiques latins, choix d'auteurs chrétiens par D. Bosco, fondateur des Salésiens. Imitation de Jésus-Christ traduite en grec.	**Imprimerie et librairie salésiennes**, 29, rue du Retrait, Paris. **Libraire salésienne**, 1, place d'Armes, Nice. **Librairie salésienne**, 78, rue des Princes, Marseille.
Évangile selon saint Luc annoté.	**Eugène Belin**, 52, rue de Vaugirard, Paris.
Choix de discours tirés des pères grecs par L. de Sinner, annotés par E. Sommer.	**Hachette**, 79, boulevard St-Germain, Paris.
Le nouveau testament Η ΚΑΙΝΗ ΔΙΑΘΗΚΗ *Novum testamentum Græce ex recensione Augusti Hahnii.*	**Caroli Tauchnitii**, *ex typis*, Leipsig.

DEUXIÈME SECTION

Livres du maître

Tons les manuels indiqués dònt il existe une partie du maître.

Instruction religieuse

'La sainte Bible traduite par le R. P. de Carrières avec notes de Ménochius.

> Outhenin - Chalauré fils, éditeur, Besançon.
> Lefort, libraire, 35, rue Esquermoise, Lille.
> Lefort, 3o, rue des Saints-Pères, Paris.

Les Évangiles édités par M. l'abbé Garnier.
La vie de Notre-Seigneur Jésus-Christ par Louis Veuillot.

> 1, rue Feydeau, Paris.
> Gaume, 3, rue de l'abbaye, Paris.

La vie de Notre-Seigneur Jésus-Christ, par le Père Didon des Frères prêcheurs.
Vie de Notre-Seigneur par le Père de Ligny.

> Povssielgue, 15, rue Cassette, Paris.

Grand catéchisme en images.

> 8, rue François 1er, Paris.

Catéchisme du Concile de Trente en latin.
Traduction française, (2 vol. in-8) par l'abbé Dassance.

> Lecoffre, 8o, rue Bonapaate, Paris.
> A. Jouby, 5, rue des Grands-Augustins, Paris.

Le catéchisme de persévérance par Mgr Gaume.	**Gaume,** 3, rue de l'Abbaye, Paris.
Le catéchisme du B. Canisius.	**L. Vivès,** rue Delambre, Paris.
Explication du catéchisme du Concile de Trente par M. l'abbé A. Guillois. Le catéchisme de Ro- (dez 8 vol).	**Wattelier,** 5, rue du Cherche-Midi, Paris.
Doctrine chrétienne par Lhomond. Histoire abrégée de l'Église par Lhomond, revue et complétée par A. F. Maunoury.	**Poussielgue,** 15, rue Cassette, Paris.
Histoire de l'Église par l'abbé E. Beurlier.	**Putois-Cretté,** libraire, 90, rue de Rennes, Paris.
Histoire ecclésiastique de Don Bosco, traduction française.	**Librairie salésienne,** 1, Place d'Armes, Nice. 29, rue du Retrait. Paris.
Cours d'histoire ecclésiastique à l'usage des grands séminaires par l'abbé Rivaux. (3 vol.)	**Delhomme et Briguet,** 83, rue de Rennes, Paris.
Abrégé de l'histoire ecclésiastique de l'abbé Darras. (4 vol.)	**Vivès,** rue Delambre, Paris.

Liturgie

Explication des cérémonies de l'Église par M. Th. Bernard. (2 vol. in-12).	Berche et Tralin, 69, rue de Rennes, Paris.
Le Directoire de l'enseignement religieux dans les maisons d'éducation par l'abbé Charles Dementhon.	Poussielgue, 15, rue Cassette, Paris.

Littérature

Différents genres de composition par l'auteur des paillettes d'or.	Vic et Amat, 11, rue Cassette, Paris.
Récits moraux illustrés par Ambroise Rendu fils.	Fouraut et fils, 47, rue Saint - André - des - Arts, Paris.

Histoire de France

Histoire de France cours supérieur, (2 vol), par Chantrel	Putois-Cretté, 90, rue de Rennes, Paris.
Histoire de France par le R. P. Gazeaux S. J. (2 vol.)	Poussielgue
Histoire de France par M. Keller. (4 vol.) Histoire de France par M. Laurentie.	Poussielgue

REVUES PÉRIODIQUES

Enseignement primaire

L'éducation chrétienne, bulletin hebdomadaire. — 35. rue de Grenelle, Paris.

L'école française, bulletin hebdomadaire. — Gaume, 3, rue de l'abbaye, Paris.

Enseignement secondaire

L'enseignement chrétien, revue semi-mensuelle d'enseignement secondaire, organe de l'alliance des maisons d'éducation chrétienne. — Poussielgue, 15, rue Cassette, Paris.

Piété et Apologétique

Les ouvrages de Mgr de Ségur destinés aux enfants, spécialement : La piété, L'Enfant-Jésus, La prière, Les tentations et le péché, Le jeune ouvrier chrétien. Toutes les œuvres de Mgr de Ségur.

Méditations à l'usage des petits séminaires par M. l'abbé Caron, supérieur du petit séminaire de Versailles. — Haton, 35, rue Bonaparte, Paris.

Petites feuilles de l'action catholique par l'abbé Garnier.	1, rue Feydeau, Paris.
Vie chrétienne de l'enfance. Lectures quotidiennes par Mme Ch. Fouquet-Duparé.	L. Lesort, libraire, 3. rue de Grenelle-Saint-Germain, Paris.
La jeunesse instruite par Don Bosco. (*manuel de piété.*)	29, rue du Retrait. Paris. 78, rue des Princes, Marseille. 1, place d'Armes, Nice.

Apologétique

Les conférences du Père Lacordaire, Jésus-Christ, l'Église. L'Homme-Dieu, l'Église, Œuvre de l'Homme-Dieu. Le décalogue par Mgr Besson évêque de Nimes.	Poussielgue, 15, rue Cassette, Paris.
Jesus-Christ par Mgr de Ségur.	Haton, 35, rue Bonaparte, Paris,
Les questions sociales par M. l'abbé Garnier.	1, rue Feydau, Parls.
Le Syllabus de Pie IX. Décrets et canons du Concile du Vatican. Les encycliques de Léon XIII.	J. Lecoffre, 80, rue Bonaparte, Paris.

Pédagogie — Patronage

Manuel des prêtres et des maîtres pour la communion mensuelle des enfants et l'apostolat des hommes.	**Directeur de l'apostolat de la prière, 16, ruc des fleurs, Toulouse.**
Le système préventif de Don Bosco.	**Patronage S.-Pierre, 1, place d'Armes, Nice.**
Règlement des Patronages de la Région du Nord.	**Patronage St-Léonard, ruc Notre-Dame, Lille, Nord.**
Manuel du Patronage dans les villes.	**Secrétariat des conférences de Saint-Vincent de Paul, 6, ruc Furstemberg, Paris.**
Manuel du patronage dans les campagnes.	
Méthode de direction des œuvres de jeunesse.	
Règlement de l'œuvre de la jeunesse ouvrière de Marseille.	**Œuvre de la jeunesse ouvrière, 88, Montée de la Madeleine, Marseille.**
La confession des enfants et des jeunes gens Vie du védérable M. Joseph Allemand.	

Livres de prix

Catalogue du bulletin de la Société Générale d'enseignement et d'éducation.	**35, ruc de Grenelle, Paris.**
Le catalogue des Frères des écoles chrétiennes.	**Procure générale, ruc Oudinot, Paris.**

Catalogue des librairies catholiques.

Mame, Tours.
Desclée, Lille. Place St-Sulpice. Paris.
Lefort, Lille. 3o, rue des Sts-Pères, Paris.

II

Une décision pontificale concernant la première communion

ANNECIEN.

Decretorum quoad primam communionem.
Die 21 Julii 1888

§ I. — *Ordonnance épiscopale*

Litteris pastoralibus diei 27 Decembris 1884. Anneciensis Episcopus hæc inter alia ferebat decreta : « Aucun enfant garçon ou fille ne sera admis à « faire sa première communion, 1° s'il n'a pas « *douze ans révolus;* 2° s'il n'a pas suivi très exac- « tement le catéchisme des deux dernières années.

« Les enfant de huit à dix ans auront en été

« comme en hiver deux catéchismes seulement par
« semaine, l'un le jeudi, l'autre le dimanche ; à
« l'heure que MM. les curés auront choisie d'après
« les conditions spéciales où se trouve leur paroisse.

« Les enfants qui n'auront pas suivi assidûment
« ces deux années de catéchisme ne pourront pas
« être admis dès l'âge de dix ans dans ceux qui se
« préparent à la première communion, et ce grand
« acte sera de la sorte retardé pour eux de plusieurs
« mois ou d'une année. (Lettre pastorale du 22
« novembre 1882).

« A partir de l'année 1885, la première commu-
« nic⁐ des enfants n'aura lieu dans aucune paroisse
« de ce diocèse avant *le vingtième jour du mois de*
« *Mai.* »

§ II. — *Appel à Rome.*

Sed hæc decreta, ea præsertim quæ ætatem ac
diem primæ communionis respiciunt nonnullis inter parochos haud arriserunt, atque eos inter potis-
simum parocho archipresbytero loci *Cluses*, nomine Tissot, qui ideo sub initio anni 1887 ad S. Se-
dem provocavit, petens utrum indicata decreta
ætatem ac diem pro prima puerorum communione
assignantia valida essent, et in conscientia obligarent.

Interim episcopus suas dispositiones hac publica
epistola diei 11 Martii 1887 tuebatur : « J'ai le devoir
« de vous informer, et d'informer par votre inter-
« médiaire, MM. les curés de ce diocèse que ceux
« d'entre eux qui contreviendraient à l'ordonnance

« que j'ai portée il y a deux ans, et que j'ai renou-
« velée le 2 du mois dernier, sur la date à laquelle
« peut être placée la cérémonie de la première com-
« munion des enfants, seront passibles, soit de la
« privation de la célébration de la sainte messe
« pendant quelques jours, soit d'une amende au
« profit des écoles libres.

Cum vero inter hæc responsivas Episcopi litteras obtinuissem, votum exquisivi R. Consultoris P. Fassini, qui dubiis a parocho Tissot præpositis, utrum scilicet decreta ætatem ac diem pro prima puerorum communione præscribentia valida essent et in conscientia obligarent, respondendum censuit affirmative.

Sed cum non acquiesceret parochus, hunc super hoc negotio suprema EE. VV. sanctio exquiritur.

§ III. — *Plaidoyer de M. l'abbé Tissot curé archiprêtre de Cluses.*

Porro in suam defensionem parochus, seu, parochi nomine, ejus patronus, considerat gravissima D. N. J. C. verba quæ leguntur apud Ioannem *cap. 6. v. 54.-56 :* « Amen amen dico vobis, nisi man-
« ducaveritis carnem filii hominis et biberitis ejus
« sanguinem non habebitis vitam in vobis.... caro enim mea vere est cibus et sanguis meus vere est potus. »

Quibus verbis Eucharistia relate ad vitam nostram spiritualem in eodem gradu ponitur ac materialis cibus relate ad physicam hominis vitam : et sicut cibo potuque vescimur ac sustentamur, eoque

statim ac in lucem prodimus, egemus ; sic et divina illa esca ad vitam spiritualem servandam opus
est homini, statim ac ad annos discretionis perve-
nit, docente S. Tridentino Concilio, *Sess. 13, cap.
12. décret. De SS. Euch. sacram.* fideles passionum
pondere occumbere nisi « spirituali hoc animarum
« cibo alantur et confortentur, nisi sumant antidotum quo liberentur a culpis quotidianis et a
« peccatis mortalibus præserventur. » Unde orator
hoc stante concludit, quod sicut improvida cen-
senda esset principis lex, quæ præfigeret tempus,
quo primum infantes cibo nutriendi essent, sic et
improvida indicari oportet dispositio, qua pueri ad
sacram synaxim accedere ante expletum duodecimum annum absolute prohibentur ; nam per hoc
plures qui possent ad celestem mensam devote ac
reverenter accumbere, a vitiis liberari, et pignus futuræ gloriæ et perpetuæ felicitatis recipere, diu et
cum suo forte fatali exitio arcerentur.

Unde justissime ecclesia in suis generalibus legibus non quidem annorum numerum, sed mentis
conditionem respicere jussit in pueris ad primam
communionem candidatis. Vult enim ut ad sacram
mensam accedant quotquot devote ac reverenter id
peragere possunt ; quod a maturitate judicii rerum-
que spiritualium intelligentia, ad quam *alii tardius,
alii citius* perveniunt, potissum pendet, Benedictus XIV *De syn. dioec. l. 7, cap. 12.*

Et revera haec habet IV Lateranense Concilium
relatum in *cap. 12, lib 5, Decret. tit. 38* : « Omnis
« utriusque sexus fidelis, postquam *ad annos dis-
« cretionis pervenerit,* omnia sua solus peccata
« saltem semel in anno fideliter confiteatur proprio

« sacerdoti ; et injunctam sibi pœnitentiam pro-
« priis viribus studeat adimplere, suscipiens reve-
« renter ad minus in Pascha Eucharistiæ sacremen-
« tum. » Concilium vero Tridentium *sess.* *12,*
can. 9 edicit : « Si quis negaverit omnes et singulos
« Christi fideles utriusque sexus, *cum ad annos*
« *discretionis pervenerint,* teneri singulis annis
« saltem in Paschate, ad communicandum, juxta
« præceptum sanctæ matris Ecclesiæ, anathema
« sit. »

Ubi notanda sunt verba illa « ad annos discretionis » quæ apertissime excludunt taxativam ac
fixam ætatem et innuunt attendendam potius esse
moralem capacitatem.

Quapropter hæc merito tradere videtur S. Al-
phonsus, *Theol. moral. lib. 6 n. 302 :* « Communi-
« ter dicunt Doctores, regulariter loquendo, pue-
« ros non obligari ad communionem ante nonum
« vel decimum annum... Dictum est regulariter,
« nam, ut advertunt Auctores, citius possunt obli-
« gari pueri, qui ante talem ætatem perspicaciores
« conspiciuntur. » Unde recte reprehendit Ronca-
glia *cap. 6, reg.* 5 parochos, « qui indiscriminatim
« non admittunt ad Communionem nisi pueros
« in certa ætate constitutos. » Et vel durioribus
verbis concludit Vasquez *in 3 Sancti Thomæ dis-*
put. 214, cap. 4, num. 43 : « Si puer semel ad
« hunc usum rationis pervenerit, statim ipso jure
« divino ita obligatur, ut Ecclesia non possit ip-
« sum omnino liberare. »

Suffragatur etiam auctoritas Cathechismi Romani qui *n. 63 de Euchar. Sacram.* docet pueros

admittendos esse ad sacram synaxim cum primum
hujus sacramenti cognitionem et gustum incepe-
rint habere ; atque addit, id definiendum esse non
a decretis, non ab annorum numero, sed a parentum et confessarii prudenti consilio : —· ibi —
« Qua vero ætate pueris sacra mysteria danda sint,
« nemo melius constituere poterit quam pater et
« sacerdos cui illi confitentur peccata. Ad illos
« enim pertinet explorare et a pueris percontari an
« hujus admirabilis Sacramenti cognitionem ali-
« quam acceperint et gustum habeant. »
Sed quod magis est ipsa occurrit S. H. C. aperta
sententia. Nam cum ageretur de revisione concilii provincialis Rothomagensis, ubi ad *tit. 2 de
Eucharistia n.* 2 haec disponebantur : « Nemo ad
« sacramentum Eucharistiæ prima vice suscipien-
« dum admittatur, quin duodecimum saltem an-
« num certo attigerit. Meminerint autem parochi se
« pueris, quos rite dispositos invenerint, diutius
« denegare non posse panem illum supersubstan-
« tialem, qui est animæ vita et perpetua sanitas
« mentis : » S. H. C. die 15 Martii 1851 decrevit
hunc articulum esse reformandum, et haec docuit :
« Nulla canonica lege sancitum est ne Communio
« ministretur pueris ante duodecimum ætatis an-
« num; hinc satius esse visum est Emis Patribus
« *num.* 2 primam periodum delere ac dicere ad
« formam tam Ritualis Romani quam Catechismi
« romani ad Parochos jussu Concilii Tridentini
« editi : — Nemo ad Sacramentum Eucharitiæ
« prima vice suscipiendum admittatur, qui non-
« dum hujus Sacramenti cognitionem et gustum
« habeat judicio præsertim *Parochi* ac sacerdotis

« cui peccata puer confitetur. Meminerint autem
« Parochi se pueris, quos rite dispositos invene-
« rint, diutius denegare non posse panem illum
« supersubstantialem, qui est animæ vita et perpe-
« tua sanitas mentis. »

Quin dicatur, in themate decretum ætatem 12
annorum pro prima communione assignans tolle-
rabile fieri ex co quod Episcopus dispositus sit ad
ejus moderationem. Etenim Episcopus in publica
epistola 2 Februarii 1887 utique adpromittit a ri-
gore decreti se dispensaturum; sed sub hac du-
plici conditione 1º « à raison du peu de jours qui
« manquerait à un enfant pour avoir atteint l'âge
« requis; » 2º « il (parochus) devra en obtenir de
« nous la permission. » Ex quibus elucet spon-
deri episcopalia decreta in minima prorsus parte
moderatum iri; imo et sub modo non undique
tuto. Etenim S. Pœnitentiaria die 8 Junii 1843
prout refert ephemeris *Amico Cattolico pag. 16
an, 1852* cum deprehendisset praxim in quodam
loco vigentem manifestandi superiori ecclesiastico
nomina juvenum quos oportebat ad sacram mensam prima vice admitti, hanc praxim alte reproba-
vit; et merito quidem; nam non sine aliqua revela-
tione spiritualium puerorum necessitatum, et quadam contigua sigilli sacramentalis læsione, hujusmodi manifestatio fieri plerumque non potest.

Neque ad cohonestandum decretum magis va-
let, juxta oratorem, appellatio ad tristes præsentis
temporis religiosas conditiones in Galliis; quia
scilicet innumeræ difficultates ad christianam puerorum educationem opponuntur, et quia in præ-
sentiarum prima communio « est en même temps

« et par la force des choses la préparation à toute
« la vie chrétienne: c'est une occasion qui ne se
« représentera plus. »

Quandoquidem hæc omnia suaderent, ut nemo
ad S. Synaxim admitteretur nisi esset sufficienter,
imo abundanter instructus, et nisi diu ecclesiasticæ cathechesi antea vacasset: et insuper hæc
omnia suaderent, ut parochi omni studio pueros
accerserent, eosque edocerent et ad S. Sacramentum præpararent atque admitterent antequam ini-
micus homo in eis superseminavisset zizania.

Urget enim divina lex qua compelluntur fideles
ad Christi corpus sumendum si in Christo vivere
velint *(Joan. cap. 1 v. 58)* ad recipiendum scilicet
antidotum quo a culpis quotidianis liberentur, et
a peccatis mortalibus præserventur *(T. id. sess. 13
cap. 12);* quæ ratio juxta S. Thomam *part. 3 q.
80, art. 9* adeo valida est ut suadeat hoc sacramentum ne esse quidem denegandum iis qui debi-
lem habent rationis usum.

A fortiori itaque non videtur recusandum aut
remorandum pueris, de quibus hæc docet clarus
De Segur *op. de la très-St Com. :* « Le danger des
« mauvaises mœurs se présente immédiatement
« (post adeptum rationis usum). — Quant à la
« réalité (inquit) de péchés mortels chez les jeunes
« enfants de sept, huit, neuf ans, c'est un fait si
« évident, et j'ajouterai si malheureusement fré-
« quent, qu'il ne faudrait avoir aucune expérience
« des enfants pour le révoquer en doute. »

Cui consona sunt quæ habet Abrate *op. Lo spirito del parroco vol. 2* ubi ita edocet animorum
« rectores : « Quantunque avvertir dobbiate di non

« ammettere a questa mensa angelica alcuno se non
« dopo averlo esaminato e ritrovato mediocremente
« istruito nelle cose necessarie, ciò non ostante
« guardatevi dal seguire la rigidezza di coloro che
« volendo troppo esigere dai fanciulli ed assogetarli
« antecedentemente a tante soverchie prove, si ri-
« ducono poi ad ammetterveli in quell'età in cui il
« demonio abbia già preso posto dentro quegli
« animi: se la prima Comunione seguisse da gio-
« viane allo stato d'innocenza, oh quanti frutti più
« soavi si vedrebbero a favore del cattolicismo, oh
« qual impulso più forte a bene operare, oh qual
« delizia maggiore pei fedeli! In oggi che sembra
« quasi più precoce il vizio, anticipate voi pur l'an-
« tidoto delle di lui conseguenze infauste ed appena
« vedrete giunto il giovane alla cognizione suffi-
« ciente di quello che egli va a ricevere, immanti-
« nente permettetegli che si accosti al vero con-
« forto dello spirito, e che si assicuri l'aumento
« della grazia, la quale se ritarda lascia crescere in-
« vincibilmente il guasto delle anime. — Crudele
« quel Parrocho, se mai vi fosse, che negasse un be-
« neficio cosi segnalato alla tenera età dei suoi par-
« rochiani!

Et re quidem vera ob coactam diuturnamque
primæ communionis dilationem facile contingere
potest ut pueri ad eucharisticam mensam accedant
non solum hoc longo studio fatigati, sed insuper
vitiorum cœno infecti et æstu passionum abrepti,
postquam de seducenti voluptatum calice late
jam hauserint, ideoque forsitan angelorum panem
fastidientes, ac triste secumferentes propositum
non amplius redeundi.

Accedit quod si pueri primam communionem peragant dum adhuc scholis vacant, in tenera adhuc ætate, sub jam parentum tutela, diebus solemnioribus aut dominicis in quibus feriantur ad sacram mensam facile accedere possunt, et huic sacro convivio sic paullatim assuescere ; dum e contra si primum communicent exacto jam duodecimo ætatis anno, simulque emenso studiorum curriculo (quia in Galiis pueri scholas usque ad hanc ætatem adiguntur) ob id etiam difficile erit pueris præsertim masculis ad sacram synaxim ulterius accedere, qui ad nova ac laboriosa negotia exinde se addicunt

Merito itaque concilium provinciale Albiense *tit. 5. De, pr. commun.* hæc docuit : « In quibusdam « parœciis plures sæpius inveniuntur utriusque « sexus pueri, qui nundum panem eucharisticum « degustaverunt, licet ad discretionis ætatem jam- « pridem pervenerint, q uod vix absque incuria pas- « torum accedit. Ex ea negligentia non raro, juve- « nes præsertim totam vitam, aut saltem adoles- « centiam, transigunt quin Sacramenti subsidia re- « cipiant, aut ad illud non prius accedunt quam « in peccatis innumeris et vitiorum cœno volutati. « Ideo parochis præcipimus ut speciali cura pueris « invigilent, eos assiduo edoceant et debite dispo- « nant quo maturius sacram mensam adire pos- « sint, ea scilicet ætate qua discernere valent cor- « pus Domini et qua nondum vitiis fœdati, inno- « centiam ut plurimum retinent. Ætas hæc com- « muniter intra decimum annum versatur. » Et concilium provinciale Tolosanum anni 1850 *decr.* 72. : « Quantocius ad primam hujus Sacramenti

« perceptionem admittantur pueri, quos congrua
« pietate et sufficienti mysteriorum fidei scientia
« præditos judicaverint parochi vel confessarii. »
Et Concilium provinciale Auxitanum anni 1851 :
« Caveant animarum rectores, ne incuria sua tar-
« dius differatur prima Communio qua impetui li-
« bidinum occurrere expedit. »

Sed rem complet epistola Emi cardinalis secre-
tarii a Statu ad Episcopos Galliæ directa die 12
Martii 1866, quæ refertur in *Analect. jur. pontif.
a 1867,* ubi hæc ad rem leguntur : « Cum com-
« pertum sit quantum ad puerorum tuendam con-
« servandamque innocentiam sacramentorum Pœ-
« nitentiæ et Eucharistiæ frequentia conferat, et
« quantum assiduus eorum usus mirabiliter confe-
« rat, ad alendam roborandamque succrescentem
« tenellorum cordium pietatem, quibus magnus
« infunditur ardor ad nostræ sanctæ Religionis ac-
« tus amplectendos. Hanc porro methodum (recu-
« sandi pueris sacramenta Pœnitentiæ et Eucharis-
« tiæ) S. Pater vehementer improbat, et episcopo-
« rum attentionem ac sollicitudinem excitat ut
« rectam sequantur normam pueros ad Sacramen-
« torum frequentiam admittentes. »

Et hæc quoad decretum quo ætas puerorum ad
primam communionem admittendorum taxatur.
Relate vero ad diem quem Episcopus præfinit de-
cimotertio Kalendas Junias posteriorem, notat orator ex Benedicto XIV *instruc. ad cler. Rom. 18
Martii 1745,* ex S. Carolo Borromæo *notif. 2 pag.
7,* ex S, Alphonso in quadam sua præscriptione
ad clerum et ex S. Francisco Salesio *Const. synod.
part. 4 tit. 10 n. 4,* una prorsus echo edoceri, eos

qui ad eucharistiam suscipiendam primum censentur capaces, speciali cura quadragesimali tempore instituendos esse, ad hoc ut possint in Paschate communi ecclesiæ præcepto satisfacere.

Quæ sententia ac praxis in se justissima, recepta quoque erat in diæcesi Anneciensi; cum ibi usque modo prima communio dominica die Passionis ministrari soleret.

Eaque insuper turbari sine damno non potest, prout ulterius contendit orator. Nam per ea loca familiæ duplicem habent incolatum, hiemalem scilicet et æstivum; et dum hiberno tempore planitiem inhabitant, incipiente mense Maio revertuntur ad montes ubi pecora pascent.

Neque procrastinatio hujus diei comprobari potest ex eo quod hiemali tempore ad catechesim accedere frigore plerumque pueri impediantur: nam ipse Episcopus contrarium ostendit, quum novembri, decembri, januario et februario, mensibus bis in hebdomada ad cathechismum venire pueros jubeat. Et quia etiam cum juvenes ad scholas accedere ob civiles leges adigantur, nil vetat quominus ante scholam antemeridianam, vel inter antemeridianam et pomeridianam in ecclesiam vel alio conveniant. Unde est quod parochus orator a die Omnium Sanctorum ad Pascha valeat quater vel quinquies in hebdomada parochianos suos catechesim edocere.

Nec quidquam refert quod episcopus parochis permittat, ut etiam extra hanc diem pueros ad S. Synaxim admittere ipsi valeant; nam 1° id quasi pœnæ rationem habet, eo quod admissio fieri jubetur absque ulla prorsus solemnitate, et 2° quia hæc permissio illusoria videtur; nam se refert ad eos qui emenso jam catechesis curriculo, et exacto etiam duodecimo anno, ad sacram mensam sta-- tuta die se sistere non potuerunt aut non volue- runt, et attendere usque ad sequentem annum recusant.

Quibus stantibus orator concludit, gravem om- nino videri legem, quа etiam sub censuris prohiben- tur parochi ne panem vitæ egentibus ministrarent et pueri a satifactione paschalis præcepti impediun- tur: neque erunt unice pueri qui in supremo judi- cio se sistent, et respondere debebunt Deo ita, juxta verba S. Francisci Salesii, peccatores com- pelellanti et aggredienti : « Misérables, pourquoi « êtes-vous morts ayant en abondance et à com- « mandement le fruit et la viande de la vie ?»

§ IV. — *Réponse de l'Évêque d'Annecy*

Ex altera vero parte Episcopus ad sua tuenda de- creta patronum adscivit, qui ad rem 1° considerat spiritualem juridictionem tam in foro externo quam in foro interno Episcopos per totam diocesim jure proprio exercere, eorumque jurisdictioni, visita tioni et correctioni subesse omnes fideles, ipsosque animarum rectores in ecclesiis regularium licet exis- tentes, prout uno ore tradunt DD. apud Bouix *De Episc. cap 3, tit. 1*, et Ferraris *v. Episcopus art. 6, n. 125*. Unde Barbosa *De off. et potet. Episc. p 2 al- leg. 1. n. 6*, ita rem complet: « Vulgare axioma « est, quod Episcopi in suis diœcesibus omnia pos- « sunt quæ potest summus Pontifex in universo « orbe, exceptis specialiter reservatis. » Quapropter in themate juxta patronum, dubitari haud potest, quominus Anneciensi Episcopo libera sit potestas, præstituendi ea quæ ad christianam puerorum educationem et sacratissimi sacramenti administrationem concernunt ; præsertim etiam cum Benedictus XIV *Const. Et si minime 42* ad christianam institutionem impertiendam Ordinarium vigilantiam excitaverit, eosque primas partes in hac re habere monuerit. Et re quidem vera, quamvis Redemptor noster in commune nos ad indefessam vigilantiæ curam adhortetur, specialem tamen populi principibus, idest Episcopis sollicitudinem mandat : hunc enim servum fidelem et præpositum familiæ significat commoda atque utilitates commissi sibi populi curantem : cujus proinde est curam dominici gregis habere, ac media docere quibus oves ad æternæ salutis pascua tutius ac facilius ducantur.

At 2° controversa decreta non solum legitime data, sed et prudenter sapienterque confecta dicit patronus. Atque hic commemorat quam luctuosa sit hodierna gallicanæ ecclesiæ conditio, ubi pueri in scholis et gymnasiis, per vicos et plateas, publicis privatisque exemplis, scholasticis libris ac diariis ad impietatem et incredulitatem vehuntur, quin nullo salutari antidoto apud magistros pasci et curari valeant : unde sequitur pastorum curam diuturnam, sedulam ac industriis plenam esse debere, ut puerorum ingenia valeant viriliter educare, eosque possint contra insidias adversariorum strenue munire. Atqui id complere non valebunt, nisi primam puerorum communionem ad annos pubertatis differant. Mos enim est, utique deplorabilis, ut juvenes semel ad sacram mensam admissi a catechesi se subtrahant, ab eaque exemptos se judicent. Unde dispositio quæ ætatem respicit admittendorum ad sacram synaxim justa ac provida videtur.

Sed nec minus altera quæ diem ad hunc effectum assignat. Notum enim est in Galliis, sicut alibi passim, admissionem ad eucharisticam mensam magna ecclesiæ, puerorum ac parentum solemnitate agi solere. Porro ad hunc effectum mensem assignare Deiparæ Virgini sacrum, tempusque præfinire ab agrorum cultura et messis opere liberum, sanctum ac sapiens videtur.

De cetero 3° necessitas et opportunitas legum ab Anneciensi Antistite latarum comprobatur etiam ex facto Episcoporum totius Galliæ. Audiatur sane Anneciensis præsulis relatio, ubi de hoc more Galliarum plura disserit, simulque alia commiscet, quæ necessitatem harum dispositionum attenta actuali Galliarum conditione directe demonstrant.

« Sufficeret sane (ait) in memoriam recordari « quod decreta mea circa puerorum in fide catho- « lica instructionem ab omnibus Galliarum antis- « titibus, vel a triginta et amplius annis, vel anno « præsenti decurrente, lata et promulgata fuerint ; « malo prorsus novo nova remedia quærenda et « applicanda erant ; conditionibus inauditis, in « quibus res ecclesiasticæ erga administrationem « civilem in Gallia versantur, leges quædam opportunæ et peculiares opponi debebant.

« Circa ea quæ ad diem determinatam primæ « communionis attinent, observandum est quod,

« post luctuosissimam Galliæ revolutionem, sub
« fine sæculi XVIII solemnitas primæ et communis
« participationis puerorum ad sacram Synaxim
« inter præcipuas anni solemnitates recensita fue-
« rit, et quidem in cunctis diœcesibus nostrarum re-
« gionum festum erat non tantum puerorum sed
» et parentum ; etenim in multis parœciis, viri
« non pauci, hac tantum primæ communionis die,
« portas ecclesiæ transire non dedignabantur. Et
« hæc solemnitas, tam in diœcesi Anneciensi
« quam in cæteris Galliæ ecclesiis, versus festum
« corporis Christi celebrabatur, Paulatim autem
« invaluit in diœcesi Anneciensi, mos eam cele-
« brandi dominica passionis Domini ; quæ quidem
« recientior praxis non leve commodum parochis
« affert : etenim, clausis doctrinæ christianæ scolis
« in prima die temporis paschalis, postea a fine
« ejusdem temporis usque ad festum Omnium
« Sanctorum plena libertate ac perfecta quiete gau-
« dere valent. » Et alibi : « Quantum ad ætatem
« determinatam ante quam elapsam non permitti-
« tur puero ad communionem accedere, sufficit di-
« cere quod, dempta hac dispositione, ruit plane
« universitas mediorum tanto labore ab Episcopis
« adhibitorum ut futura generatio catholica et non
« atheista fiat. Etenim conditiones in quibus hodie
« versatur grex Christi non modo aliæ sunt quam
« illæ conditiones in quibus versabatur quatuor aut
« octo præteritis sæculis, sed sunt omnino contra-
« riæ et oppositæ... non desunt plerique sacerdo-
« tes huic muneri suo gravissimo ; sed parentes
« puerorum, sed et scholarum magistri, imo et ip-
« sum reipublicæ gubernium omnia tentant ut

« prima communio quam primum pueris omnibus
« administretur, ut ab hac ipsa communionis die
« pueri doctrinam christianam frequentare jam
« non teneantur. »

Demum concludit Episcopus Anneciensis : « In
« iis quæ spectant ad docendam doctrinam fi-
« dei, non tenui aliam viam, non adhibui alia me-
« dia quam cæteri Galliarum Episcopi ; et Episcopi
« Galliarum, ferendo novas leges circa primam
« puerorum communionem, non aliud fecerunt,
« quam temporum injuriæ vel necessitati discipli-
« nam suarum diœceseon accomodare. »

Et hæc quidem omnia confirmat Emus Card.
Lavigerie in epistola ad rem data.

Porro « standum multum esse judicio Episcoporum » non solum tradit Ferraris v. *Dismemoratio*,
sed et docuit Benedictus XIV in *cons. Cum illud*,
præscribens « parvi pendendum non esse testimo-
« nium illius pastoris cui divino mandatur eloquio
« oves suas agnoscere. »

Demum 4° ostendit patronus controversam præs-
criptionem haud dici posse canonibus substan-
tialiter contrariam, sed imo potius conformem.
Nam Innocentius III *cap. 12. De pœn.* licet jubeat
omnes fideles communicare postquam ad annos
discretionis pervenerint, addit tamen « nisi forte
« de proprii sacerdotis consilio ob aliquam ratio-
« nabilem causam ad tempus ab hujusmodi per-
« ceptione duxerint abstinendum. » Quod conforme est Conciliorum Lateranensis IV et Tridentini præscriptis. Unde apparet ætatem ad sacram
synaxim primum recipiendam non esse apprime a
canonibus definitam ; sed neque a doctoribus ; qui

imo juxta ea quæ habet Benedictus XIV *lib. 7. cap. 12, n. 2 De syn. diœc.* disputant inter se quando sufficiens discretio habeatur ad Christi corpus sumendum. Et est Pontificis sententia quod id contingat — *intra decimum et decimum quartum ætatis annum* — juxta Suarez, vel in undecimo aut duodecimo anno, juxta D. Thomam *4, dist. 9, art. 4 ad 3.* Unde est quod etiam Romæ pueri duodennes soleant ad primam communionem admitti.

Hisce hinc inde perpensis rogantur EE. PP. definire.

§ V. — *Dubium*

An decreta Episcopi Anneciensis sint confirmanda vel infirmanda in casu.

Responsum canonicum

Attentis locorum ac temporis circumstantiis, affirmative ad *primam* partem *juxta modum.*

Modus est ne Episcopus Parochos prohibeat ab admittendis ad *primam communionem* iis pueris de quibus certo constat eos ad discretionis ætatem juxta Conciliorum Latetanensis IV et Tridentini decreta pervenisse.

Éclaircissements

1º A l'audience du 3 Juillet 1888, le pape déclara que le mot première communion du décret devait s'entendre d'une première communion qui ne serait pas solennelle. *Sanctissimus vero, in audien-*

tia diei 23 Julii jussit declarare verba *ad primam communionem,* esse intellegenda ad exclusionem primæ communionis in forma solemni.

2° Quelques jours plus tard à une demande de l'évêque d'Annecy, le cardinal préfet de la Congrégation répondit de la façon la plus claire :

Le curé peut donner la sainte communion à un enfant qu'il juge instruit et qu'il reconnait avoir le discernement de l'acte qu'il fait, mais d'une manière privée et sans aucune solennité ou publicité. Au contraire, quand il s'agit de donner aux enfants la Sainte Communion en la forme publique et solennelle qui est usitée dans les églises de France, le curé doit se conformer à l'ordonnance épiscopale. —

De cette décision il résulte ;

1° Que les parents chrétiens, *les pauvres comme les riches,* peuvent faire communier leurs enfants quand ils le jugent à propos, avec le concours d'un confesseur qui les examine et les prépare.

2° Que les curés jouissent de la même faculté par rapport aux enfants de leur paroisse, avec l'assentiment exprès ou tacite des parents.

3° Que les directeurs, les directrices des orphelinats concurremment avec l'aumônier, ont les mêmes facultés et peuvent faire communier les enfants de l'orphelinat *privatim,* quand ils les jugent parvenus à l'âge de discrétion, sans tenir compte de l'âge fixé par les statuts diocésains pour la première communion *in formâ solemni.*

L'auteur.

III

DIVERS EXTRAITS ET TÉMOIGNAGES

§ I. — *Un précurseur de la décision pontificale sur
la première communion*

On nous a cité un prêtre très-zélé qui fut chargé
d'exercer le saint ministère en qualité de curé,
dans une mauvaise paroisse. Comme il avait un
véritable esprit apostolique, il n'oublia rien pour
ranimer la foi et faire revivre les pratiques chrétiennes. Il comptait surtout sur les jeunes générations, mais il voyait avec douleur, ce qui arrive du
reste en mille endroits, que pour les enfants mêmes qu'il avait crus les mieux disposés, la seconde communion était en même temps la dernière. Il eut voulu ramener ces enfants autour de
lui et les faire assister à un cathéchisme de persévérance; mais les parents eux-mêmes y mettaient
opposition et ils prétendaient qu'à 14 ans leurs
enfants devaient avoir une instruction religieuse
suffisante. La seconde communion était donc
comme une époque fatale, après laquelle il paraissait comme naturel de mettre entièrement de côté
les pratiques les plus essentielles du chrétien.
Malheureusement il en est ainsi presque partout,
au moins pour les jeunes gens. Ce zélé curé con-
çut alors l'idée de faire faire la première communion aux enfants dès l'âge de 7 ou 8 ans, 9 ans
au plus tard. Il n'eut pas de peine à faire comprendre aux parents qu'après cet âge leurs enfants

n'étaient pas suffisamment instruits, et il obtenait qu'ils continuassent à venir au catéchisme. Au lieu d'attendre un an comme dans certains diocèses, pour la seconde communion, il confessait et faisait communier ses enfants une ou même deux fois par mois. De cette manière il n'y avait pas plus de prétexte une année qu'une autre pour cesser la fréquentation des sacrements; il n'y avait plus de seconde communion faisant époque. Sans doute, quelques uns échappaient encore, mais un bon nombre restait fidèle et la paroisse fut renouvelée, en assez peu de temps. Il me semble que cette idée mérite la plus sérieuse attention et sa mise en pratique générale pourrait bien être le moyen le plus efficace qu'il soit possible d'employer pour attacher les générations à venir à l'usage des sacrements. On déplore avec raison la conduite de ces pauvres jeunes gens qui avant d'arriver à l'adolescence prennent d'une manière énergique et fortement prononcée le parti de ne plus se soumettre aux plus importantes prescriptions de l'Église; mais on ne fait pas attention que, pour agir autrement, il leur faudrait une solidité d'esprit et une force de volonté presque impossible à leur âge.

L'abbé Richandeau.

Revue des sciences ecclésiastiques. Numéro de Décembre, 1866 page 556.

§ II. — *La confirmation et la première communion.*

Manisfestum est quod sacramentum Baptismi

ordinatur ad Eucharistiæ receptionem in quo etiam *perficitur aliquis per Confirmationem,* ut non vereatur se substrahere a tali sacramento.

(S. Thomas, 3ᵉ partie, qu. 65. art. 3).

Age de la Confirmation

Le catéchisme du Concile de Trente déclare avec Benoit XIV et la théologie qu'on peut donner la confirmation aux enfants avant l'âge de raison, il ajoute :

Sed minus tamen expedire hoc fieri, antequam puer rationis usum habuerit. Quare, si *duodecimus annus non videtur expectandus*; usque ad septennium certe hoc sacramentum differre maxime convenit. *D. Confirmatione, nº 15.*

§ III. — *Confession et communion des enfants d'après S. Charles Borromée et le catéchisme du Concile de Trente.*

Monitiones sancti Caroli *(Tome I p. 161. 162).* Circa confessionem puerorum speciale monitum.

Optimæ consuetudinis est unum per unum puellos et puellulas, etiamsi sex tantum annorum arcessere, ut paulatim a prima ætate edoceantur et ad hujus sacramenti usum et cognitionem assuefiant. Observent tamen sacerdotes sacramentalem eis absolutionem non largiri in quibus materia non reperitur, nec talis rationis usus, unde eos ad hoc sacramentum excipiendum capaces judicent. Utentur vero speciali diligentia ut qui, *ad septem aut octo annos pervenerint,* pro modulo de necessitate et virtute sacramenti, illudque frequentandi modo, *erudiantur.*

EX CATECHISMO CONCILII

Qua vero ætate pueris sacra mysteria danda sint, nemo melius constituere poterit quam pater et cui illi confitentur peccata; ad illos enim pertinet explorare et a pueris percontari an hujus admirabilis sacramenti *cognitionem aliquam* acceperint et gustum habeant.

De Eucharistia.

S. Charles Borromée déclare que si le confesseur trouve des enfants qui soient dans ces conditions, quand même ils ne seraient agés que de 10 ans; il doit prendre garde que ces enfants ne soient pas plus longtemps privés du grand bienfait de l'Eucharistie, soit par sa négligence, soit par celle des parents. « *Caveat ne sua aut parentum negligentia isto amplius thesauro priventur.* »

(*Ibidem*)

§ IV. — *Une parole de M. Guizot.*

En 1833, Monsieur Guizot disait: « Il faut que l'éducation populaire soit donnée au sein d'une atmosphère religieuse. que les impressions et les habitudes religieuses y pénètrent de toutes parts. La religion n'est pas une étude ou exercice auquel on assigne son lieu et son heure; c'est une foi, une loi qui doit se faire sentir constamment et partout, et qui n'exerce qu'à ce prix sur l'âme et sur la vie son influence salutaire ».

§ V. — *Un éloquent appel*

Pères et mères, ne vous contentez pas des préparations intimes du foyer domestique, mais rappelez-vous qu'il vous appartient de conduire et de diriger l'enfant jusqu'à l'âge où, devenu maître de lui-même, il entre dans la vie publique sous sa propre responsabilité. Rappelez-vous que la loi naturelle et divine vous défendent d'abdiquer devant toute loi humaine qui supprime vos droits de haute surveillance, de contrôle sur la formation intellectuelle, morale et religieuse de vos enfants. Réclamez hautement, fermement, obstinément, le retour des lois salutaires qui donnaient naguère pour base à l'enseignement de toutes les écoles, les préceptes de la religion, et qui décrétaient que l'instruction morale et religieuse serait donnée à l'enfance en même temps que les connaissances primaires qui sont la porte de toute science.

En attendant qu'on vous les rende, ces lois, fondez, entretenez, multipliez, développez partout les écoles libres et chrétiennes où l'on représente vos droits sacrés au lieu de les confisquer, où l'on continue votre religieuse mission au lieu de l'interrompre par un silence impie, où l'on supplée à votre impuissance sans méconnaître ni contrarier vos intentions, où la porte est ouverte à toutes les influences de la religion, où l'on est affranchi de l'obligation de se taire sur le chapitre le plus important des connaissances humaines, où l'on peut parler de Dieu, des vérités de la foi, des devoirs du chrétien et de ses destinées éternelles, où l'image et la pensée du Christ président à la prière et à l'étude, où vos enfants échappent aux âpres recherches des ligues et des sectes sataniques qui ne laïcisent l'enseignement que pour déchristianiser les âmes.

> Extrait du discours du R. P. Monsabré,
> Clermont, 16 mai 1895, anniversaire
> des croisades.

§ VI. — *Don Bosco et les classiques*

Don F. Cerrutti assistant du Supérieur général de la société salésienne, disciple de Don Bosco a publié les pensées de son vénérable maître dans deux lettres intitulées « *Les idée de Don Bosco sur l'éducation*, on y lit : (1)

Un bon verre de vin ne saurait changer un tonneau de vinaigre ; ainsi deux heures d'instruction religieuse par semaine ne sauraient infuser de fortes croyances et d'austères vertus. Mais un verre de vinaigre suffit pour gâter un tonneau de bon vin, ainsi, une demi-heure de mauvaises lectures ou de conversations corruptrices peut dévoyer à jamais une âme innocente.

Il faut au jeune homme un enseignement con-

---

(1) Nice, patronage Saint-Pierre, 1, Place d'Armes. Librairie Salésienne.

tinu, où la loi divine se trouve répandue et où ne se mêle jamais aucun élément contraire.

Aussi Don Bosco voulait-il qu'on mit résolument de côté tous les auteurs dangereux pour la foi et les mœurs ou qu'au moins ils fussent rigoureusement expurgés, et commentés avec prudence par le professeur; pour ce motif, il n'hésitait pas à revenir à la pratique des premiers chrétiens et à proscrire toute la mythologie,

« Hélas ! s'écriait-il, que de jeunes intelligences dont on pouvait tout espérer ont été perdues par la mythologie ! Point de thèmes, de versions, d'exemples mythologiques ! honte à la mythologie ! la vie dans sa réalité vraie, l'histoire dans ses pages immortelles. Horace peut causer à la pauvre jeunesse un mal irréparable, s'il n'est expliqué avec un peu de précaution. »

« Quant aux classiques chrétiens, il leur donnait la place d'honneur: « Je veux, disait-il, qu'on explique le *De officiis* de Cicéron, mais j'exige qu'on explique aussi le *De officiis* de Saint Ambroise. Jamais une éducation aux trois quarts païenne ne pourra nous donner de vrais chrétiens. J'ai lutté toute ma vie (et ici Don Bosco avait un accent de profonde douleur) contre cette erreur qui consiste à élever de jeunes chrétiens en païens. A cette fin j'ai entrepris une double publication : celle des classiques profanes, celle aussi des classiques chrétiens... Rendre aux auteurs chrétiens la place qui leur appartient, faire que les auteurs païens soient aussi inoffensifs que possible, c'est *à quoi j'ai constamment visé* dans tous mes travaux, dans tous les avis et conseils que j'ai donnés... Épuisé de vieillesse *je m'en irai de ce monde avec la douleur de n'avoir point vu parfaitement comprise, une réforme à laquelle j'ai consacré la partie vive de mes forces.* »

IV

CE QU'UN CHRÉTIEN DOIT PENSER DE L'ÉCOLE NEUTRE

Les documents que nous donnons ci-dessous ont été promulgués par l'épiscopat belge le 1er Septembre 1879; ils méritent toute l'attention du clergé et des catholiques français.

On ne peut guère les lire sans un serrement de cœur et une légitime indignation en pensant au régime scolaire imposé, depuis si longtemps déjà, à notre pauvre France.

§ I. — *Extrait d'une lettre de Pie IX adressée le 14 Juillet 1864 a l'archevêque de Fribourg.*

Mais si ce détestable mode d'enseignement séparé de la foi catholique et de la puissance de l'Église, est une source de maux pour les particuliers et pour la société, lorsqu'il s'agit de l'enseignement des lettres et des sciences, et de l'éducation que les classes élevées de la société puisent dans les écoles publiques, qui ne voit que la même méthode produira des résultats beaucoup plus funestes, si elle est appliquée *aux écoles populaires?* C'est surtout dans *ces écoles* que les enfants du peuple de toutes les conditions doivent être, dès leur plus tendre enfance, *soigneusement ins-*

truits des mystères et des préceptes de notre sainte religion, et formés avec diligence à la piété, à l'intégrité des mœurs à la religion et à l'honnêteté de la vie. Dans ces écoles *la doctrine religieuse doit avoir la première place en tout ce qui touche soit l'éducation soit l'enseignement,* et dominer de telle sorte que les autres connaissances données à la jeunesse y soient considérées comme accessoires. La jeunesse se trouve donc exposée aux plus grands périls, lorsque dans ces écoles, l'éducation n'est pas étroitement liée à la doctrine religieuse. Les écoles populaires sont principalement établies en vue de donner au peuple un enseignement religieux, de le porter à la piété et à une discipline morale vraiment chrétienne; c'est pourquoi l'Église a toujours revendiqué le droit de veiller sur ces établissements avec plus de soins encore que sur les autres, et de les entourer de toute sa sollicitude. Le dessein de soustraire les *écoles populaires à la puissance de l'Église* et les tentatives faites pour le réaliser sont donc inspirées par un *esprit d'hostilité contre elle, et par le désir d'éteindre chez les peuples la lumière divine de notre très sainte foi.*

L'Église qui a fondé ces écoles, avec tant de soin, et les a toujours maintenues avec tant de zèle, les considère comme la meilleure partie de son autorité et du pouvoir ecclésiastique, et toute mesure, dont le résultat est d'amener une séparation entre ces écoles et l'Église, lui cause ainsi qu'à ces écoles elles-mêmes le plus grand dommage. Ceux qui prétendent que l'Église doit abdiquer ou suspendre son pouvoir modérateur et son action salutaire sur les écoles populaires lui demandent en réalité *de violer les commandements de son divin Auteur et de renoncer à l'accomplissement du devoir qui lui a été imposé d'en haut de veiller au salut de tous les hommes.* Dans tous les lieux, dans tous les pays où l'on formerait, et surtout où l'on exécuterait ce pernicieux dessein de soustraire les écoles à l'autorité de l'Église, et où la jeunesse serait, par suite, misérablement exposée au danger de perdre la foi, *ce serait donc très-certainement pour l'Église une obligation rigoureuse, non-seulement* de faire tous ses efforts et d'employer tous les moyens pour procurer à cette jeunesse l'instruction et l'éducation chrétiennes qui lui sont nécessaires, mais encore d'avertir tous les fidèles et de *leur déclarer que l'on ne peut en conscience fréquenter de pareilles écoles, instituées contre l'Église catholique.* »

§ II. — *Réponse de la Congrégation ou saint Office concernant les écoles des États-Unis.*

En l'année 1875, la Congrégation du Saint Office écrivait aux évêques des États-Unis d'Amérique à propos de la fréquentation des écoles neutres.

« La manière d'élever les enfants dans ces écoles a paru à la Sainte Congrégation pleine de danger et tout-à-fait contraire à la religion catholique. En effet, les élèves de ces écoles qui excluent toute doctrine religieuse, n'apprendront ni les éléments de la foi, ni les préceptes de l'Église. Ils seront privés de la connaissance la plus nécessaire à l'homme, sans laquelle il est impossible de vivre chrétiennement. D'autant plus que les jeunes gens sont élevés dans ces écoles dès leur enfance, et presque dès le berceau, âge où les premières semences de la vérité et du vice sont le plus tenaces. Par conséquent, si des enfants, dans un âge aussi délicat, grandissent sans religion, c'est assurément un grand mal. »

« Or, si le danger de perversion que courent ces enfants, de prochain qu'il est ne devient pas éloigné, de pareilles écoles ne peuvent être fréquentées en conscience. Ainsi le proclame la loi naturelle elle-même comme la loi divine. »

« Il est donc évident que ce danger doit être évité à tout prix, *même au péril de la vie.* »

§ III. — *En 1866 les évêques de Hollande écrivaient une lettre collective où ils s'expriment ainsi.*

« Pour qu'une école mérite à tous égards la confiance et l'approbation des catholiques il ne suffit pas qu'on y respecte, comme on dit, la religion catholique, c'est-à-dire qu'on omette d'en parler; il faut en outre que l'école fasse connaître, fasse pratiquer la religion catholique. Dans l'école de l'enfance, l'enseignement social ou civil est très intimement lié à l'enseignement religieux: le principe religieux en pénètre le programme, et .toujours la religion y fait sentir son influence. La religion s'introduit en tout ; les grandes vérités de la foi, la morale de la foi, la morale de l'Évangile, les maximes de la piété catholique sont reproduites, comme cela se peut faire, et l'instituteur, de son.

coté, sait les faire intervenir à propos dans les divers exercices scolaires... »

« Que faut-il penser des écoles d'où l'autorité et l'influence de l'Église sont bannies? où il n'y a place que pour une certaine morale naturelle, c'est-à-dire où il n'y a ni morale ni religion?... Admettons qu'il n'y ait aucune mauvaise volonté de la part du maître d'école; ne supposons pas que, sans intention, faute de science suffisante, il mêle à ses leçons des doctrines ou des maximes plus ou moins dangereuses, pernicieuses, complètement fausses. Nous vous le demandons, quelle impression reçoit le petit écolier de l'attitude d'un instituteur qui, légalement obligé de se tenir en dehors ou plutôt au-dessus de toute religion, se borne à enseigner quelques devoirs purement de convenance, et, quant au reste, agit dans son enseignement comme s'il ne se souciait d'aucune religion ? »

En 1879 ces mêmes évêques de Hollande traitèrent le même sujet dans leurs mandements de carême. L'évêque d'Utrecht s'exprime ainsi.

« Un enfant catholique doit nécessairement recevoir une éducation catholique. Un des moyens ordinaires pour cet effet, c'est l'école catholique. Avec tous les secours que la religion fournit à l'éducation, on ne réussit pas toujours à former un jeune homme tel qu'il doit être, tant est grande la corruption du cœur humain. Dans une affaire de si haute importance, il faut choisir le parti le plus sûr... »

« Il faut juger sévèrement les parents qui négligent le moyen qu'ils ont à leur disposition d'envoyer leurs enfants à des écoles catholiques, et qui sous l'un ou l'autre prétexte donnent la préférence à l'enseignement neutre... Aux yeux de l'Église, tout enseignement est défectueux et insuffisant, du moment que la religion n'en est pas le pivot et la règle. Lorsque la religion, ses dogmes, la vérité révélée et la loi de Dieu sont bannis de l'école... cet enseignement est non seulement défectueux, mais nuisible. Dans une telle école, l'enfant est privé de l'instruction, de la religion révélée de Dieu; en outre, par cet enseignement indifférent, indéterminé d'une religion en général, d'une morale universelle, on affaiblit chez l'enfant le respect pour les saintes vérités de la foi catholique. »

« Si donc parfois l'Église tolère que, au défaut de tout autre institution d'enseignement, les parents, placés dans cette triste nécessité, permettent à leurs enfants de fréquenter une école soi-disant neutre, une école sans religion, elle n'abandonne point ses principes, elle ne rétracte point la condamnation qu'elle a prononcée contre l'école neutre.

Ne vous laissez donc pas tromper par ceux qui prétendent que l'école sans Dieu n'est pas condamnée d'une manière absolue par vos chefs spirituels. Nous la condamnons et réprouvons toujours et partout, comme défectueuse, insuffisante et dépourvue du fondement principal de toute instruction réelle. »

§IV *Conclusion pratique*

De ces documents les évêques belges concluent que l'école neutre est mauvaise de sa nature, *ex sese*; parce que les enfants qui la fréquentent sont en danger de perdre la foi ou les mœurs. Ils tirent de là les conséquences pratiques suivantes, rendues obligatoires dans tous les diocèses de Belgique.

1° Il n'est permis ni d'établir, ni de diriger, ni de fréquenter une école neutre.

Dans le cas de nécessité, l'évêque seul pourra donner la dispense voulue, essentiellement temporaire, pour diriger et fréquenter une école neutre.

2° On ne donnera jamais de dispense pour l'école normale pour les écoles neutres dont les maîtres seraient notoirement impies, ni pour celles où l'on se sert de livres prohibés ou mauvais.

3° Il n'est pas permis d'accepter ni d'exercer les fonctions d'inspecteur, soit titulaire, soit cantonal ; parce qu'il y a dans ces charges une coopération spontanée et directe donnée à une loi mauvaise.

4° Les parents qui auraient besoin de dispense pour envoyer leurs enfants dans une école neutre, auront soin d'être absolument véridiques dans l'exposé des motifs qu'ils allèguent, et cela sous peine de péché mortel. Même dans le cas de dispense, ils n'oublieront pas qu'il leur reste l'obligation grave, de faire tout ce qu'ils peuvent pour procurer à leurs enfants une école catholique.

5° Les curés ont aussi des obligations sur ce point.

§ V *De parochis*

Oportet ut animarum pastores, quacumque post sint ope et opera, commissum sibi gregem arceant ab omni contagione harum scholarum publicarum. Est autem ad hoc, omnium consensu, omnino necessarium ut catholici ubique locorum proprias sibi scholas habeant, easque publicis scholis haud inferiores. Scholis ergo catholicis sive condendis ubi defuerint, sive amplificandis et perfectius instruendis parandisque, ut institutione ac disciplina scholas publicas adæquent, impense prospiciendum est. Sciant itaque parochi *sese officio graviter defuturos*, nisi omni qua possunt cura adlaborent ad scholam catholicam in sua quaque parœcia erigendam.

Quod enim ex officio pietatis *sub gravi* tenentur præstare parentes, idem profecto *ex justitia* tenentur præstare animarum pastores.

Ut negotium catholicæ seu parœcialis scholæ erigendæ et susten tandæ feliciter procedat, benedictione divina precibus obtinenda, curaque et impigro labore parocho opus est.

§ VI *Regulæ in sacro tribunali pœnitentiæ observandæ.*

Quotquot parentes christianam institutionem et educationem liberis suis impertiri negligunt, — aut qui eos frequentare sinunt tales scholas, in quibus animarum ruina evitari non potest, — aut tandem, qui, licet schola catholica in eodem loco adsit, seu quamvis facultatem habeant alibi prolem catholice educandi, — nihilominus liberos suos scholis publicis committunt sine sufficienti causa ac sine necessariis cautionibus, quibus periculum perversionis e proximo, remotum fiat, — *eos, si contumaces fuerint, absolvi non posse in sacramento pœnitentiæ, ex doctrina morali catholica manifestum est.*

Hæc docet Congregatio S. Officii, in Instruct. ad Episcop. Americæ data 30ª Junii 1875.

Absolvi nequeunt ludimagistri, qui in schola utuntur libris, aut alumnis suis prælegunte libris, qui fidei aut moribus periculosi sunt; — qui alumnos suos catechismum docent *sine institutione canonica,* quæ ipsis delegari nequit.

Idem resolvatur de *alumnis,* qui ad officium ludimagistri in scholis publicis aliquando obeundum, instituuntur in scholis publicis normalibus, — de prædictorum alumnorum *parentibus,* — nec non de earumdem scholarum normalium *professoribus.*

Hæc ex communi consensu Eminentissimi Card. Archiep. Mechliniensis et RRmorum ac Illmorum Episcoporum Belgii statuta fuerunt Mechliniæ die 1ª Septembris anno 1879.

✝ VICTOR-AUGUSTUS, CARD. DECHAMPS, Archiepisc. Mechlinien.

✝ J.-J. Episc. Brugen.

✝ HENRICUS, Episc. Gandaven.

✝ THEODORUS-JOSEPHUS, Episc. Namurcen.

✝ EDMUNDUS-JOSEPHUS, Episc. Tornacen.

VICTOR-JOSEPHUS. Episc. Leodien.

V

DEUX DOCUMENTS PONTIFICAUX CONCERNANT LES CLASSIQUES

Dans son Encyclique du 21 Mars 1853, le Pape Pie IX a dit : « qu'il faut former la jeunesse à l'art de bien parler et de bien écrire, tant par l'étude des meilleurs ouvrages des saints Pères, que par celle des plus illustres auteurs païens, expurgés de toute souillure. »

« *Ut adolescentes,... tum ex sapientissimis sanctorum Patrum operibus, tum ex clarissimis ethnicis scriptoribus, ab omni labe purgatis, addiscere valeant.* »

Dans son bref du 22 avril 1874, Pie IX répète la même injonction, disant : « qu'il faut faire étudier aux jeunes gens, avec les ouvrages classiques des anciens païens, purgés de toute souillure, les plus beaux écrits des auteurs chrétiens. »

« *Cum classicis veterum ethnicorum exemplaribus, quavis labe purgatis, auctorum etiam christianorum opera elegantiora, studiosis juvenibus legenda proponant.* »

Lettre de N. S. Père le pape Pie IX à Mgr d'Avanzo, cardinal, évêque de Calvi (Corse) Pie IX Pape.

VÉNÉRABLE FRÈRE SALUT ET BÉNÉDICTION APOSTOLIQUE

Nous avons pour très agréable la lettre pleine d'érudition, que vous avez si élégamment écrite sur l'enseignement mixte de la langue latine (1). Car elle venge fort habilement l'honneur de la latinité chrétienne, que beaucoup ont accusée d'être la corruption de l'ancienne langue, tandis qu'il est évident que la langue, expression de l'esprit, des mœurs, des besoins publics, dut nécessairement revêtir une forme nouvelle, après que le Christ eut apporté sa loi.

Cette loi avait élevé l'humanité jusqu'aux choses spirituelles et l'y avait façonnée ; elle ne pouvait donc se passer d'un langage distinct, par sa nouveauté, de celui que le génie d'une société charnelle, attachée aux seuls biens de la terre, avait longtemps parlé. Et cette observation, les monuments de chaque siècle de l'Église que vous énumérez avec un heureux choix, la confirment d'eux-mêmes ; ils mettent sous les yeux les commencements de cette forme nouvelle, ses progrès, sa supériorité, et, en même temps, ils montrent que la coutume constante de l'Église a été d'apprendre le latin aux enfants, par l'étude mixte des auteurs sacrés et classiques.

Votre travail, assurément, en jetant une lumière plus vive sur une discussion déjà terminée, persuadera plus efficacement aux maîtres de la jeunesse qu'il faut employer à son usage les œuvres des écrivains des deux catégories.

Donné à Rome, près Saint-Pierre, le premier jour d'avril 1875, de Notre Pontificat le vingt-neuvième.   · PIE IX PAPE

---

(1) On trouve la lettre du cardinal d'Avanzo dans la brochure intitulée : « La Réforme des études. classique » page 52, 1, rue Feydau. Paris

TABLE

APPENDICE

RENSEIGNEMENTS ET DOCUMENTS

FIN

Imp. Salésienne J. Ronchail Directeur. 26, rue du Retrait, Paris

www.ingramcontent.com/pod-product-compliance
Ingram Content Group UK Ltd.
Pitfield, Milton Keynes, MK11 3LW, UK
UKHW021010140726
13695UKWH00001B/163